本书获得教育部国别和区域研究培育基地
——西南科技大学拉丁美洲和加勒比研究中心出版资助

拉丁美洲和加勒比研究智库丛书

第 二 辑

刘捷 ◎ 主编

制度选择与
钟摆式发展

新经济史视角下的阿根廷发展悖论

姜涵 ◎ 著

中国社会科学出版社

图书在版编目（CIP）数据

制度选择与钟摆式发展：新经济史视角下的阿根廷发展
悖论 / 姜涵著 . —北京：中国社会科学出版社，2018.4

ISBN 978 - 7 - 5203 - 2202 - 7

Ⅰ.①制…　Ⅱ.①姜…　Ⅲ.①经济发展—研究—阿根廷

Ⅳ.①F178.34

中国版本图书馆 CIP 数据核字（2018）第 053022 号

出 版 人　赵剑英
责任编辑　张　林
特约编辑　闫纪林铖
责任校对　韩海超
责任印制　戴　宽

出　　版　中国社会科学出版社
社　　址　北京鼓楼西大街甲 158 号
邮　　编　100720
网　　址　http://www.csspw.cn
发 行 部　010 - 84083685
门 市 部　010 - 84029450
经　　销　新华书店及其他书店

印　　刷　北京明恒达印务有限公司
装　　订　廊坊市广阳区广增装订厂
版　　次　2018 年 4 月第 1 版
印　　次　2018 年 4 月第 1 次印刷

开　　本　710×1000　1/16
印　　张　15
插　　页　2
字　　数　201 千字
定　　价　69.00 元

目　录

导言　一个国家由盛转衰的独特历程……………………………（1）

第一章　阿根廷发展进程的历史回顾……………………………（21）

第一节　阿根廷发展进程的断裂…………………………（21）

第二节　初级产品出口模式的形成、发展及其局限性………（25）

第三节　进口替代工业化模式的形成、发展及其局限性……（33）

第四节　外向型发展模式的形成、发展及其局限性…………（42）

第五节　基什内尔模式的形成、发展和局限………………（50）

第二章　阿根廷制度变迁的初始制度禀赋………………………（56）

第一节　阿根廷的初始经济制度禀赋……………………（56）

第二节　阿根廷的初始政治制度禀赋……………………（62）

第三节　阿根廷的初始意识形态禀赋……………………（66）

第四节　基本制度在制度结构中的匹配性和独立性………（71）

第三章　阿根廷社会阶层结构的演进及其

对制度变迁的影响………………………………………（77）

第一节　断裂状社会的形成及其阶层结构………………（77）

第二节　断裂状社会在制度变迁中的作用………………（92）

第四章　阿根廷发展进程中国家制度和行为的演变…………（118）

第一节　职团主义与"勾结型国家"的产生 ………（118）

第二节　制度性缺陷与易被集团"俘获"的国家 ………（125）

第三节　国家衰弱在阿根廷发展进程中的表现………（136）

第五章　阿根廷断裂状社会的治理策略

　　　　——庇隆主义………………………………（150）

第一节　庇隆主义产生的思想渊源和历史背景………（151）

第二节　庇隆主义的发展与演变…………………………（158）

第三节　庇隆主义的政治策略……………………………（182）

第六章　结论：对阿根廷国家衰落的反思与启示 …………（201）

第一节　对阿根廷钟摆式发展的反思……………………（201）

第二节　对中国的启示……………………………………（209）

参考文献…………………………………………………………（216）

后记………………………………………………………………（236）

导　言

一个国家由盛转衰的独特历程

一　问题的提出和研究意义

19 世纪末 20 世纪初，阿根廷凭借得天独厚的自然条件、较高的国民教育水平和有利的国际经济环境，通过发挥农牧业比较优势实现经济崛起，一度成为世界上最成功的国家之一和全球经济发展的龙头。1945 年，阿根廷的人均收入分别是巴西和墨西哥的 3 倍和 2 倍，直到"二战"结束后的 1950 年，阿根廷的富裕程度仍然领先于日本，与加拿大、澳大利亚和挪威大致相当[①]。但好景不长，当德、法等国在"二战"的废墟上重建并重回世界强国之列的时候，阿根廷的发展却陷入"过山车"式的恶性循环，其经济在"危机——改革——危机"的钟摆中踯躅前行，从一个盛极一时的富裕国家逐渐沦为一个充满矛盾的衰落国家。到 2000 年年底阿根廷爆发金融危机时，其人均 GDP 只有澳大利亚的不到 1/3。[②] 如图 1 所示，阿根廷人均 GDP 在所统计的世界近百个经济体中，排名已从 20 世纪初的第 13 名逐步滑落到近年来的 35 至 40 名之间。阿根廷由盛转衰，特别是其"从危机到危机"的大起大落式发展进程引起了世人的广泛关注。

---

① José María Fanelli, *La Argentina y el Desarrollo económico en el Siglo XXI*, Editores Siglo Veintiuno, Buenos Aires, 2012, pp. 131 – 133.

② Ibid. , p. 133.

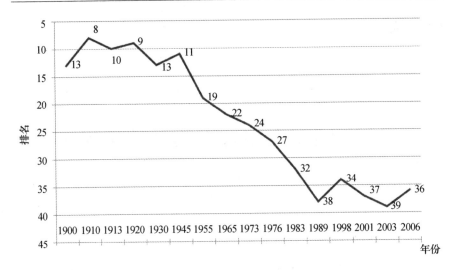

图导—1 阿根廷人均 GDP 在世界主要经济体中的排名变化

数据来源：Pablo E. Guido, "Los dos siglos de Argentina en clave institucional", *Documentos No. 120 de CADAL de Argentina*, *5 de April de 2011. p. 2.*

　　20 世纪阿根廷由盛转衰、危机不断地发展历程被许多人称为"阿根廷之谜①"。学界对"阿根廷之谜"产生的原因进行了广泛而深入的分析，其解答大致上可以分为历史文化决定论、发展政策失误论、外部环境制约论（依附论）、政治危机论等几种。其中文化论主要宣扬民族精神和集体性格对长期发展的影响，认为文化是制度之母，阿根廷继承的西班牙伊比利亚天主教文化与美国所信奉的新教文化是决定两国发展路径和绩效差异的主要根源。依附论主张结构性经济关系特别是畸形的产业结构决定了阿根廷的权利分配和政治发展，认为影响一国经济、政治发展的最主要因素是其融入世界经济体系的方式。政治危机论认为，阿根廷的落后不是单纯的经济结构和政策问题，而是政治动荡引起的，特别是"二战"后阿根廷频繁爆发军事政变，每次政变都带来了政治倾向

———————————

① 董国辉：《学术史视野中的"阿根廷之谜"》，《世界近代史研究（第七辑）》，中国社会科学出版社 2010 年版，第 261 页。

的转变和经济政策的摇摆，政局动荡还使民众丧失了稳定的预期，造成经济行为短期化和营商投资环境不断恶化，最终降低了经济效率。

通过比较和分析可以发现，上述每个观点和因素都能在一定程度上解释阿根廷独特的发展进程，但它们的解释并不在同一个层次上，相互之间并不排斥，有交叉包容之处，部分观点甚至可以相互补充。不过，这些观点忽视了近代以来阿根廷发展路径的历史特点和基本制度结构对经济长期发展的制约，很难系统地解释阿根廷发展的前后有别以及钟摆式发展的特点，而政治危机论是制度危机的表象而非原因。

有鉴于此，本书将透过"钟摆现象"这一阿根廷发展进程中具有代表性的路径特征，从阿根廷在民众主义和自由主义的政策选择中剧烈摇摆，揭示出初始资源禀赋和制度禀赋形成了阿根廷特殊的社会阶层结构，这一结构制约了阿根廷的制度选择和变迁路径，特别是当掌握国家经济命脉的农牧业寡头（后期转型为横跨农牧业、服务业和工业的"多种经营"寡头）和具有选票优势的劳工集团之间的矛盾上升为社会主要矛盾后，西班牙殖民经历遗留下来的考迪罗主义及其庇护——依附关系架构难以应对日益复杂的利益分化和分配冲突。特别是"开明"的寡头集团推行代议制民主却又通过舞弊和暗箱操作垄断政权，造成了各阶层对基本制度缺乏共识和尊重，而以南欧移民为主的劳工中无政府主义思潮盛行使这一集团高度自治但政治参与热情普遍不高。在这些因素共同作用下，阿根廷最终形成了一个泾渭分明、彼此敌视的"断裂状"社会。随着现代化进程的推进，大量底层民众从农村涌入城市，但城市市民社会发育滞后、民间组织匮乏、传统政党不愿代表这一新兴阶层利益等现实情况，使得大量摆脱了农村庇护关系网络的人群处于原子化和政治动员性较强的状态，这为民众主义的兴起提供了丰厚的社会土壤。随着庇隆上台执政和庇隆主义的确立，民众主义正式登上了阿根廷的历史舞台。在"断裂状"社会中，职团主义和庇护主义无力调节各集团间尖锐的矛盾，"狭隘利益"逐渐取代"共容利益"成为社会主导，权力机构成为社会各集团力量角逐的竞技场，"俘获"政府成为各集团争取自身利益和避免利益受损的唯一途径。政府在不同时期沦为特定集团的"俘虏"，使政策制定和制度变迁更多来自于各集团间的力量对比而不是改变无效率产权结构的需要。狭隘的利益集团控制政权后，本着自身利益最大化的原则制定和实施政治经济政策并宣扬它所主张的意识形态，其他集团利益受损，产生相对剥夺感，立即开始政治动员，不断积聚力量阻碍政策实施，甚至控制政府。由于没有哪一个集团的力量大到足以完全控制其他集团，因此政策制定和制度变迁呈现出独特的"钟摆现象"。掌权的利益集团推行于己有利的制度本质上是对其他集团和民众资源的掠夺，这与整个国家的资源有效配置并不相容，掠夺获益大于生产和创造从长期看会改变社会的激励结构，使社会陷入低谷。残酷的权力斗争和政权时刻面临动摇甚至更迭的风险，更会造成统治者缺乏稳定的执政预期，掌权后往往选择"竭泽而渔"，立即最大化自身所属集团的利益，采取忽视长期契约执行、否认已有债务、从铸造新货币中谋利等"寅吃卯粮"的短视行为，并通过超出财政承受能力的"福利赶超"巩固其政治支持。因此，阿根廷的发展悖论就其本质来说，是一种制度选择与变迁的失败，其根源可以追溯到，在特殊的社会阶层结构中，各利益集团间异常尖锐的冲突和对立，在缺乏社会中介调节和国家层面制度约束的情况下被不断固化，造成制度选择的两难困境并被锁定在周期性震荡的无效率状态，对社会经济发展产生了破坏性影响。

作为一个资源禀赋与美国、加拿大、澳大利亚等国相似的新兴国家，阿根廷的衰落从经验层面提供了很多发展经济学、新制度经济学特别是国家理论无法很好解释的例外，也提出了很多具有现实意义的问题。作为"拉美化"和拉美国家陷入"中等收入陷阱"的典型，研究阿根廷的钟摆式发展及其由盛转衰的社会和制度根源，可以为中国提供一个可资借鉴的比较视角。1978年，中国开启了由计划经济体制向市场经济体制转型的改革开放。一般认为，我国进行的这场改革是在保证政治体制连续性的前提下，自下而上、先易后难、从沿海到内陆的渐进式改革，其中市场化和对外开放是主线，国有经济改革和放松管控是关键。可以说，我国的改革开放借鉴了自由经济理论中的关于市场经济的合理成分，但渐进式改革在避免剧烈冲击和动荡的同时，很大程度上保留了原有的权力运作方式，社会转型和政治改革滞后于经济转型。特别是经过30多年的改革开放，中国社会也出现了两极分化的趋势，近年来收入分配分化的问题更是不断凸显，经济增长对社会稳定的促进和破坏双重作用开始显现。收入差距扩大带来的强弱势群体之间对立以及市民社会的不成熟，不仅成为继续推进改革和保持经济增长的重要制约因素，也有可能成为孕育中国式民众主义的温床。以"中国社会不公的罪魁祸首在于市场化"为代表性观点的民众主义舆论声浪在国内已不鲜见，有的人甚至为"文革"招魂，这成为阻碍市场化改革努力的最大敌人。中国与阿根廷虽然相距遥远，改革方式迥异（渐进式与激进式），但都经历了经济快速增长与收入分配状况恶化并行的发展进程，当前也都面临着经济结构转型升级的挑战、市场经济体制不健全、外资在国民经济中占有重要地位、迫切需要减少改革带来的社会代价、众多民众处于原子化状态且缺乏公民意识等相似的情况和问题，阿根廷的"钟摆式"发展进程及其"危机—改革—危机"的发展教训，对我国正在进行的攻坚阶段的改革，具有重要的启发借鉴意义。学者樊弓在《一个国家的破产——解读阿根廷命运》一文中写道："阿根廷的危机对中国来说，应该是一个宝贵的改革'试点'……中国跟阿根廷一样面临深化经济改革，探索政治体制改革和法制建设的任务。中国的改革开放也遇到产权"瓶颈"。阿根廷面临的腐败问题，在中国人心中也是深深的忧虑。阿根廷的很多深层危机都能给中国以启示，中国如果要加大改革力度，时机还不算晚。[①]"

二 国内外相关研究现状及理论综述

(一) 现有文献对阿根廷发展悖论的解释及其缺陷

1. 结构主义和政策失误论的解释

关于阿根廷的发展问题，结构主义学者通常将其发展模式的不可持续性归咎于依附性的外部因素及相关政策选择。美国学者威尔 (Felix J. Weil, 1944) 在《阿根廷之谜》一书中强调，19 世纪末至 20 世纪 40 年代，阿根廷错失了三次发展机会：19 世纪末阿根廷过度依赖肉类和谷物出口，没有通过工业化实现经济结构多元化；"一战"期间，经济过度依赖外部市场的弊端就已暴露出来，但政府未及时调整发展模式，没有采取政策保护幼稚工业发展，反而执意发展出口部门；世界经济"大萧条"期间，政府没有直面困难的政治勇气，反而试图通过进一步加强对英国的贸易和投资渡过难关。迪亚兹 (Carlos F. Diaz Alejandro, 1970) 认为，阿根廷 1930 年之前的经济模式非常成功，并未错失工业发展机遇。1930 年后遇到发展困难，是由于"大萧条"后出口产品贸易条件不断恶化，严重影响了经济发展。佛多尔等 (Jorge Fodor and C. A. MacDonald, 1990) 认为，是外部障碍制约了阿根廷"二战"后的经济政策选择并造成了其发展困境。博金 (Miron Burgin, 1941) 认为，阿根廷众议院否决了旨在解决阿根廷经济过度依赖外部市场，并使其尽快适应国际政治经济新环境的"皮内多计划"，这是阿根廷错失实现经济现代化"黄金机会"的罪魁祸首。

政策失误论者多从不当政策导致资本积累困难以及要素价格和

---

① 樊弓:《一个国家的破产——解读阿根廷命运》,《南风窗》2002 年 2 月下, 第 61 页。

配置扭曲的角度解释阿根廷的发展问题。美国学者泰勒（Alan M. Taylor，1994）提出，阿根廷近代经济衰落的主要原因在于，1913 年以后阿根廷资本积累条件的持续恶化。魏斯曼（Carlos H. Waisman，1987）强调，20 世纪 40 年代后阿根廷发展出现了"逆转"，主要原因是政府执行了错误政策，特别是"以农补工"和内向型工业化政策以及职团主义的劳工政策失当，是造成该国衰落的主因。孔德（Roberto Cortés Conde，1980）认为，阿根廷 1930 年之前的工业化就是以国内市场为导向，市场的局限性和汇率贬值消解了阿根廷的成本优势。索尔伯格（Carl E. Solberg，1987）认为，农牧业主占统治地位的社会结构，决定了政府出台的政策不可能使佃农成为土地所有者，这使得阿根廷铁路运输成本居高不下，农牧业技术水平和市场体系迟迟得不到提高，最终造成阿根廷的发展滞后。林毅夫在《经济发展与转型：战略、思潮与自生能力》（1994 年）一书中提出，政府发展战略是解释为什么阿根廷等资源丰富的拉美国家发展缓慢而资源贫乏的东亚实现了快速发展的关键。政府制定和实施发展战略应立足于升级禀赋结构，而不是罔顾禀赋结构直接寻求产业和技术结构升级。在竞争性市场中，禀赋结构升级带来的相对价格变动，会促使企业出于逐利动机和应对竞争的考虑，自发进行产业和技术升级。政府只需建立并维护竞争性市场制度，并确保要素价格能够及时、准确地反映禀赋丰裕程度变化即可。同时，政府还应做好技术和产业有关的信息服务，对可能产生的外部性进行补偿，并加强金融、法律和社会等相关制度建设，为企业实现产业和技术升级创造良好环境。

国内学者中，沈安（2007 年）认为，阿根廷 19 世纪 60 年代开启现代化进程，并依据比较优势选择了出口型农牧业经济模式，这一模式适应了当时阿根廷发展的主客观条件，使阿根廷获得了宝贵的外汇，为后来的发展奠定了必要的物质和资金条件。但富裕不等于发达，阿根廷发挥比较优势抓住了赚钱的机会，却失去了工业化的机遇，成为拉美地区生产结构、生产力和生产关系都较为落后的国家。陈舜英（1982 年）肯定了庇隆政府经济政策成就，但也指出其政策两大失误之处，一是片面强调工业发展，忽视了农业生产的基础作用，这无异于"釜底抽薪"；二是不顾阿根廷的发展实际盲目套用国外经济理论，借助"政府干预之手"，追求通过扩大财政赤字和通胀达到刺激需求和增加就业等目标，这"无异于饮鸩止渴"。

2. 对民众主义及其"福利赶超"政策的批判

随着学界对拉美陷入"中等收入陷阱"的分析和对拉美民众主义（民粹主义）的批判，"福利赶超"被普遍认为是阿根廷等拉美国家陷入"增长陷阱"乃至危机的罪魁祸首。萨克斯（Jeffrey D. Sachs, 1989）认为，悬殊的贫富差距使阿根廷等拉美国家政府制定和出台政策时面临极大的社会压力，无论其意识形态倾向如何，都不得不保持社会支出份额，并将改善贫困群体福利水平作为施政重点之一，但这会造成错误的政策选择和糟糕的经济后果，最终反而会损害低收入群体的利益。特别是民众主义为了达到"福利赶超"的目的，往往采取过度扩张的货币和财政政策，最终造成恶性通胀和财政不可持续。国内学者中，樊纲等（2008 年）认为，拉美国家普遍奉行民众（民粹）主义政策，其核心在于通过政府主导的收入再分配政策和超出财政承受能力的福利政策，模仿西方发达国家的福利补贴和就业保障制度，实现低收入群体收入"跨越式"增长，以此来缩小业已存在的收入差距。但正是这种不顾实际的"福利赶超"，给拉美国家带来恶性通胀、财政收支失衡、债务和金融危机、经济停滞等一系列恶果，最终使经济落入"陷阱"之中。

学界一般认为，阿根廷的"福利赶超"举措始于庇隆政府，庇隆主义也被视为拉美民众主义的典型和代表。学界从"福利赶超"的角度分析"阿根廷之谜"多集中于将阿根廷由盛转衰归罪于庇隆主义政权的政策失误。美国学者坦奇（Vito Tanzi，2007）提出，正是庇隆政府创造的"永久性财政问题"使阿根廷经历了一个从富裕国家变成贫穷国家的历程。庇隆政府1946—1955年间执行所谓"福利国家"政策，是通过剥削农牧业出口建立起来的，政府将GDP的约30%用于社会福利开支，不仅造成阿根廷社会的"意识形态分裂"，还使其陷入永久性的"财政恶性循环"中。美国学者刘易斯（Paul H. Lewis，1990）认为，阿根廷20世纪的国家发展的失败，主要责任在于庇隆经济政策的失当，特别是庇隆主义经济政策将劳工再分配的诉求置于农牧业和工业发展需要之上，一开始就遭到工业家、商人和农场主的反对和抵制，最终导致其疏远政府并撤回投资。而对未来发展的稳定预期一经破坏就很难得到恢复，这正是阿根廷危机的根源。迪亚兹（Carlos F. Diaz Alejandro，1970）认为，庇隆政府对外国投资百般限制，对发展贸易和提振出口并不关心，为满足其民众主义分配方式更是不惜牺牲国家的经济利益，这些政策失误造成了日益严重的国际收支失衡和外汇短缺，引发了经济危机并使经济增长丧失了持续的动力。波尔坦蒂埃罗（J. C. Portantiero，1977）认为，1955年9月庇隆进行的民族主义——民众主义试验遭遇首次失败，这标志着阿根廷于20世纪30年代开启、40年代巩固的一个经济周期的结束，庇隆将广泛的收入分配模式引入经济发展中，终结了阿根廷的资本积累周期。

国内学者中，陆万军等（2014年）在对比了阿根廷等拉美国家和东亚部分国家的收入分配制度后提出，由于利益集团的阻碍，拉美国家难以通过结构性改革解决贫富分化问题。为回应民众诉求，阿根廷等拉美国家政府更倾向于选择高福利这条"捷径"，通过高税收和强管制等方式干预经济并直接进行收入分配调节，但这种逆市场方向而动的政策会影响经济和制度的转型，从长期看不仅无法真正解决分配问题，还会付出经济效率损失的高昂代价。樊纲等（2008年）将庇隆主义作为拉美民众主义的代名词，认为对于阿根廷危机和拉美国家 20 世纪遭遇的"失去的十年",国内基本以总结新自由主义的教训为主。但事实上,对拉美影响更为深远且至今仍充满活力的却是民众主义及其"福利赶超"政策。福利赶超很大程度上左右了阿根廷等拉美国家经济发展的路径和绩效,其教训主要体现在忽视发展阶段的经济赶超、忽视财政承受能力的福利赶超和忽视市场机制的政府干预三方面。

(二) 阿根廷发展进程中"钟摆现象"的提出和相关研究状况

1983 年,阿根廷经济学家马塞洛·迪亚蒙德 (Marcelo Diamand①) 在美国范德堡大学"拉美政治经济变革举措"研讨会上做了题为"阿根廷钟摆何时方休?"的报告,首次提出阿根廷经济发展进程中存在"钟摆现象 (péndulo argentino)"。所谓"钟摆现象",是指阿根廷的发展策略特别是经济政策总是在民众主义 (或扩张主义) 和保守主义 (或自由主义) 这两种针锋相对的模式间剧烈摇摆。其中,民众主义模式反映了民众在经济领域的诉求,它崇尚凯恩斯主义和经济民族主义,追求更好的收入分配和完全就业两大目标。第一个目标通常通过提高社会福利和名义工资、实施价格管控实现,同时还会借助汇率和公共服务价格等政策工具确保生活成本基本稳定;第二个目标通常以保持内需旺盛来实现。自由主义模式反映了农牧业、金融业、传统产品出口业以及部分民族资本家的诉求,它强调经济秩序、财政纪律、效率、预算平衡、信心、吸引外资和民众的必要牺牲。迪亚蒙德的这一研究发现在学术界引起较大反响,许多学者通过这一"钟摆现象"来描述阿根廷发展进程的特点。赫希曼 (Albert Hirschman, 1996) 即认为,阿根廷乃至拉美多数国家在经济政策制定中有在国家干预和市场主导间走极端的现象,即"钟摆现象"。由于钟摆是机械的,这一概念没有考虑到反馈机制和共识形成机制对"钟摆"摆动幅度可能产生的减缓作

---

① Marcelo Diamand:"El péndulo argentino ¿Hasta Cuándo?", Centro de Estudios de la Realidad Económica. CERE, 1987, http://www.iade.org.ar/modules/noticias/article.php? storyid = 5613.

用，但从历史上看，在拉美国家中这种减缓作用的确十分微弱。

关于"钟摆现象"的产生，迪亚蒙德认为，民众主义模式重分配而轻投资、轻出口，其高收入、高福利政策不过是"寅吃卯粮"，外汇储备耗尽之时就是该模式终结之时；而自由主义模式在外汇枯竭和国家濒临破产之时"临危受命"得以确立，其对内实施紧缩政策、对外加大引资力度和初级产品出口等举措虽然能够在短期恢复外汇储备，但中长期却会导致就业情况和工资水平持续恶化，经济会因需求不振而陷入衰退泥潭。这两种模式的内在缺陷是产生"钟摆现象"的主要原因。而外债的持续增加、"以农补工"引发的社会矛盾日益尖锐，农牧业和工业生产率差距不断扩大，这使得"钟摆现象"不是静态往复，而是一种动态的恶性循环。迪亚蒙德将"钟摆现象"定义为阿根廷长期性经济结构失衡的表现，认为产生这一现象的根本原因，并不像民众主义者和自由主义者宣称的那样，是政府缺乏足够权威"真正"落实其改革举措，而是这两种模式都没有发现或并不重视阿根廷经济中的生产结构失衡问题，即农牧业生产率远高于工业生产率。民众主义通过高汇率保障工业发展和民众生活水平的做法，抑制了农牧业发展和出口，最终导致工业化资金来源日益枯竭；自由主义通过货币大幅贬值推动农牧业出口，造成了去工业化和过高的社会成本。

迪亚蒙德之后，许多经济学家对产生这一现象的原因进行了探究。阿根廷学者米诺和达维拉（Miño and Dávila，2011）认为，造成"钟摆现象"的主要原因是阿根廷发展中的"三元悖论"，即无法通过工业化同时实现完全就业、较高的实际工资和经常项目收支平衡三大目标。保守主义解决"三元悖论"的方法是依照古典和新古典经济理论，通过市场化提高效率，依照资源禀赋发挥比较优势，但其主导的货币局制度在稳定价格的同时，付出了牺牲货币政策自主性和外部失衡的代价，最终导致价格失控和经济衰退。民众主义解决"三元悖论"的思路表现为两个机制，一个是通过实施进口替代工业化战略节省进口制成品所需的外汇，但这只是延缓了发展的外部制约并付出了生产结构失衡的代价；另一个是通过大量吸引外资弥补本国储蓄不足，为工业化提供足够的资本支持，但这种做法混淆了资本积累不足和外汇短缺这两个概念，由于工业生产的内向性，扩大投资并不能提高出口能力，反而会扩大潜在的贸易赤字和金融负担，最终导致经济停滞。阿根廷学者纳洛多夫斯基（Patricio Narodowski，2011）认为，造成"钟摆现象"的原因最初是生产率较高的农牧业部门与生产率较低的工业部门之间的二元对立，但新形势下导致这一现象的主要原因是生产过程和劳动关系的弹性不足，即存在外围的福特主义和初级泰勒主义，实施以个性化需求大规模定制、水平组织形式、弹性生产和竞合市场关系为主要特征的后福特主义模式是摆脱钟摆式发展的重要途径。阿根廷学者古里亚（Eduardo Luis Curia，2011）认为，阿根廷"钟摆"的两端可以定义为工业化模式和金融模式，区分两者的关键在于实际汇率水平。阿根廷无法摆脱"钟摆"桎梏的主要原因是存在外汇不足的外部制约以及社会融合和就业不足的社会制约。美国学者恩布什和塞巴斯蒂安（DornBusch and Sebastian，1991）提出了民粹主义宏观经济学分析框架，即宏观政策初见成效→经济增长遭遇"瓶颈"→经济发展全面短缺→民粹主义政府破产。这一框架描述了民众主义模式不可持续的发展历程，与"钟摆现象"框架中民众主义一端有异曲同工之妙。

国内学者通过"钟摆现象"分析阿根廷发展进程的文献较少，但在对阿根廷新自由主义改革危机的根源探讨和反思中，多数学者将政局动荡和经济政策不稳定作为解释危机乃至"阿根廷之谜"的一个重要原因。李江春（2013年）对阿根廷和智利新自由主义改革的路径和绩效进行比较后，从制度角度提出，阿根廷经济制度的内部多数时候充满张力，难以配合衔接，频繁更迭，对抗性政治体制在此留下深深烙印，其对抗性特质也得到强化。而智利经济制度由纵向渗透、横向合作的个人军事独裁体制护持，有足够时空磨合。阿根廷冲突的政治经济制度是冲突的政治经济发展的原因，智利协调的政治经济发展是协调的政治经济制度的结果。董国辉（2013年）认为，阿根廷实施进口替代工业化战略的历程漫长曲折，庇隆政府剥削农牧业出口所得补贴工业发展，激起了传统出口利益集团的反抗，阿根廷国内分裂为支出进口替代工业化的庇隆主义和强调初级产品出口并兼顾进口替代工业化的反庇隆主义，两派间的冲突和矛盾成为此后数十年阿根廷社会的显著特征。吕芳（2006年）从阶层结构和利益格局角度提出，阿根廷的政治在本质上体现为"钟摆状"，即在官僚——威权主义和新自由主义制度间循环往复，钟摆幅度（即某种政体的持续时间）取决于其所代表的社会集团的力量。保守主义政策的障碍主要是政治上的，劳工发动罢工、抗议等民众暴动，迫使跨国资本家和农牧业生产主放弃权力；而民众主义政策的障碍主要是经济上的，农牧业出口集团通过减少农产品出口引起收支失衡，或从国内市场撤出农产品导致消费品短缺，跨国资本家利用国际舆论进行干涉。不同方式的更替引起不同制度的更替，进而引发不同政策的变换。从这个意义而言，"钟摆状"经济政策是"钟摆状"政治的产物。

（三）新经济史学对阿根廷发展悖论的解释

1. 新经济史学研究范式的演进

新经济史学先驱诺斯（Douglass North）发现，传统的新古典经济理论因忽略了制度这个关键因素，在对某一历史时期的经济增长和绩效、特别是对西方世界缘何兴起无法做出令人满意的解释。他将新制度经济学的产权、公共选择和交易成本等概念和理论引入历史分析，对美国和欧洲的经济史进行了广泛的实证研究，发现资本积累、技术进步、规模经济、教育等都是经济增长的表现或现象，制度才是决定经济增长的根本原因。诺斯认为，制度的核心是产权，经济增长依赖于产权的明确界定。国家在产权形成、界定、保护等方面具有特殊优势和不可或缺的作用，但国家既可能促进产权界定，提高产权运作效率，也会导致无效产权的出现，即国家对产权和经济增长具有矛盾的双重作用（即"诺斯悖论"）。而意识形态对制度选择及其社会运行成本发挥着重要作用，其变化和创新是影响经济增长的重要制度因素。此外，诺斯还发展出制度变迁的路径依赖理论，通过制度变迁中存在的报酬递增和自我强化机制，说明了为什么低效乃至无效制度在历史中能够长期存在，以及路径依赖对理解长期经济变迁的关键作用。在成功解释西方世界兴起原因的基础上，诺斯构建了一个以制度变迁为主轴，以产权、国家、意识形态和路径依赖理论为主要框架的新经济史学分析范式。在诺斯的分析框架中，国家理论是连接产权理论和意识形态理论的"桥梁"，在制度变迁和新经济史分析框架中居于核心地位。诺斯将国家定义为在一定区域内对合法使用暴力具有垄断权的一种制度安排，国家的"暴力潜能"能否在民众中平均分配，将决定国家是"契约型"还是"掠夺型"，而国家的类型又将决定制度变迁的路径和最终绩效。意识形态有助于降低国家的不稳定性和不可预见性，对减少交易成本和"搭便车"等行为也能发挥重要作用。

继诺斯之后，张宇燕、高程（2004 年）[1] 和阿西莫格鲁等（Acemoglu、Johnson、Robinson，2005）[2] 继承了诺斯的新经济史分析范式，并对西欧国家的崛起进行了更为深入的实证分析。其中，张宇燕和高程提出，美洲新大陆的意外发现造成大量金银流入欧洲，由于货币是"非中性"的，其供应量大幅增加引发"价格革命"，造成了社会财富的重新分配。土地贵族的衰落和商人阶层的兴起逐渐改变了政权的性质，使国家更多从新兴阶层的利益和诉求

---

[1] 张宇燕、高程：《美洲金银和西方世界的兴起》，《社会科学战线》2004 年第 1 期，第46—47 页。

[2] Daron Acemoglu, Simon Johnson, James A. Robinson: "The Rise of Europe", *American Economic Review*, *June 2005*, *pp. 3 – 5.*

出发，进行制度选择并推动制度创新和变迁，正式规则的确立和市场自发秩序的形成共同推动西欧经济"起飞"，其理论模型可简单概括为外生货币→制度变迁→经济增长。阿西莫格鲁等则在此基础上，进一步提出，地理大发现以及随之而来的与大西洋和亚洲贸易的繁荣带给西欧国家绝佳的发展机遇，但最终只有英国和尼德兰这类国家实现了长期经济增长，西班牙和葡萄牙在短暂辉煌后即陷入长期衰落，造成这一差异的根源在于双方的初始制度禀赋不同。在英国和尼德兰，君权这一初始政治制度因受到一定约束而无法垄断贸易和新财富，迅速富裕起来的商人阶层利用其不断增加的政治影响力，积极推动制度变迁进一步约束君主权力，以保护自己积累起来的财产。而在西班牙和葡萄牙，高度集权的初始政治制度使得王室垄断了同殖民地的贸易，阻碍了强有力的商人阶层的出现和制度变迁的可能。上述研究之后，越来越多的学者开始运用新经济史研究范式探索经济长期增长的机制。

　　具体到制度变迁的方式，新制度经济学中较有代表性的理论主要包括诱致性制度变迁理论和强制性制度变迁理论。拉坦（V. W. Latan）在其论文《诱致性制度变迁》中，分析了技术变迁和制度变迁的历史关系，从制度供给和需求两个角度探讨并提出了诱致性制度变迁模型。他们认为，对制度变迁的需求是对能更有效促进经济增长制度的需求所引致，或者是与社会和经济行为、组织和变迁有关的知识进步所引致。而制度变迁的供给是科学与技术知识、社会科学与相关专业知识进步共同引致的。只要制度变迁的潜在收益超过成本，就会产生对新制度的需求；如果制度变迁没有发生，则可能表明变迁的成本超过潜在收益[①]。尽管诱致性制度变迁理论成功分析了欧洲中世纪农耕制度变迁和 19 世纪运输和交通制度变迁，但其对 20 世纪 80 年代东欧等发展中国家大规模制度转型

---

　　① 　徐光东、欧阳日辉：《制度变迁：从产权理论到中国经验》，《经济学动态》2005 年第 3 期，第 15—20 页。

解释力不足，从而遭到越来越多的质疑和批评。

林毅夫（1994 年）运用制度非均衡的方法对诱致性制度变迁进行了经济学阐释，认为技术进步、可选制度集合的变化、对制度需求的改变以及其他与制度相关的改变会引发制度非均衡并产生获利机会，从而诱发制度变迁。其中人们对获利机会的预期是推动制度变迁的主要动力。在此基础上，林毅夫还提出了强制性制度变迁的概念。他认为，并非所有制度变迁都是在新的获利机会"诱发"下自发产生，特别是对不同利益集团进行收入再分配需要依靠政府的法律和命令，这种由政府推动并执行、不取决于供需关系的制度创新就是强制性制度变迁。之所以出现这种制度变迁，是由于制度具有公共品性质，其变迁会遇到外部性和"搭便车"问题，从而造成制度供给低于社会最优水平，需要国家进行干预以矫正供给不足。

诺斯早期将制度变迁看作是一个一般均衡过程，即"初级行动集团"认识到制度非均衡及其获利机会，开始进行制度创新。创新者经过组织、谈判、签约等博弈过程形成"次级行动集团"并推动制度变迁发生。后期，诺斯开始进一步扬弃新古典经济学范式，更多吸收制度演化理论的研究成果并提出了环境——信念——制度的分析框架。诺斯认为，环境的多变为人们所感知，会逐渐改变一个社会现有的观念并演化出新的信念。人们根据新的信念并在传统和固定的思维习惯影响下推动制度变迁，而制度变迁的绩效主要取决于塑造激励的制度网络。为了解释相似的制度变迁在不同国家路径和绩效千差万别这一现象，诺斯从新经济史的角度，提出了初始制度安排和信念结构对制度变迁方向和速度的制约作用，即制度变迁过程中存在报酬递增和自我强化机制，而从文化遗产继承而来的传统和心智模式会影响新的信念形成，这两者共同造成了制度变迁中路径依赖现象的产生并决定了不同国家制度变迁的路径选择和最终绩效。

2. 本书解释阿根廷悖论的新经济史视角

作为一个国家产生后，阿根廷从欧美发达国家移植了自由主义的经济制度和三权分立的代议制民主这一政治制度，但西班牙殖民地时期遗留下来的考迪罗制和庇护——依附关系等传统仍然在发挥作用。面对大规模垦殖带来的劳动力和资本短缺，现存制度环境影响了阿根廷的制度选择，最终形成的大地产制（Estancia）与其他拉美国家盛行的大庄园制和由宗主国直接投资建立并控制原料供应和生产加工经济不同，其对劳动力、资本和技术投入的要求更低，可以看作是解决问题的"权宜之计"。这种畜牧业单一经济实现转型升级难度较大，其"粗放式"发展严重依赖土地要素投入。受自然条件的制约，农牧业在"二战"之前就扩张到了阿根廷地域的边界。大地产制的形成和发展决定了社会阶层结构。由于对外来资本和技术依赖较低且产权高度集中，高度国际化且具有资本主义色彩的本土农牧业寡头和以外来移民为主的劳工，成为早期社会结构中的两大集团。劳工受移民身份和无政府主义思潮影响普遍缺乏对阿根廷的国家认同和政治参与意识，经济自由主义和政治上的寡头制得以长期成为制度安排的核心内容。直接融入世界经济体系的农牧业生产和出口与落后的其他生产部门使经济结构出现了割裂，大量移民缺乏政治和公民权利与农牧业精英寡头垄断政权使政治结构出现了割裂，潘帕斯地区作为农牧业中心"一家独大"与贫困落后的内陆地区对其的"依附"使阿根廷在地域发展上也出现了割裂。"一战"及随后而来的"大萧条"使得依附性经济结构弊端尽显，外部冲击打破了制度平衡，推动了制度变迁的出现。农牧业出口集团面对外部阻碍，不得不被动地加快进口替代工业化进程，这削弱了农牧业精英的政治基础，增加了中产阶层和劳工集团的人数及经济实力。为避免出现政权危机，农牧业精英"主动"实施选举制度改革，将以移民为主体的中产阶层和劳工用一种近乎强制的方式拉入政治领域。但出于对劳工可能借助人数优势掌握政权的恐惧，农牧业精英仍通过舞弊和暗箱操作把持政权，确保其对土地的垄断。随着进口替代工业化和农牧业机械化的深入发展，阿根廷出现了从农村到城市的"移民潮"，城市劳工和市民阶层迅速发展壮大。这个庞大的新兴群体在摆脱了农村传统的庇护体系和社会关系网络后，却发现发育不足的市民社会和政党制度无力将他们纳入其中，数量庞大的"原子化"个人经历着移民城市带来思想观念激烈冲接他们很快成为孕育民众主义的社会温床。随着庇隆在劳工下支持的成功赢得大选并上台执政，阿根廷的民众主义——庇隆主义正式登上历史舞台。在庇隆主义的推波助澜下，阿根廷的社会结构进一步分化为农牧业出口集团和劳工集团分列矛盾两端，跨国资本家和民族资本家根据利益变化不断选边站队的断裂状社会，而农民阶层的缺失使两大集团的博弈更具"零和色彩"。跨国资本家和民族资本家的立场摇摆使得集团之间的矛盾更为复杂和难以调和，阿根廷由此陷入并被锁定在钟摆式发展的桎梏之中，政治和社会动荡最终造成了经济的停滞和国家的衰弱。

从制度需求的角度看，日益壮大的城市劳工和市民阶层有通过参与政治保护其权利的诉求，而1912年选举法改革带来的普选制使这一诉求成为对寡头政权的可信威胁，民众主义可以看作一种利益调和机制，即通过有利于劳工和市民阶层的收入再分配政策以及"福利赶超"，避免社会矛盾进一步激化并演变为冲垮现行制度的大革命。伴随着进口替代工业化进程兴起的民族资产阶级，需要依赖保护主义政策和劳工集团收入提高带来的内需确保自身的生存发展，这使其往往将劳资矛盾置于次要位置，选择与劳工集团结盟，共同抵制任何旨在提高经济开放度和效率的制度变迁。从制度供给层面看，阿根廷作为一个国家最初可以看作是农牧业出口集团为了与世界经济相联系而创造出来的产物，它在财政和政策制定上都高度依赖于这一集团。面对外部环境的变化，特别是"一战"和"大萧条"带来的冲击，代表农牧业寡头利益的国家经济上拒绝通过制度变迁特别是通过变革产权制度提高农牧业生产率并为工业化发展创造条件；政治上虽然推出普选制但却迟迟不愿意建立真正的民主制度将新兴的劳工和市民阶层纳入政权中，最终导致了民众主义的崛起。农牧业出口集团和劳工集团分别把持经济命脉和选票优势，造成了政府既无法推动土地等产权制度改革，也难以大幅削减劳工福利和收入水平，出现了经济繁荣伴随着国际收支和财政危机的钟摆状发展路径。中产阶级和民族资产阶层因其脆弱性往往成为危机的最大受害者，不得不向军队这个唯一具有恢复秩序能力的组织寻求庇护。政权的频繁更迭使得短视行为大行其道，国家沦为特定利益集团操纵再分配、掠夺其他集团的工具。

在对阿根廷经济史资料进行分析和整理的过程中，我们发现，与西方发达国家不同，阿根廷的社会结构并不是中间阶层占据大多数的"橄榄型"社会，而是劳工和农牧业精英占据两端的"金字塔型"社会，政党制度和市民社会的发育不完全使得各利益集团缺乏协调利益的渠道和手段，为争取或维护自身利益不得不选择"俘获"国家，从而导致社会的泛政治化。另外，与巴西、秘鲁等邻国不同，阿根廷社会的欧洲移民比例非常之高，但西班牙殖民地时期遗留下来的考迪罗主义传统和庇护——依附关系与欧洲移民带来的民主政治制度、自由主义经济制度以及无政府主义等意识形态相互作用，最终却形成了恶性循环。特别是具有选票优势、信奉民众主义的劳工阶层和把持经济特权、信奉自由主义的经济精英阶层长期处于"零和博弈"之中，对基本的游戏规则都无法达成共识。出现了虽然没有爆发革命式的制度变迁，但强制性和诱致性制度变迁皆不可行的独特的路径依赖现象，即"钟摆式发展"。具体表现为，自由主义政府执政时，为争取社会底层的选票或为避免社会动荡，无法全面取消民众主义的"福利赶超"政策，最终因恶性通胀和财政收支失衡陷入经济停滞和危机；民众主义政府执政时，为避免经济动荡而不敢实施大规模土地改革等触及一次分配的结构性改革，继续强化"福利赶超"政策最终也会同样导致恶性通胀和财政收支失衡并陷入危机。阿根廷的制度变迁既没有西欧国家自然演进的特点，也没有中国改革开放自上而下的特征，因此在研究阿根廷这一案例时，需要借助新经济史的分析范式，但更要超越这一范式。

在本书中，我们将对阿根廷独立后至今的历史演进特别是发展模式的几次断裂重新进行梳理和总结，从史料中归纳出制度变迁的一般路径以及产生路径依赖的冲突之处，并在此基础上提炼出造成阿根廷钟摆式发展和经济衰落的关键因素，比如：阿根廷的断裂状社会结构是如何形成的，社会权力结构如何演变并影响制度变迁，国家行为会在其中发生怎样的变化，社会激励结构如何变化等，从而总结出阿根廷社会的基本特点、社会结构的演进及其对制度变迁的作用，最终提炼出初始制度禀赋——社会阶层结构——制度变迁及其路径依赖——长期经济增长这一基本分析框架，并通过这一框架对阿根廷独立以来独特的发展路径和绩效进行较为完整和有说服力的解释，揭示了制约阿根廷长期经济增长并造成钟摆式发展困境的基本矛盾，并提出破解的方向和思路。

第一章

阿根廷发展进程的历史回顾

历史是展开制度变迁分析和提出理论的重要依据，本章将从新经济史的角度重点回顾阿根廷独立以来发展进程中的几次断裂，找出其与制度变迁的联系，并从社会结构演变入手，分析这几次发展模式断裂中的路径依赖效应。鉴于此，第一节主要就几次断裂的时间节点进行划分，第二节至五节将分别对阿根廷经济发展史中的初级产品出口阶段、进口替代工业化阶段、外向型发展阶段和基什内尔模式阶段进行历史回顾，并对不同阶段中的社会阶层和制度的演化进行阐述。

第一节　阿根廷发展进程的断裂

1862 年，阿根廷实现了民族独立和国家统一，开始着手发展经济。在建立和发展民族经济的过程中，阿根廷大致上经历了四个发展阶段，根据每阶段的发展战略和政策特点，总体上可分为：初级产品出口模式发展阶段（1862—1930 年）、进口替代工业化模式发展阶段（1930—1982 年）、外向型发展阶段（即新自由主义模式发展阶段，1982—2003 年）、基什内尔模式发展阶段（又称新发展主义阶段，2003—2015 年）。拉伯波尔特（Mario Rapoport）等部分阿根廷学者认为，1976 年政变后上台的军政府已经开始实施较为正统的自由主义模式，标志着阿根廷进入新自由主义发展阶段，他们将这一阶段的发展模式称为"金融—食利"模式。[①] 但本书认为,这一时期军政府虽然自诩学习了智利新自由主义的"成功经验",但其采取的多为经济稳定化举措,特别是没有减少国家对经济的干预,这与随后梅内姆时期的新自由主义改革迥然不同。考虑到本书主要从社会结构变迁角度分析和解释阿根廷发展路径,因此选择1983 年民主制度"回归"作为阿根廷第三个发展阶段的标志。

阿根廷独立后的 160 多年中,发展历程跌宕起伏,经济大起大落,出现了四次增长较为迅速的时期,分别是 1862—1929 年、1950—1973 年、1991—1994 年、2003—2012 年。然而在每个阶段,经济都因为种种外部和内部因素的干扰、制约,没有实现持续增长。表 1—1 进一步表明,即便是在繁荣期,阿根廷经济呈现加速增长态势的时间一般也只有 8 年左右。而 1973—1982 年的负债增长最终导致阿根廷爆发债务危机,使得 20 世纪 80 年代成为"失去的十年"。20 世纪 90 年代起,阿根廷政府严格遵循当时西方主流经济学推崇的标准转型战略——"华盛顿共识[②]",通过实施最彻底的经济金融改革创造了一时繁荣,一度被誉为自由市场经济的"榜样"和"改革明星"。但好景不长,随后阿根廷再次陷入经济严重衰退和政局剧烈动荡的转型危机,并宣布"倒账"而沦为破产国家。表 1—2 表明,阿根廷每一次的经济繁荣期都是以危机形式结束,尽管危机持续时间并不长(除"一战"带来的外部冲击外,

---

① Mario Rapoport: "Etapas y Crisis en la Historia Económica de Argentina (1880 – 2005)", *Revista OIKOS, Escuela de Administración y Economía, Universidad Católica Silva Henríquez*, http: // www. iade. org. ar/uploads/c87bbfe5 – f045 – be04. pdf.

② 1989 年,美国国际经济研究所邀请国际货币基金组织、世界银行、美洲开发银行和美国财政部研究人员,以及拉美国家代表在华盛顿召开了研讨会,为拉美国家经济改革提供方案和对策。美国国际经济研究所约翰·威廉姆森(John Williamson)对拉美国家国内经济改革提出与上述各机构达成共识的 10 条政策措施,称作华盛顿共识。这 10 条措施主要包括:①加强财政纪律,压缩财政赤字和通货膨胀率,稳定宏观经济;②政府开支重点转向经济效益高和有利于改善收入分配的领域;③税制改革,降低边际税率,扩大税基;④利率市场化;⑤采用具有竞争力的汇率制度;⑥实施贸易自由化,开放市场;⑦放松对外资的限制;⑧国有企业私有化;⑨放松政府管制;⑩保护私人财产权。

其他多为 2—3 年），但其破坏性很大。

表 1—1　　　阿根廷经济加速增长周期分布（1883—2002 年）

繁荣期起始年份	持续时间（年）	年均经济增速	加速增长率
1883	8	4.4%	2.1%
1892	8	5.4%	3.1%
1898	8	4.3%	3.7%
1901	8	4.1%	2.4%
1903	8	4.3%	2%
1917	9	3.8%	2%
1964	8	4%	2%
1990	8	3.5%	3%
2002	8	4%	4%

资料来源：Albrieu R. y J. M. Fanelli（2012）：" Fluctuaciones macroeconómicas y crecimiento en Argentina：una visión de largo plazo"，Buenos Aires，PNUD，pp. 45 – 81.

表 1—2　　　阿根廷危机周期分布（1875—2009 年）

危机名称或原因	起始年份	结束年份	危机程度（经济累计衰退率）	持续时间（年）
1880 年危机	1880	1881	- 6.32%	2
巴林银行危机	1890	1891	- 19.22%	2
一战	1913	1917	- 34.17%	5
1930 年危机	1930	1932	- 20.43%	3
政权危机	1962	1963	- 7%	2
罗德里格斯改革危机	1975	1976	- 4.01%	2
债务危机	1981	1982	- 11.29%	2
恶性通胀危机	1988	1990	- 12.66%	3
货币局危机	1999	2002	- 24.13%	4

资料来源：Albrieu R. y J. M. Fanelli（2012）：" Fluctuaciones macroeconómicas y crecimiento en Argentina：una visión de largo plazo"，Buenos Aires，PNUD，pp. 45 – 81.

直到 2003 年基什内尔总统上台执政后，阿根廷经济才真正走出危机的阴影实现复苏，开始了连续 6 年的快速增长并成功渡过

2008 年 9 月爆发的国际经济金融危机。但 2012 年起，阿根廷经济增速明显放缓，通胀率不断上升、财政赤字扩大、公共债务快速增长、本币加速贬值、外汇储备锐减等长期困扰阿根廷发展的痼疾再度显现。2014 年，阿根廷政府与"秃鹫基金"债权人间的谈判破裂，阿根廷继 2001 年危机后再一次陷入主权债务违约的漩涡中。《纽约时报》专栏作家罗格·柯恩以"阿根廷请为我哭泣"为题撰写专栏文章，介绍阿根廷债务违约的相关情况并就此讽刺道："巴西正在变成阿根廷，阿根廷正在变成委内瑞拉，委内瑞拉正在变成津巴布韦。"[①] 表 1—3 表明，1960—2002 年间，阿根廷经济出现负增长的年数是 17 年，其中 1981—2002 年间出现的频率是此前 20 年的近 2 倍。这 40 年间，阿根廷出现负增长的年数仅次于委内瑞拉，在所考察的拉美 12 个主要国家中位居第二，出现频率更是世界其他国家平均值的 2.4 倍，这表现了阿根廷经济发展的脆弱性和不可持续性。

表 1—3　　阿根廷与拉美主要国家和世界其他国家危机频率比较

国家	经济增长率为负的年数			危机发生频率
	1960—1980	1981—2005	1960—2005	
阿根廷	6	11	17	39.1%
墨西哥	0	8	8	17.4%
委内瑞拉	11	13	24	52.2%
智利	4	3	7	15.2%
巴西	1	11	12	26.1%
西班牙	2	2	4	8.7%
土耳其	3	6	9	19.6%
韩国	2	1	3	6.5%

资料来源：Andrés Solimano："Crecimiento en America Latina：La Desaceleración del último cuarto de siglo"，Presentación REDIMA，http：//www.cepal.org/redima/noticias/paginas/4/26554/RD2006_plenaria02_AndresSolimanoPPT.pdf

---

① Roger Cohen： "Cry for Me, Argentina"，*New York Times*，Feb 28, 2014，https：//www.questia.com/newspaper/1P2－36317498/cry-for-me-argentina.

第二节　初级产品出口模式的形成、
发展及其局限性

1810 年"五月革命"后，反抗西班牙殖民的独立运动在拉普拉塔总督辖区迅速展开。1816 年 7 月 9 日，拉普拉塔联合省国会第二届会议正式宣布该省独立并通过阿根廷历史上首部宪法。令人遗憾的是，此时的阿根廷仍处于大小考迪罗①各霸一方的分裂状态，这部以美国和法国宪法为蓝本的宪法没能帮助阿根廷实现统一，宪法中关于中央政府有权任命地方官员等条款更加剧了中央政府与各省之间的矛盾。布宜诺斯艾利斯省与各地方省份之间、中央集权派与地方自治派之间、保守派和自由派之间各种纷争和冲突持续不断，最终罗萨斯（Juan Manuel de Rosas）脱颖而出，夺取了对布宜诺斯艾利斯省的控制并建立了长达 23 年的独裁统治。

从社会结构来看，阿根廷独立革命的领导人主要是布宜诺斯艾利斯地区的商人，但大约从 1820 年开始，许多商人家族开始对土地、养牛和腌肉工厂等进行投资并逐渐控制了本地的经济命脉。罗萨斯的独裁统治在某种意义上顺应了新兴利益集团控制国家政权的需要，其"开疆拓土（驱赶屠杀潘帕斯草原上的印第安人）"和自由贸易等政策进一步推动了大地产主这一新经济利益集团的崛起和发展。与此同时，随着英国不断加强对拉普拉塔地区的经济渗透以及新兴大地产主集团逐步认识到自由贸易的好处，1825 年《英国与阿根廷友好、通商和航海条约》在双方"默契"下签订，该条约从字面上看是一种相对平等友好的商务条约，但考虑到两国实力对比和条约带来的双方贸易分工，条约实际上为阿根廷以初级产品

---

① 西班牙 Caudillo 的音译中文，指 19 世纪殖民统治瓦解后用武力夺权的领袖，相当于中文语境中的"军阀"。

出口国的角色加入世界经济体系和日后经济的依附性发展奠定了法律制度基础。而在随后推翻罗萨斯独裁统治和寻求实现国家统一的斗争中，阿根廷诞生了第一部联邦主义宪法，即1953年宪法。这部宪法以美国宪法为主要蓝本，吸收借鉴了法国1791年宪法中的部分内容，确立了三权分立的代议制民主政体和有利于资本主义发展的基本原则和政策导向。1853年宪法一直沿用到1983年，其间虽然曾短暂地遭到庇隆政府和军政府弃用，但在诞生后大部分时间内都是适用的。这部宪法明确规定了国家统一和构建国内市场的重要性，为摆脱分裂局面、实现民族统一奠定了制度基础，但其赖以生存的外部环境此时尚未发展起来，宪法中规范公共权力运行、保护公民权力等内容更是无源之水，阿根廷仍是一个"有宪法无宪政"的国家。

1862年前，阿根廷的主要问题仍是全国统一，主要表现为联邦主义派和中央集权派之争。1861年，米特雷率领的布宜诺斯艾利斯省军队在帕翁战役中击败乌尔基萨的联邦政府军队，并最终使联邦派和中央集权派达成妥协。布宜诺斯艾利斯省的自由派控制了政权，以布宜诺斯艾利斯为中心、各地在此设立代表的联邦国家思想逐渐被人们接受。1862年10月，米特雷当选为总统，随即提出实现民族团结的政治目标，并先后两次平息叛乱，结束了独立后的动荡局面，使阿根廷真正成为统一的国家。米特雷及其继任者萨米恩托（1868—1874年在任）、阿维利亚内达（1874—1880年在任）在自由主义经济思想指导下，通过创办现代教育，鼓励移民，加强铁路、港口等基础设施建设，发展垦殖等一系列举措，积极推动阿根廷现代化进程，为随后初级产品繁荣的"美好时代（Epoca Bella）"的到来奠定了基础，其依托比较优势的自由主义经济制度为阿根廷的未来发展路径定下了基调。1880—1914年"一战"爆发前后，阿根廷进入了发展进程中的"美好时代"，经济持续快速增长，一跃成为世界上最富裕的国家之一。据测算，1914年之前的

50 年间阿根廷 GDP 年均增长超过 5%，[①] 按购买力平价计算，1880—1916 年间，阿根廷的人口增加了 2 倍，经济总量翻了 8 番，年均 GDP 增长率约 6%，人均 GDP 年均增速也接近 3%，是当时世界上经济增长最快的国家之一。[②] 而通过对各经济部门的分析可以看出，农牧业初级产品生产和出口部门对经济增长贡献最大。比如，1870—1913 年，阿根廷出口总额从 3022 万金比索猛增至 5.19亿金比索，年均增长超过 40%。而在 1913 年的出口总额中，农产品和畜牧产品出口占比高达 97%。[③] 出口额增长的同时，阿根廷出口产品种类日益多样，小麦和玉米后来居上，取代羊毛和腌肉等畜产品，成为最大宗出口产品。学者布尔默—托马斯对此评论道："出口多样化最成功的案例要算阿根廷。增加新的出口产品并没有使传统出口下滑，阿根廷只是扩大了出口范围……一战前，没有哪个国家在出口范围和数量上能与阿根廷媲美。到 1913 年，尽管阿根廷人口只占拉美人口的 9.5%，其出口收入却占到地区出口总收入的 30%。"[④] 英国仍是阿根廷这一时期的主要贸易伙伴，但阿根廷在此阶段实现出口市场多元化方面取得了较为显著的成效。以1913 年为例，阿根廷对 4 个主要贸易伙伴的出口额占出口总额比重约为 50%，而拉美第二大出口国巴西这一比重占到 70% 以上，墨西哥、古巴的这一比重更是超过了 90%。[⑤]

　　更重要的是，初级产品出口繁荣带动了阿根廷现代化进程全面推进。首先是带动了交通运输和早期工业的发展。初级产品生产和

①　Carlos F. Diaz Alejandro："Ensayos sobre la historia económica argentina"，traducción de Elsa Kraisman，Amorrortu Editores，Buenos Aires，1970，p. 3.

②　Fernando Rocchi："El péndulo de la riqueza：la economía argentina en el período 1880 – 1916"，Nueva Historia Argentina，Editorial Sudamerica，Buenos Aires，2000，p. 19.

③　Ernesto Tornquist，Co.："*The Economic Development of the Argentina Republic in the last Fifty Years*"，p. 140.

④　［英］维克托·布尔默—托马斯：《独立以来的拉丁美洲经济发展》，张凡等译，中国经济出版社 2000 年版，第 72 页。

⑤　同上书，第 89 页。

出口的快速发展带来了对土地、劳动力以及市场的巨大需求，而要满足这些需求首先要解决交通运输"瓶颈"。在此背景下，阿根廷的铁路建设经历了前所未有的发展，全国铁路里程从 1861 年的 39 公里增长至 1880 年的 2500 公里，到 1913 年时增至 30000 公里，其中 60% 的铁路通往潘帕斯草原地区。[①] 1880—1914 年间，阿根廷全国铁路总运量已经从 80 万吨提高到 3500 万吨。[②] 铁路的大规模建设和运力的快速增加有力地促进阿根廷境内的商品和人员流动，为以出口为导向的商业化农牧业发展创造了良好条件。19 世纪中叶以前，阿根廷仅有加工腌肉和皮革的小规模手工工场，随着大量移民的到来和人口的快速增长，一些生产日常生活用品、制鞋和家具制造等依赖本地原料供应的简单加工工业率先发展起来。随后，初级产品出口部门的迅速发展，带动了与其联系较为密切的食品冷藏、加工和交通运输等工业发展。例如，1869 年第一次全国经济普查时，未对工业部门进行统计；1895 年第二次普查时，阿根廷全国已建成的工厂数目达到 2.4 万多个，总投资额约 3.3 亿比索；1914 年第三次普查显示，阿根廷全国的工厂数量进一步增加至 4.88 万个，总投资额已接近 18 亿比索。其中发展最快的是食品加工业，其中又以肉类加工业发展最为迅速。1913 年，阿根廷全国工业消费品的 71.3% 由本国企业生产，其中食品、纺织品、建筑、家具、化工、冶金的本地生产比重分别为 90.6%、87.9%、79.9%、70.2%、37.2%、33.2%。[③] 初级产品出口繁荣还促进了阿根廷的城市化进程和公共事业发展，提高了阿根廷的教育、医疗等人文发

① Lucía López："El impacto de la red ferroviaria en Argentina"，http：//www.monografias.com/trabajos26/red-ferroviaria-argentina/red-ferroviaria-argentina.shtml.

② Eduardo A. Zalduendo："*Aspectos Económicos del Sistema de Transportes de la Argentina*"，en Gustavo Ferrari y Ezequiel Gallo，（comp.），La Argentina del ochenta al Centenario，Buenos Aires，Editorial Sudamericana，1980，p. 441.

③ Argentina Comisión Nacional del Censo，*Tercer censo nacional*，*levantado el 1 de junio de 1914*，*Tomo VII Censo de las industrias*，Buenos Aires，1917，pp. 46–54.

展指标。

表1—4　　　各行业在阿根廷经济活动中的比重（1881—1916年）　　单位：%

年份	工业	农业	畜牧业	交通	商业	建筑	政府
1881	10.7	5.3	57.8	1.4	18.6	6.2	S/d
1885	9.0	6.4	42.5	1.9	16.3	17.3	6.6
1890	13.4	12.9	27.8	2.9	19.4	18.2	5.3
1895	13.8	21.3	30.4	3.0	19.9	6.0	5.2
1900	18.2	19.7	24.2	4.3	19.5	7.8	6.4
1905	22.1	18.9	17.1	3.9	19.5	14.7	3.8
1910	22.8	15.0	17.2	5.2	19.1	15.9	4.8
1916	27.8	18.3	18.3	5.7	22.0	3.9	4.0

资料来源：Fernando Rocchi："El péndulo de la riqueza：la economía argentina en el período 1880. 1916"，Buenos Aires，Editorial Sudamericana，2000，p. 35.

经济持续快速发展离不开国家的统一和政局稳定。1880年大选中，罗加（Julio A. Roca）将军当选为总统，随即平定了其竞选对手、布宜诺斯艾利斯省长特赫多尔发动的叛乱。以此为契机，罗加采取一系列举措，削弱布宜诺斯艾利斯省利益集团对国家政治生活和中央政府的干预，巩固并完善了中央集权和公共管理体制，成立了阿根廷历史上第一个全国性政治组织——民族自治党（Partido Autonomista Nacional），寡头精英民主制由此确立起来。民族自治党代表农牧业精英阶层利益，其1880年成立后在阿根廷政坛占据统治地位长达36年。这种长期稳定的统治是阿根廷早期经济繁荣的重要制度基础。但从19世纪末期起，以移民和移民后代为主体的城市中产阶层人数日益增加，经济实力也有所上升，这一阶层要求获得与经济地位相称的政治权利的呼声日益高涨。而处于社会底层、人数更多的劳工集团也对其被排除在政治领域之外深为不满。上层社会的内部矛盾此时也不断加剧，特别是内陆偏远省份的庄园主、沿海地区新近暴发的地主因无法从初级产品出口模式中获益满腹牢骚。为改变对自身不利的局面，社会各阶层中的反对派力量联合起来，于 1890 年组成公民联盟（Unión Cívica）。1891 年后，由于在如何处理同执政党关系以及是否参加 1892 年大选上出现分歧，公民联盟分裂为全国公民联盟（Unión Cívica Nacional）和激进公民联盟（Unión Cívica Radical），后者为主要反对党。为打破寡头精英对政权的垄断，激进公民联盟 1893 年和 1905 年两次发动政变，尽管均以失败告终，但联盟的地位和影响力进一步得到提升，特别是获得了中产阶级和劳工集团等社会中下层的支持。

针对投票率低和选举舞弊等问题，激进公民联盟提出"自由投票和公平选举"的口号，试图在阿根廷建立代议制民主政体。但民族自治党，特别是党内的罗加派（拒绝接受任何政治变革）认为，政局动荡和无政府主义是国家发展的最大障碍，向代议制民主过渡不可"操之过急"。但随着罗加派在党内的式微和激进公民联盟的不断施压，这一民主转型进程"意外"地驶入快车道。1910 年民族自治党内佩列格里尼派（支持现代化进程且对选举舞弊反感）领袖培尼亚当选总统后，为避免马克思主义和社会主义思想在被迫"远离"政治的劳工中扩散，正式启动选举改革进程并推动议会于 1912 年批准通过了改革法案。按照这部选举法规定，所有年满 18 岁的男性公民一律强制参加无记名投票，每个参选政党可提交一个不完全候选人名单，得票最多的政党可获议会三分之二议席，另外三分之一议席留给得票第二的政党。法案中的强制性投票和改变"赢者通吃"的多数制等改革设计，初衷是以较小让步将中产阶级纳入政治领域，通过允许其有限参政消除激进党发动"革命"的借口，并借"招安"激进党孤立和打压无政府主义者和工人中的左翼政治组织，从而达到稳固自身政权的目的。保守党认为，激进党的少数派地位不会影响到农牧业出口集团的统治，但此举却不经意间打开了阿根廷政治从寡头民主向代议制民主转变的大门。在 1912 年、1913 年和 1914 年的三次议会选举中，投票人数三年内增加了三倍，1916 年大选中投票人数又进一步增加。可以说，反对派在四分之一个世纪中未能实现的目标，选举改革法在几年时间里就把它实现了。[①] 最终，激进公民联盟领袖伊里戈延赢得 1916 年大选当选为总统，并在 1930 年之前的十余年间保持着对政权的掌控。伊里戈延上台后，经济上采取了一系列保障公民基本社会权利、改善民众生活的举措和一些促进民族主义工业发展的政策，政治上进一步巩固 1912 年选举改革法开创的代议制民主制度，社会上通过支持大学教育改革等举措加强和发展中产阶级力量。上述政策取得了一些进展，对阿根廷日后的发展具有重要的指向性意义，特别是为此后民众主义的崛起和进口替代工业化模式的确立埋下了伏笔。但由于保守派仍把持着议会多数和许多省份的控制权，改革并没有带来实质性的改变，激进党的执政既是选举改革的"意外"，也是保守党默许的结果，是以农牧业寡头的根本利益不受威胁为前提的，代议制民主仍不过是罩在精英民主政治外的一层装饰。因此，当激进党执政后期开始表现出一些民众主义倾向时，保守党就借"大萧条"引发的局势动荡发动了 1930 年政变，推翻了其统治。

综上所述，阿根廷这一阶段的经济持续快速增长主要得益于丰富的土地资源、有利于商品生产的土地制度、不断涌入的欧洲劳动力、日益增加的外国投资（特别是英国投资）以及美欧发达国家对农牧产品需求的不断扩大和第二次工业革命带来的运输成本下降，是要素投入和外部环境共同作用的结果。但经济繁荣之中也隐藏着许多问题，特别是经济增长呈现出日益严重的外部依附性。阿根廷经济对农牧产品出口和工业产品进口的依赖非常严重，对外贸易对象仍相对集中于英国等西欧国家，经济增长高度依赖外国资本特别是英国资本的流入。到"一战"爆发前夕，英国对阿根廷的投资达

---

① ［阿根廷］埃塞基耶尔·加略：《阿根廷的社会与政治（1880—1916 年）》，［英］莱斯利·贝瑟尔主编：《剑桥拉丁美洲史》第 5 卷，当代世界出版社 2000 年版，第 398 页。

到4.798亿英镑，其中直接投资和间接投资分别占到阿根廷吸收两类投资总额的54%和46%。① 阿根廷通过大力发展初级产品出口建立起的发展模式，对外部因素存在着双重依附：一方面出口产品高度依赖外部市场特别是欧洲发达国家市场；另一方面其所需的工业消费品以及大部分中间产品用于生产其他产品的产品、资本货物机器、设备高度依赖从发达国家进口，而这种性质的经济必然会出现周期性波动。

此外，阿根廷经济增长所需要的劳动力大多来自欧洲移民，指导其发展的思想也多是舶来品，这造成了阿根廷初始制度特别是意识形态的形成也呈现出盲目照搬的依附性特征。初级产品出口模式在政治制度中最重要的反映就是形成了一个势力强大且与国际直接接轨的农牧业出口利益集团。这一集团1916年以前借助民族自治党进行统治，控制着阿根廷的政治和经济生活。而在激进党执政的14年中，这一集团通过牢牢控制参议院和众多省市保持其影响力，当激进党政府的改革在可控范围内时，农牧业出口集团和保守派便会容忍其存在，但当改革开始排斥出口利益集团并转而向社会中下层民众示好时，保守势力就难以忍受。1929年"大萧条"来临时，阿根廷初级产品出口模式走入了"死胡同"，保守派有了积聚力量推翻激进党政权的机会。随着1930年政变的爆发，阿根廷经济上进入了进口替代工业化模式发展阶段，政治上则开始了延续数十年的军政府与民众主义政权轮番登台的混乱期。应该说，初级产品出口模式本身并不是造成阿根廷发展悖论的主要原因，但其对阿根廷的制度选择以及制度变迁的轨迹和绩效仍产生了复杂深远的影响。学者佛卡尔迪（John Fogarty, 1985）在分析比较了阿根廷、澳大利亚和加拿大的初级产品出口模式后得出结论，"对于初级产品的需求和生产如何决定一国经济发展这个问题，需要从发展模式之外去

① Alejandro Bendaña： "British Capital and Argentine Dependence, 1816 – 1914", Garland [NewYork]，1988，p. 301.

寻找答案，去研究企业家精神、制度结构、创新能力和政府政策这些因素的影响"。[①]

第三节　进口替代工业化模式的
形成、发展及其局限性

　　"一战"爆发前后，阿根廷初级产品出口模式弊端已逐渐暴露，迫切需要转换经济增长的内外动力。从外部看，战争导致欧洲发达国家向阿根廷输入资本和工业消费品的渠道受阻，这引发了阿根廷相关工业品和原材料的相对短缺和价格飙涨，从而推高了通胀和失业率。同时，阿根廷经济增长的支柱——农牧业产品出口开始面临美国、澳大利亚、加拿大等新兴国家日益激烈的竞争。面对双重挑战，阿根廷一方面不得不改为从美国进口所需的工业品，另一方面作为"权宜之计"，开始探索进行一些工业消费品的进口替代生产活动。从内部看，到"一战"前，阿根廷大规模的土地扩张已经基本上到达地理疆界的极限，如果不实现从粗放型农牧业向精细农牧业或农业工业的转变，生产率就无法再提高，事实上阿根廷已经面临是做"农业国"还是"工业国"的历史抉择。在农牧业寡头把持政权的情况下，政府做出重大决策的出发点并不是国家长远发展的需要，而是取决于各集团之间的力量对比。激进党政府在农牧业出口利益集团和英国资本的双重压力下，只能选择延续其比较优势和自由贸易等政策导向，并期待通过强化同英国的传统经贸联系，进一步扩大传统产品的出口和投资，以此走出困境并延续此前的经济繁荣。尽管阿根廷在1919—1929年间实现了约6%的年均经济增长，其仍然是世界最大的冷藏牛肉、玉米、亚麻籽和燕麦等产品的

---

①　John Fogarty："*Argentina, Australia and Canada compared*"，D. C. M. Platt and Guido Di Tella，"Argentina, Australia, and Canada: Studies in Comparative Development, 1870 – 1965"，New York: St. Martin Press, 1985, pp. 238 – 246.

出口国和第三大小麦出口国，但这种"抱缺守残"的做法耽误了阿根廷从农牧业向工业化阶段转变的最佳历史时机。阿根廷学者迪泰亚等（Guido di Tella y Manuel Zymmelman，1967）将之称为"大延迟"，并认为其结果是"农业和工业生产间资金流动不足，农业生产者普遍鄙视工业生产，即使农业领域的边际效率已在下降，仍执意将利润再投入到农业领域，这造成投资率特别是外资投资率下降，人均收入增长更趋缓慢，农业耕地面积不再扩张，工业增长缓慢并处于从属地位"。[1]

"大萧条"对阿根廷经济造成严重影响，特别是初级产品出口和外资流入锐减造成了民众水平的下降并加剧了已十分尖锐的社会矛盾。从外部环境来看，"大萧条"后世界经济逐步从放任的自由贸易时代转向保护主义时代，而拉动世界经济增长的"火车头"也从英国向美国转移，国际经济体系进入动荡不安的深度调整期。在阿根廷，美英两国对经济主导权的争夺实际上早在"一战"爆发前后就已经展开。1913 年，英国在阿根廷进、出口总额中所占比重分别为 31% 和 24.9%，遥遥领先于美国的 14.7% 和 4.7%，而到 1930 年，英美之间的这两组数据就分别变成了 19.8% 和 36.5%、22.1% 和 9.6%，[2] 反映出美国在阿根廷外贸中的地位明显上升，在进口方面重要性甚至超过英国，但由于在农牧业产品出口方面美国与阿根廷存在一定的同构竞争，这一时期阿根廷出口反而更加依赖英国市场。在投资方面，英国尽管保持着阿根廷最大投资来源国的地位，但美国却是"一战"后对阿根廷投资数额最大的国家。英国对阿根廷的投资在 1913 年达到 19.28 亿金比索后，受"一战"影响增速开始明显放缓，到 1931 年才达到 21 亿金比索。而同期美

---

　　① Guido di Tella y Manuel Zymmelman：*"Las etapas de desarrollo económico argentino"*，Editorial，Buenos Aires，1967，pp. 167 – 195.

　　② Manuel J. Francioni y Emilio Llorens："Ritmo de la Economía Argentina en los últimos 30 años"，CACIP，Buenos Aires，1941，pp. 352 – 353.

国对阿根廷的投资额却从 4000 万金比索猛增至 8.07 亿金比索，占到英国投资总量的 1/3。[①] 可以说，"一战"后，英国在阿根廷的投资和贸易等领域的传统优势遭到美国日益严峻的挑战，迫切需要采取措施巩固同阿根廷的传统关系，维护双边贸易发展势头，保障在阿根廷的英国企业投资利益。与英国的主动示好形成鲜明对比的是，此时美国和阿根廷之间围绕牛肉贸易禁运问题出现摩擦，美国出台《霍利—斯穆特法案》等贸易保护主义做法更是造成阿根廷国内对美国的贸易竞争威胁感到焦虑。在此形势下，1930 年政变后上台的保守派政府"几乎本能地"接住英国抛来的"橄榄枝"，选择继续巩固对英国的经济依附并与其签订了《罗加—伦西曼条约》。这一条约在给予煤炭、纺织品等英国传统出口产品和英国投资优惠待遇的同时，也部分缓解了阿根廷农牧业初级产品特别是肉类制品"大萧条"后面临的出口困境，某种意义上被看作是国内农牧业出口利益集团为维护自身利益，不惜付出牺牲国家利益特别是工业部门发展利益的高昂代价。尽管得益于条约的签署，阿根廷农牧业获得了短暂的复苏，但这仍不足以解决世界经济危机后阿根廷面临的外汇短缺和进口能力不足的问题。一方面，阿根廷以往依赖进口的工业制成品、中间产品出现了短缺；另一方面，"大萧条"后世界各国普遍奉行贸易保护主义，现实迫使阿根廷政府暂时搁置自由贸易原则，以被动回应的方式出台了放弃金本位、提高关税、管制外汇等一系列保护举措，这客观上为国内进口替代型工业的发展创造了一定条件。

"二战"爆发后，德国占领西欧以及英国封锁欧洲大陆等使阿根廷的贸易和投资活动遭到沉重打击，特别是机器设备、原材料和零部件进口几近中断，经济陷入空前危机中。在这种情况下，阿根廷各界对发展工业的态度发生较大转变，一定程度上从此前的"农

[①]　Ministerio de RR. EE. de Argentina, "Historia General de las Relaciones Exteriores de la Republica Argentina", http：//www. argentina-rree. com/10/10 – 020. htm.

业国"还是"工业国"的争论，转向讨论优先发展何种工业，并形成了三种不同思路：第一种是政府提出的优先发展可以依托本国农牧业原材料、具有成本优势的"自然工业"。[①] 第二种是工业联盟提出的重点发展那些生产效率高、成本低、产品在世界范围内具备竞争力的工业部门，原材料加工、钢铁、石油、塑料、铝等被其列为需要重点支持和保护的部门。第三种是以拉美结构主义创始人劳尔·普雷维什（Raúl Prebisch）为代表的阿根廷《经济评论》派提出的优先立足于国内市场而不是追求高效率或高利润，着重发展半自给自足的工业，带动就业和民众收入增加，从而进一步扩大国内市场，形成封闭的良性循环。该派学者理论上受李斯特（Friedrich List）经济民族主义和保护主义思想影响较深，普遍反对自由资本主义制度，强调经济政策应与社会政策相互促进，主张实行有利于劳工阶层的发展战略。1943 年政变后，普雷维什辞去阿根廷中央银行行长职务转向专门的学术研究，赴布宜诺斯艾利斯大学任教并最终形成一整套进口替代工业化理论，即结构主义论。随着1946 年胡安·庇隆（Juan Berón）上台执政，进口替代工业化最终从一种自发行动变成一种系统的发展战略。

庇隆利用议会多数推动制定了 1949 年宪法，宣布一切自然资源均为国家所有，成立阿根廷全国国营工业局和贸易促进会，大力发展国家资本主义，以此来维护"政治主权"。庇隆政府发表《阿根廷经济独立宣言》，将国内的英资铁路公司和美国资本控制的阿根廷电话公司等外国企业收归国有，并先后实施两个五年计划，以摆脱对初级产品出口部门和外国资本的依赖，实现"经济独立"。

---

① 1940 年 10 月，阿根廷财政部长皮内多向议会提交了一份"经济复兴计划（亦称皮内多计划）"，首次明确地将工业化作为国家长期战略，并就摆脱危机提出几项主要措施：一是国家收购剩余农产品，以确保其价格稳定，同时限制土地持有者提高地租；二是通过实施出口退税、设立信贷基金等方式促进工业发展和工业品出口；三是扩大建筑业以创造新的就业机会；四是加强同美国的关系，期望美国取代英国成为阿根廷发展工业所需货物的供应商和出口新市场；五是提议与巴西、乌拉圭、巴拉圭等邻国构建关税同盟，为新兴工业品出口提供市场。

庇隆政府将各全国性工会组织合并纳入全国总工会，并通过《劳工权利法案》，大力推行旨在扩大就业、提高工资、增加抚恤金和养老金、实行消费品价格补贴等社会再分配政策，实现其"社会正义"的目标。可以看出，庇隆政策的核心目标就是"政治主权、经济独立和社会正义"。在此基础上，庇隆还提出了"第三立场"理论[①]和正义主义的20条真理，形成了所谓的庇隆主义理论。

"二战"期间，囿于国际贸易受阻和消费品进口不足，阿根廷政府积攒了一笔外汇。但这笔外汇很快就被庇隆政府用于支付对欧美公共事业和基础设施企业国有化的费用以及购买发展进口替代工业化所需的机器设备和技术。以高筑贸易壁垒和扶持"幼稚工业"为核心的激进保护政策，使得进口替代的民族工业取得初步发展，并出现了短暂的经济繁荣。但到1949年，受不利的外部经济环境和国内自然灾害等因素影响，经济开始出现恶化趋势，一些结构性问题也逐渐暴露出来：一是进口替代工业主要集中于轻工业，行业企业普遍规模小、效益增长缓慢，缺乏规模经济优势。1946—1953年，阿根廷新开办工厂75000家，其中大多数为仅有5~20人的小企业，到1954年阿根廷工业企业平均雇佣人数仅为8.2人。[②] 这些企业生产的产品针对有限的国内市场，并且高度依赖政策保护和扶持，缺乏出口创汇能力，发展到一定程度后就成为技术进步、经济合理性提高的障碍。激进的保护政策还成了滋生"寻租"和腐败等行为的温床。大型钢铁和石化工业虽有所发展，但严重滞后且高度依赖燃料进口，20世纪五六十年代阿根廷所消费的燃料65%左右需要进口。[③] 二是替代工业发展所需的技术、设备等进口依赖初级

---

① 即认为资本主义和社会主义分别通过资本、国家剥削人，其独辟蹊径创立"正义主义"制度，在经济上以社会经济取代自由经济，政治上注重平衡个人权利和公众权利，社会上以社会正义为基础，本质上是对资本主义制度的一种改良。

② ［英］莱斯利·贝瑟尔主编：《剑桥拉丁美洲史》第8卷，当代世界出版社2000年版，第82页。

③ 同上书，第106页。

农牧产品出口创汇，这样的经济结构极易受到国际市场影响。阿根廷在"二战"中的中立立场激怒了美国政府，导致 1942 年之后近10 年间，美国对阿根廷实施联合贸易抵制，前期抵制重点在于实行局部燃料禁运，后期转为限制阿根廷出口。即便在 1947 年美国与阿根廷实现关系正常化后，美国政府仍建议欧洲一些国家（主要为马歇尔计划受益国）不要购买阿根廷的产品，这更加剧了阿根廷的外汇短缺，并为日后的经济危机埋下了隐患。而英国政府 1947年单方面宣布英镑不可兑换，使阿根廷经济雪上加霜，发展进口替代工业困难重重。三是阿根廷国内劳动力相对紧张，工会活动十分活跃，特别是庇隆政府采用高福利的社会再分配政策回报并维持劳工集团的政治支持，造成工资水平居高不下，劳动力资源优势难以发挥。1946 年起，劳资集体谈判制度被推广进入劳动力市场，退休制度扩大到工业、贸易界职员和工人，带薪休假和失业补贴等福利制度开始实行。1946—1949 年短短三年间，劳工实际收入增幅高达40%，工资收入占国民总收入的比重也从 1946 年的 40.1% 增加至1955 年的 47%。[①] 四是通货膨胀压力不断增加。"二战"结束后，由于战时积累的外汇储备尚可满足进口需求，并能够为国有化和进口替代化工业提供资金支持，阿根廷总体物价保持相对稳定。但自1947 年起，随着这笔外汇逐渐枯竭，政府财政状况持续恶化，1947年通胀率为 3.6%，1948 年升至 15.3%，1951 年尽管政府已开始采取经济稳定举措，但通胀还是进一步攀升至 37%。[②] 公共支出居高不下引发财政赤字快速上升，经济危机在 1951 年就现出端倪。由于外汇短缺，政府不得不压缩进口，而燃料、原材料和资本货物进口的下降又不可避免地影响到工业生产。产业工人占劳工总数的

[①]　Eduardo Basualdo：*"Estudios de Historia Económica Argentina"*，p. 35.

[②]　Claudio Belini： "Inflación，recesión y desequilibrio externo. La crisis de 1952，el plan de estabilización de Gómez Morales y los dilemas de la economía peronista"，*Boletín del Inst. Hist. Argent. Am. Dr. Emilio Ravignani*，No. 40，Buenos Aires，jun de 2014.

比重从 1945 年的 21.3% 升至 1949 年的 28.3% 后，到 1952 年又回落到 25.1%。[①] 为了缓解这一危机，庇隆政府改变了执政初期的政策重点，转而向农牧业出口集团提供出口补贴并通过外国投资法，与一些外国公司签订了协议。学者迪亚兹（C. F. Díaz Alejandro，1975）就此指出，1943—1953 年间，阿根廷对外资持有一种仇视或至少是冷漠的态度，至少到 1948 年之前，充足的外汇储备和早期替代工业化中外国技术尚未起到非决定性作用这两点，使得这种政策带来的不利影响尚可克服，但 1948—1954 年的经济停滞使庇隆重新考虑了这一做法，而随着工业化的深入，替代生产拖拉机、汽车及其他冶金、工程等行业都需要外国技术支持。[②]

庇隆政权 1955 年被政变推翻后，从 20 世纪 50 年代后期起（有学者以弗朗迪西 1958 年上台为标志），为最终摆脱"农业国"和"工业国"的两难选择，阿根廷开始深化进口替代工业化进程，从主要对一般性非耐用消费品进行替代转向对耐用消费品和一些资本货物的替代，以逐步建立起资本、技术和熟练劳动力更为密集的工业部门，并开始加大对原来用于出口的初级产品的加工。这一时期政府采取了一种类似"发展主义"的政策方针，通过积极吸引外国投资，提高工业生产率和产量，摆脱外部因素对经济增长的制约。以 14789 号外国投资法的出台为标志，政府短时间内批准了 254 个外资项目并解决了庇隆时期遗留下来的同外资的纠纷。1964—1974 年间，上述"发展主义"政策取得了一些效果，这十年中经济年均增速达到 5.1%，明显高于 1956—1963 年间的 2.1%。[③] 但也要看到，进口替代化的深化不仅没有实现减少制成品进口、改善国际收支状况的预期目标，反而因大量进口原料、中间

① Hugo Gambini: "Los orígenes de la inflación", *Periódico La Nación*, 3 de Junio de 2001, http://www.lanacion.com.ar/210720 - los-origenes-de-la-inflacion.

② C. F. Díaz Alejandro, "*Ensayos sobre historia económica argentina*", pp. 261 - 262.

③ D. Azpiazu y B. Kosacoff: "Las empresas transnacionales en la Argentina", *Buenos Aires*, CE-PAL, *Documento de Trabajo*, No. 16, 1985.

品、资本货物和技术，使国际收支状况更加恶化。为解决外汇短缺问题，阿政府积极鼓励外国在阿根廷直接投资，同时向国际金融机构和私人银行大肆举债，其中国际货币基金组织（IMF）成为外债的主要来源。1955 年后，阿根廷外债数额逐年增长，到 1982 年已占到 GDP 的 70%，1984 年仅当年外债还本付息额就占到出口收入的 70%。[①] 在这些政策影响下，跨国公司、国营企业和私人企业成为阿根廷新经济结构的三大支柱。其中，跨国公司主要投资新兴的、有特别保护的领域，专门生产国内市场上缺乏竞争、供不应求的产品，例如，1959—1961 年，阿根廷引进外资的 2/3 流向石化和汽车制造业，只有极少数外资投入现有部门的现代化。新的经济结构仍需要传统的农牧业产品出口创汇，以偿还外债并为工业发展积累资金，而这种依赖性正是深化进口替代工业化所想要根除的。布朗（Oscar Brauny Leonard Joy，1964）等学者研究阿根廷这一时期的发展进程时，发现了工业扩张速度必须和农牧业出口创汇速度保持一致，否则就会引起国际收支失衡的现象，并在此基础上提出了一个"停—走模型（stop-go）"，他表示，由于阿根廷经济中存在一个面向国内市场且依赖原料、中间品和技术进口的工业部门和一个既面向国内市场又对外出口的农牧业生产部门，这种特殊的经济结构造成经济繁荣期必然会带来国际收支失衡和随之而来的衰退。[②]

20 世纪 70 年代初，美国尼克松政府开始实行"新经济政策"，引发美元大幅贬值和布雷顿森林体系解体，国际金融市场陷入混乱。1973 年爆发的国际石油危机，导致石油价格在 1973—1974 年间增长了 4 倍，发达国家纷纷陷入严重的经济衰退和信贷萎缩，大宗商品国际价格也受此影响持续走低。面对外部经济形势的急遽恶

---

① 张凡：《发展进程与政府作用：阿根廷实例研究》，《拉丁美洲研究》2001 年第 6 期，第 36 页。

② Oscar Braun y Leonard Joy："Un modelo de estancamiento económico-Estudio de caso sobre la economía argentina", Revista Desarrollo Económico, Vol. 20, No. 80, (Jan. – Mar, 1981), pp. 585 – 604.

化，由于减少进口并非易事，扩大出口难以一蹴而就，拉美国家此时普遍选择举借更多外债。1974 年庇隆第二次执政后，认为国际油价变动是暂时的，没有就应对石油危机及时做出调整，反而出于维护社会稳定和恢复起传统治理模式等考虑，继续在社会福利、国有企业等方面扩大公共支出，并利用国际资本市场充斥着石油美元的有利时机大举借债。1976 年政变后上台的军政府虽然宣称将实施自由主义改革，精简效率低下的公共部门并增加劳动力市场和对外贸易的自由度，但其出于削弱劳工和民族资本家联盟的考虑，政策着力点更多在于扶持资本密集型的国有企业继续扩张，以及通过本币贬值和削减农牧业产品出口税，实现利益从劳工集团向农牧业出口集团转移。特别是为了争取跨国资本的支持，军政府实行金融改革并赋予金融机构更大自主权，改变了此前几届政府"金融为工业化服务"的政策方针。军政府还通过减少关税和非关税壁垒、有计划的本币贬值和允许资本流出等方式推进经济自由化。这些举措造成了进口激增、资本外逃以及债务负担和工资支出压力进一步加重等一系列问题。菲尔德曼（Feldmany Sommer, 1986）等学者认为，阿根廷政府为抑制通胀采取控制国内信贷总量的做法，导致有限的贷款几乎被公共部门垄断，私人部门不得不利用金融自由化的机遇大举向国外借贷。[①] 这种"负债增长"的方式使得阿根廷的生产结构和支出模式越来越依赖外部资本流入，虽然保持了较高的经济增长速度，但负债率和通胀率急剧上升。这种"负债增长"还将外部不稳定性引入国内经济，很容易诱发宏观经济失衡。

1979 年，美联储宣布美国银行海外循环的"欧洲美元"借款需缴纳存款准备金，其他发达国家也在货币主义影响下对货币发行

---

① E. Feldman y J. Sommer: "Crisis financiera y endeudamiento externo en la Argentina", Buenos Aires, CEAL-CET, 1986, p. 221.

量制定了严格指标并听任利率自由浮动，这导致国际贷款利率急剧上升。伦敦银行间同业往来利率（阿根廷外债主要以此利率为基础）从 1979 年的 2.2% 猛增至 1981 年的 22%，国际金融市场几乎完全停止了放贷活动。[①] 1982 年，墨西哥停止为外债还本付息，随即引发了拉美的地区性、系统性危机，经济社会指标大幅恶化。在此背景下，阿根廷外债还本付息的压力与日俱增，政局动荡和财政状况长期恶化使其在国际资本市场上的资信水平不断下降。危机爆发后，外国商业银行不愿向阿根廷提供新贷款，外国投资者也踌躇不前，阿根廷资本流入量持续下降。在资金日益匮乏的压力下，政府不得不削减生产活动所需的原材料、资本货物等进口，于是生产性投入的减少和投资萎缩使阿根廷经济陷入"大萧条"以来持续时间最长和最严重的危机中。

第四节 外向型发展模式的形成、发展及其局限性

20 世纪 80 年代，阿根廷处于严重的外债危机中。1982 年危机爆发时，阿根廷外债总额为 436.34 亿美元，此后逐年递增，到 1989 年已高达 633.14 亿美元。80 年代，阿根廷每年的还本付息金额占出口总额比重多在 50% 以上，1982 年和 1983 年更是高达 56%，在拉美地区仅次于尼加拉瓜。沉重的外债负担和投资萎缩使阿根廷经济一蹶不振，1980—1990 年国内生产总值持续下降，年均负增长 0.9%，国内净投资占 GDP 的比重从 1980 年的 25.2% 降至 1990 年的 13.3%，同期外资占总投资的比重更是从 16.4% 降为 -10%。此外，阿根廷还陷入恶性通胀中，1980—1990 年通胀率年

---

① ［英］莱斯利·贝瑟尔主编：《剑桥拉丁美洲史》第 6 卷，当代世界出版社 2000 年版，第 186 页、233 页。

均增速为 437.6%，1989 年更是高达 3079.5%。[①] 危急的经济形势，政府积极寻求外债重组和新贷款，同债券银行和 IMF 等国际金融机构进行了多轮谈判，并按照其要求实施了一系列以消除通胀和平衡国际收支为核心目标的经济稳定政策，其中比较重要的是 1986 年 6 月推出的"奥斯特拉尔计划"。稳定政策内容有所不同，但其实质都是通过降低财政支出和各阶层福利，以抑制需求来偿还外债，其积极作用需要较长时间才能显现，而消极作用却立竿见影。特别是在阿根廷这样一个各集团被广泛动员起来的社会中，稳定化政策在国内遭到劳工和民族资本家两大集团的激烈抵制，外部又面临农牧业初级产品价格下跌、外部融资艰难等不利环境，因此除了"奥斯特拉尔计划"曾取得短期成功外（通过发行新币短期内实现了稳定通胀预期和提振投资信心的目标），其他调整举措均收效甚微。

1989 年，正义党候选人卡洛斯·梅内姆（Carlos Menem）在经济危难之际上台，并按照国际货币基金组织建议，在新自由主义理论指导下，进行了大刀阔斧的改革，其中影响最大的是国有企业私有化、货币局制度和贸易自由化。首先，梅内姆上台后不到一年时间内，阿根廷几乎所有国有企业都遭到拍卖或转让，私有化覆盖了经济生活中几乎所有重要的行业和领域，既包括电视、通信、石化、天然气等经济支柱产业以及自来水、邮政、铁路、商业航空、发电和输电等基础设施和公共服务行业，也包括几乎所有的制造业企业。阿根廷私有化力度之大、方式之激进，在拉美地区也是十分罕见的。其次，梅内姆推行激进的贸易自由化政策，在 1989 年 10 月至 1990 年 10 月一年内就将平均名义关税税率从 26% 降至 17%，并取消了大部分非关税壁垒。但为了平衡财政收支，其间政府又几次提高名义税

[①] José Miguel Sanhueza de lA Cruz：" Estado y modelo de desarrollo en Brasil, Chile y Argentina-Conformación de alianzas sociales y el carácter de la acción estatal"，*Memoria para optar al título profesional de Sociólogo*，2012 Diciembre, Universidad de Chile.

率或征收临时性税收。到 1991 年，政府制定了一个从工业制成品到初级产品税率逐级递减的关税结构，平均税率约为 10%。最后，梅内姆推动建立了货币局制度，实施一步到位的金融自由化改革，即以法律形式将比索与美元 1 比 1 挂钩；限制货币发行基数，要求本币发行必须以相应数量的美元外储作为支撑；中央银行不得通过认购政府债券等形式弥补其财政赤字；同时全面放开经常账户和资本账户的自由兑换。上述改革举措特别是货币局制度一定程度上限制了政府滥发货币，取得了积极的和立竿见影的效果：一是困扰阿根廷多年的恶性通胀被成功遏制，从 1990 年的四位数骤降至 1991 年的 84%，此后逐年下降，到 1995 年已被控制在 1.8%。宏观经济环境的稳定吸引了大量外国投资流入并推动经济快速增长，1992 年流入阿根廷的资本总额达到 112 亿美元，1992—1994 年流入资金累计达 322 亿美元，1991—1994 年间，阿根廷经济增速达到 5.7%，这一时期被称为货币局制度的"黄金期"。① 但即便在这一时期，改革的一些弊端仍有所显露，大规模私有化加剧了行业垄断，损害了经济效率并带来了很高的社会成本。从表 1—5 中可以看出，工资收入在 GDP 中的比重呈下降趋势，固定资产投资基本停滞，而经济增长在改革初期就表现出增长乏力的态势。学者诺切特夫（H. Nochteff, 1999）认为，阿根廷 1991—1992 年间 GDP 年均增长率高达 9.2%，1990—1997 年间平均增速仅为 6.5%，这表明改革前期的高速增长不过是此前危机中遭闲置的生产能力得到了恢复而已。②

---

① Eduardo Basualdo：*"Estudios de Historia Economica Argentina"*，pp. 311 - 312.

② H. J. Nochteff：*"La política económica en la Argentina de los noventa. Una Mirada de conjunto"*，*Revista Epoca*，*No. 1*，Buenos Aires，diciembre de 1999.

表 1—5　　　新自由主义改革时期经济增长及工资和固定资产投入

情况表（1991—2001 年）

（1991 年国内生产总值 = 100，百分比）

年份	国内生产总值 （恒定价格测算）	工资占国内生产 总值比率%	固定资产投资占国内 生产总值比率%
1991	100.0	35.0	16.0
1992	108.9	38.4	19.3
1993	115.0	36.2	19.1
1994	125.2	34.9	20.5
1995	125.5	31.5	18.3
1996	132.4	31.9	18.9
1997	142.4	34.2	20.6
1998	145.4	34.9	21.1
1999	137.9	34.0	19.1
2000	137.2	34.9	17.9
2001	131.1	26.6	15.8
1991—1994 年均增速	5.7	-0.1	8.6
1994—1998 年均增速	3.8	0.0	0.7
1998—2001 年均增速	-3.3	-8.7	-9.2
1991—2001 年均增速	2.7	-2.7	-0.1

资料来源：Eduardo Basualdo, "Estudios de Historia Económica Argentina", p. 312.

　　经济和金融改革创造了初期的繁荣，这本是深化经济改革和启动政治改革的有利时机，但阿根廷政府再次浪费了宝贵的历史机遇。货币局制度遏制了政府滥发货币，但未能有效制约政府对外举债。事实上，财政开支庞大的痼疾不仅没有得到根治，反而因财政分权制度的建立日渐恶化，特别是税制改革后，地方政府不断扩充公务员队伍，财政支出毫无节制，造成赤字连年。1993—1999 年，政府债务占 GDP 的比重从 32.9% 升至 47.4%，财政赤字比重从 0.3% 攀升至 4.7%，到 2001 年，政府债务率和财政赤字率分别高达 64.1% 和 6.4%。[①] 受国内储蓄率长期较低的痼疾和货币局制度

---

① 余振、吴莹：《阿根廷新自由主义改革失败的启示》，《拉丁美洲研究》2003 年第 5 期，第 30 页。

制约，阿根廷政府举借的债务大部分是外债，而政府只能通过扩大税收弥补财政收入不足，这加剧了经济活动的萎缩。为鼓励外资流入，阿根廷在这轮改革中完全放开了资本项目管制，但由于国内金融压抑、资金外逃等问题并没有得到根本解决，政府没有足够的信心基础来吸引投资持续稳定流入，金融放开的同时伴随着储蓄的不升反降和大部分存款均为即期存款等不利现象。这迫使政府不得不继续加大对外资的依赖，以维持投资水平和经济增长速度，尽管这一做法带来的风险与日俱增。1995 年起，当有利的外部环境发生扭转并造成资本流入放缓甚至回流时，新自由主义改革中被前期经济繁荣掩盖的问题再次暴露出来。公众对政府的执政能力和偿债能力产生了信心危机，最终导致经济危机爆发。尽管梅内姆通过分化工会组织等方式削弱了其组织力和影响力，但出于避免社会动荡和保持政权稳定等考虑，其激进的市场化改革并没有真正触及劳动力市场，工会仍继续把持着这个缺乏竞争的市场，不仅造成工资水平居高不下，带来所谓的"阿根廷成本"，还使失业率从 1991 年的 6.3% 升至 1994 年的 11.7%，并在此后数年一直保持在 14% 以上的高位。[①] 劳动力市场的僵化不仅提升了国内创业和企业经营的难度，还极大压抑了内需，造成劳动力市场和商品市场的严重失衡。此外，私有化改革在制造出一夜暴富的新兴特权阶层的同时，也造成大量工人下岗失业，而社保私有化改革和投入不足也造成了中产阶层贫困化和大量"无保障"人群的出现。贫富差距迅速扩大使政府不得不扩大相关财政支出，同时也引发了人们对改革不满情绪激的激增和社会矛盾加剧，这与经济危机交织，使经济更加积重难返。1998 年，阿根廷邻国和重要贸易伙伴巴西货币大幅贬值，而同期阿根廷比索因与美国挂钩被迫升值，阿根廷出口竞争力受到严重打击，经济陷入连续 36 个月的衰退。由于担心政府的偿债能力不足，外国

---

① 余振、吴莹：《阿根廷新自由主义改革失败的启示》，《拉丁美洲研究》2003 年第 5 期，第 30 页。

投资和私人银行不愿继续放贷，政府只得于 2000 年 3 月向国际货币基金组织（IMF）求援。为达到 IMF 提出的进一步开放市场、深化改革并切实降低财政赤字等改革要求，政府做出了削减公共部门工资和年金开支 13% 的艰难决定，但持续的经济衰退使得紧缩性财政政策不仅没有换来投资的重新流入，反而加剧了投资者对政府偿债能力的疑虑。资本逆流造成外汇储备锐减，通过货币局制度传导，进一步限制并缩小了本币供给，使经济陷入"衰退—紧缩—衰退"的恶性循环中。困境中，阿根廷大量国内资本为避险而纷纷流入外国银行或直接投资国外不动产，外资控制的银行体系不但拒绝阿政府提出的继续注资的要求，而且通过其母国向阿根廷政府施压要求允许其撤资，不断失血使阿根廷经济陷入失控的衰退。无奈之下，阿根廷政府于 2001 年 12 月 1 日宣布限制取款和外汇流出，但 4 天后 IMF 宣布因阿根廷未达到其改革要求而停止提供新贷款，这成为"压死骆驼的最后一根稻草"，阿根廷随即爆发经济危机并迅速演化为政治和社会危机，德拉鲁阿总统 12 月 20 日宣布辞职，随后阿根廷政府宣布暂停对 1320 亿美元到期债务的还本付息。伴随着"倒账"接踵而来的是银行因挤兑和资金出逃被迫冻结存款，固定汇率失守和比索急剧贬值，大规模街头骚乱以及两周内连换 5 任总统，众多阿根廷民众在危机中一夜之间从"小康"陷入贫困。

总体来看，梅内姆的新自由主义经济改革着眼于解决长期困扰阿根廷的恶性通胀、金融和企业效率低下等问题，并试图通过提高经济开放度、市场竞争度和产权明晰度破解阿根廷的发展难题。尽管相关举措取得了一定成效，特别是通胀得到控制，外资流入一度得以恢复，但新自由主义改革并没有真正解决进口替代工业化时期以来的劳动力市场僵化、福利和消费水平超前、经济内生动力不足等深层次问题，激进的改革举措及其带来的腐败丑闻频发不仅没能重塑民众和外界对政府的信心，反而严重削弱了政府对经济进行宏观调控的能力，特别是国内银行体系被外资控制和货币政策独立性的丧失，使国家无法应对外部金融动荡带来的冲击。非正义的大规模私有化不仅造成了国有资产流失，而且造成了阿根廷社会的再贫困化以及贫富差距的进一步扩大，这削弱了改革的合法性，同时也加剧了政府社保支出的财政负担，为此后的通胀抬头和大举借债埋下了种子。阿贝莱斯等学者（M. Abeles, K. Forcinito y M. Schorr, 2001 年）在谈及阿根廷电信领域标志性企业 ENTEL 公司的私有化过程时描述到，"公司被移交前，内外债务猛增122% 达到 20 亿美元，其中约 5 亿美元的债务是对其国外主要承包商的。尽管如此，公司当时估值仍在 19 亿至 32 亿美元之间，而阿根廷政府最终选择了 19 亿这个最低估价。① 私有化的大笔收入使政府能够使用扩张性财政政策刺激经济，而通胀被抑制也有利于外资流入，两者共同造就了改革初期的经济繁荣并使阿根廷成功渡过墨西哥金融危机带来的冲击。但在繁荣的背后，政府对经济控制力的下降和结构性问题的存在使经济对外部冲击的抵抗力不断下降。

　　不过，阿根廷 2001 年的危机不能简单归咎于货币局制度或新自由主义改革。货币局制度旨在抑制通胀和稳定宏观经济环境，是政府在外界对其本币信心不足的情况下采取的无奈之举，其最大的弊端在于放弃货币政策独立性，使经济更容易受外部冲击的影响，固有的问题和短板更容易被暴露和放大，在危机中最多只是起到推波助澜的作用。值得注意的是，外界特别是学术界对新自由主义批判的意识形态色彩浓厚，缺乏对其进行明确的定义和理论分析。事实上，新自由主义在理论上包括多个学派，其学术思想和政策主张并不相同。从国家干预的角度看，新自由主义并不能简单等同于"市场原教旨主义"，新自由主义中既有米塞斯"政府不应拥有不受约束的权力"和哈耶克"进化的理性主义"等观点，也包括弗里德曼支持国家干预，但要求尽量少和尽可能通过市场和价格机制

---

　　① M. Abeles, K. Forcinito y M. Schorr: "Conformación y consolidación del oligopolio de las teleco-municaciones en la Argentina", *Revista Realidad Económica*, *No. 155*, Buenos Aires, 1998, p. 66.

进行干预的观点。[①] 即使如左翼学者所说，将新自由主义等同于
"华盛顿共识"，其在主张自由化、私有化和市场化的同时，也支持
公益事业和社会发展优先。"华盛顿共识"创始人约翰·威廉姆森
（John Williamson，2002）曾表示[②]，拉美国家的改革成果"已经令
人失望……尤其在增长、就业和减少贫困方面"，他认为，造成拉
美国家 20 世纪 90 年代经济增长乏力和金融危机的原因，是在推进
"第一代改革"出现的不当使用名义汇率锚、过早开放资本项目、
忽视加快劳动市场自由化和实行更积极的反周期财政政策等失误，
以及未能引进"第二代改革"加强市场机制所致。当然，不可否认
的一点是，新自由主义改革使阿根廷发展进程遭遇了重大挫折，带
来政治、经济和社会的巨大创伤。从图 1—1 中可以看出，这一时
期阿根廷经济增速是"二战"以来最低的。

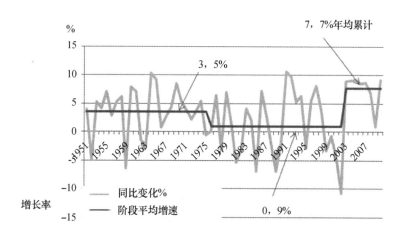

图 1—1　阿根廷最近三个发展阶段经济平均增速

资料来源：Fabián Amico，"Crecimiento, distribución y restricción externa en Argentina"，Circus，
Revista argentina de economía，N°5，Otoño de 2013.

---

① 贺楠：《阿根廷危机——发展中国家政府与市场角色的错位》，《国际经济评论》2004 年
11—12 月，第 57 页。

② ［美］简·克莱格尔：《华盛顿共识脱魅》，《拉丁美洲研究》2011 年 6 月，第 33 卷，第
3 期，第 61—67 页。

从制度层面看，梅内姆的新自由主义改革并没有从根本上改变社会和经济结构，却损害了国家能力特别是干预经济的能力。激进的改革目标、非正义的改革过程以及利益集团的掣肘，造成了改革进程充满曲折和不确定性，带来了过高的经济社会成本，最终在外部因素诱发下陷入危机，但这与新自由主义改革的方向无关，将其指责为阿根廷危机的罪魁祸首理由也并不充分。阿根廷学者莱维特等（C. Levit y R. Ortiz，1999 年）在研究阿根廷发展进程断裂时已开始重视社会结构以及历史原因的作用，并就此评论道："1989 年爆发的恶性通胀以及 20 世纪 40 年代至 70 年代的经历使得政界和社会各界、包括学术界都认同，在阿根廷存在一个无效率的国家，但这种解读回避了从历史角度探寻造成国家无效率的结构性原因，或者仅仅将公共支出过高作为原因而不愿看到隐藏这些支出后面的社会福利。"[①]

第五节　基什内尔模式的形成、发展和局限

2001 年年底爆发的经济金融危机，打破了新自由主义模式的"神话"，为阿根廷转变发展战略凝聚了社会共识并提供了变革契机。2002 年，正义党领导人杜阿尔德（Eduardo Dualde）在议会绝大多数议员的支持下就任总统后，开始通过实际行动否定新自由主义发展模式。杜阿尔德宣布废除货币局制度，实行经济本币化和汇率自由浮动，重新掌握了货币政策主动权。政府取消银行存款冻结措施，并与国家债权人进行债务重组谈判，国际社会恢复对阿根廷贷款，阿根廷开始逐渐从危机的阴影中走出来。2003 年起，阿根廷出现了经济全面复苏的迹象。2003 年 5 月，南方小省圣克鲁斯省省长基什内尔（Nésfor Kirchner）在杜阿尔德的支持下，成功将反对

---

① C. Levit y R. Ortiz: "La Hiperinflación argentina: prehistoria de los años noventa", *Revista Epoca*, *No. 1*, Buenos Aires, diciembre de 1999.

梅内姆的政治和社会力量凝聚起来，最终迫使梅内姆在首轮得票领先的情况下退出大选第二轮。基什内尔赢得大选并就任总统后进一步调整发展模式，不仅全面否定了梅内姆执政时期实行的新自由主义改革，甚至对 1976 年政变以来几十年间阿根廷实行的自由主义和新自由主义发展战略都持否定态度，表示其政府将消除新自由主义给国家带来的巨大灾难性后果。基什内尔本人并没有完整阐释其新的发展模式和发展战略，相关论述主要集中在寻求一个生产的、社会融合和积累的模式，其中生产的主要针对消费主义、积累主要针对资源外流、社会融合主要针对新自由主义造成的社会排斥，因此基什内尔这一时期的政策仍是以"纠偏"为主的阶段性政策。

从基什内尔的具体施政来看，其发展模式主要有以下特点：一是坚持市场经济的同时，强化国家在经济发展中的主导作用，并对政府机构和相关法律进行调整；二是强化对私有化企业的管理，特别是要求能源和公共服务企业分别增加勘探和基础设施建设投入，并开始恢复航天、核电等领域的国有企业；三是大幅改革金融体系，废除固定汇率、事实上的美元化和汇兑自由，强化央行作为国家发行银行的功能并加强金融监管；四是由单纯的紧缩财政政策逐步转向适度扩张的积极财政政策，以支持经济复苏和增长，同时改革税制和税收管理，扩大税源，增加税收；五是调整产业政策，积极推动再工业化，通过扶持出口工业和实施公共工程拉动经济增长；六是重视社会发展，强调社会公正和分配制度改革，政策重点也从前期救济因危机陷入赤贫的下层居民转向构建促进社会发展的社保体制；七是加强关税和非关税贸易保护政策，加强对流入外资的限制和引导。2003 年起，得益于大宗商品价格黄金期的到来和上述改革举措效果逐渐显现，阿根廷经济再次实现持续快速增长，基什内尔模式受到国内各界的普遍欢迎并赢得国际赞誉。2007 年 10 月，基什内尔总统的夫人克里斯蒂娜·费尔南德斯以延续和深化基什内尔模式为竞选纲领的核心，最终以较大优势赢得大选。舆论普遍认为，这是对基什内尔模式的支持和肯定，特别是在改革中受益最大的民族企业界对这一模式更是赞赏有加。

总体来看，基什内尔模式迥然不同于新自由主义模式，与传统的发展主义模式也有较大区别。巴西经济学家布雷塞尔—佩雷拉（L. C. Bresser-Pereira，2007）认为，阿根廷现行模式从理论上可以概括为新发展主义，其基本特点为：一是反对市场原教旨主义，主张国家应在经济中发挥主导作用，但要提高行政效率；二是主张提高出口产品附加值和再工业化，但强调实施有竞争力的汇率和利率，并将经济导向转到出口上来；三是反对民众主义以扩大需求和公共赤字为基础的增长理论，反对通过大规模补贴消除收入分配不平等，强调财政平衡和债务可控；四是主张国家通过改善教育、医疗、基础设施等保障市场良好运作，并对能源等战略部门进行投资，但不排斥私营企业参与相关建设。① 但另一方面，也应该看到，基什内尔模式并未根本解决制约阿根廷发展的三个致命弱点：依赖大宗农牧产品出口的内向型经济结构、举债增长的发展方式和对国外市场与资本的高度依赖。基什内尔夫妇执政时期的经济持续快速增长更多是在大宗商品繁荣期带动下的恢复性增长，还不能说阿根廷已经走上发展的“正途”。美国学者里查德森（N. P. Richadson，2009）就认为，所谓基什内尔模式不过是出口导向型的民众主义模式，其能够取得积极成效，是因为阿根廷出口的大宗农牧产品已经从过去的牛肉和小麦转变为大豆。由于大豆并不是民众的主要生活消费品，因此政府能够通过竞争性贬值促进出口，同时避免拉高通胀。②

成功渡过2008年全球经济金融危机后不久，从2012年起，阿根廷经济放缓趋势明显，特别是长期扩张性的财政政策造成通胀率

---

①　Luiz Carlos Bresser-Pereira：“Estado y Mercado en el nuevo desarrollismo”，*Revista Nueva Sociedad*，No. 210，julio-agosto，2007.

②　Neal P. Richardson：“Export-oriented populism：commodities and coalitions in Argentina”，St. Comp Int. Dev，2009，http：//www. doc88. com/p - 9863558375245. html.

高企、公共债务居高不下，政府为避免汇率过度波动而频繁干预和管制外汇、金融市场，造成外汇储备锐减和国内多重汇率并存。长期制约阿根廷发展的经济结构、经济政策和国内政治等问题也迟迟得不到解决。首先，为谋求连任，费尔南德斯政府不惜代价，加强了对经济的干预，粉饰经济数据，大幅增加公共工程、社会福利和国有部门人员工资等开支，直接造成财政收支恶化、通胀上升和本币贬值压力增大。从图1—2中可以看出，2011年年中开始，汇率管控造成美元"黑市"的出现，而且官方汇率与"黑市汇率"差距不断拉大。为了保证民众的生活水平，政府通过行政手段强行压低价格并冻结部分物价，严重透支了经济活力。其次，费尔南德斯政府继承了其夫执政期间国家干预宏观经济发展的做法，并进一步加大了国有化力度，先后对养老金、阿根廷航空公司和西班牙雷普索尔石油公司51%的股权实施国有化，导致投资环境持续恶化。为了追求经常项目和资本项目"双盈余"的目标，政府限制在国内贸易中使用外币和海外信用消费，控制进口并发行"外汇投资储蓄券"稳住官方汇率。经济政策变动频繁、国有化和外汇管制使得阿根廷的投资环境持续恶化，根据2013年《营商环境报告》，阿根廷在其评估的189个经济体中排名第126位，较2012年下滑两位。私人机构弗雷泽研究所发布的经济自由度排名中，阿根廷在152个经济体中仅名列第137位。根据英国经济政策研究中心下设的全球贸易预警处报告，阿根廷目前生效的贸易保护措施高达148项，居全球首位。① 阿根廷政府高筑贸易壁垒有多重考虑：短期内是为了确保贸易顺差和外汇储备规模，缓解外汇短缺的状况；中长期内是为了确保再工业化政策顺利实施，减少外部竞争压力，提高全要素生产率，解决经济结构问题（主要是工业体系处于初级阶段，经济发展依赖农牧业大宗商品出口）。

---

① 吴靖：《阿根廷宏观经济问题及其根源（2011—2013年）》，《拉丁美洲研究》2014年4月，第2期，第45页。

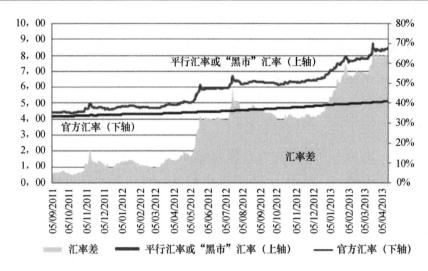

图1—2　阿根廷官方汇率与"黑市"汇率变动情况

资料来源：Fabián Amico，"Crecimiento, distribución y restricción externa en Argentina"，Circus，*Revista argentina de economía*，N°5，*Otoño de* 2013.

　　总体来看，费尔南德斯政府延续并深化了基什内尔模式，但政府过度干预经济以及在"选票经济"影响下透支财政能力扩大福利支出对经济发展的负面效应日益显露，通货膨胀不断走高和外汇短缺迫使政府加强价格管控，并对西班牙雷普索尔公司持有的YPF51%股份实施国有化，但加大政府干预并未真正解决上述问题，反而加剧了实际汇率、投资和信贷的不稳定，使经济逐步陷入滞胀的困境。此外，虽然阿根廷抓住 2003—2013 年的大宗商品国际价格的"黄金十年"，通过征收出口税等措施将农牧业出口收入用于补贴再工业化，短期内实现了经济增长、工业发展和社会矛盾缓和的多重目标。但随着大宗商品繁荣期的结束，这一举措不仅难以为继，而且威胁到了社会稳定。2008 年，费尔南德斯政府宣布提高对四种主要出口农产品的征税力度，激起农牧业集团大规模反抗以及持续 4 个多月的全国农牧业罢工和封路抗议活动，最终引发了执政集团内部的分裂和征税法案在参议院遭到否决。不少媒体和学者将这次被称为"农村危机"的冲突事件视为基什内尔模式由盛转衰的转折点。此外，2001 年危机后，阿根廷政府就危机时拖欠的大部分外债同国际债权人达成了重组协议，但由于以"秃鹫"基金为代表的少数债权人拒绝接受重组条件，政府至今无法重返国际融资市场。2014 年，政府与"秃鹫"基金谈判破裂，标普将阿根廷主权信用评级降为"选择性违约"，致使阿根廷再次陷入债务违约的漩涡中。2015 年大选中，中右翼反对党联盟候选人马克里（Mauricio Macri）高举变革大旗赢得大选，着手纠正基什内尔主义国家过度干预经济、社会支出缺乏节制等弊端，并开始积极谋求重返国际融资市场。学者莫拉（Manuel Mora y Araujo，2015）认为，"马克里积极回应民众要求变革的诉求，正带领阿根廷积极重返国际经济舞台和金融市场"。[1] 阿根廷新任副总统米切蒂（Gabriela Michetti）则表示，马克里政府不会一味推进再工业化，将学习印度模式，向农牧业产品和服务出口模式转型。[2] 外界普遍认为，上述改革具有新自由主义色彩，阿根廷的发展历程可能再次经历从民众主义色彩的基什内尔模式，向新自由主义色彩更为浓厚的"马克里模式"摆动，而阿根廷能否摆脱钟摆式发展怪圈仍有待继续观察。

---

[1] Manuel Mora y Araujo: "El gobierno de Macri: una mirada desde sus primeros días", Comentario Elcano, enero de 2016, http://www. realinstitutoelcano. org/wps/portal/web/rielcano_es/contenido? WCM_GLOBAL_CONTEXT = /elcano/elcano_es/zonas_es/america + latina/comentario-morayaraujo-gobierno-macri-mirada-primeros-dias.

[2] Contrainfom. Com, "El modelo de país, para Macri, es India", dijo Gabriela Michetti", http://www. contrainfo. com/18912/el-modelo-de-pais-para-macri-es-india-dijo-gabriela-michetti/.

第 二 章

阿根廷制度变迁的初始制度禀赋

初始制度选择对制度变迁和路径依赖效应的出现具有重要意义，本章将从经济、政治和意识形态三个方面对阿根廷初始制度的形成进行归纳，并对这三类制度在制度结构中的匹配性和独立性进行分析，以找出阐释阿根廷发展路径和绩效的基本框架。

第一节　阿根廷的初始经济制度禀赋

1492年哥伦布发现"西印度群岛"后很长一段时间，西班牙殖民者征服拉美的重点都只在于开采墨西哥、秘鲁的金矿和银矿，以帮助母国实施重商主义政策，拉普拉塔河地区在经济和政治上的意义似乎不大。西班牙殖民当局在拉普拉塔河地区的实际控制区域仅仅到布宜诺斯艾利斯以南不远处，主要是为秘鲁矿区供应农牧产品。但随着时间的推移，布宜诺斯艾利斯作为大西洋港口的重要作用日益显现，而得益于潘帕斯草原得天独厚的自然条件，起初少量散失在此的牲畜经过自然繁衍，形成了一种可观的资源，牛皮、油脂等产品开始对外输出，腌肉厂也应运而生，阿根廷也逐渐摆脱了秘鲁矿业中心服务提供点的定位，开始摆脱内陆，不断扩大与外部世界的联系。尽管阿根廷被征服和殖民的时间较晚，且缺乏足够的土著人口和现成税赋、劳役制度，但通过已融入殖民体系的北部地区（如土库曼、萨尔塔和胡胡伊省等），阿根廷仍然继承了西班牙殖民者惯于食利、热衷抢夺土地和建立大庄园等传统，其中影响最为深远的就是以少数人控制土地为特征的大地产制。

19 世纪初期，阿根廷独立后不久即颁布法令，将国有土地以低廉的固定租金长期租借给政客、官僚及其他有产者，且不设土地租赁面积上限，这促进了大地产的形成。同时，由于战争和革命造成的危机以及随后法国的封锁，布宜诺斯艾利斯省国际贸易商人在逆境中开始转而涉足农牧业生产，成为居住在城市的"不就地"地主，并逐渐发展形成扎根于商业和城市社会中拥有土地的寡头集团。19 世纪 30 年代和 80 年代，罗萨斯将军和罗加将军先后两次发动"远征荒漠"行动，大量抢夺印第安人土地并在军队、政客中瓜分，极大地增加了布宜诺斯艾利斯省的地域范围。罗萨斯还废除了不得转让国有土地的法律，允许土地自由交易，使土地集中愈演愈烈。尽管独立之初政府就提出移民垦殖政策，但由于"考迪罗时期"四分五裂、动荡不安的局势，这一政策的号召力和吸引力还十分有限。面对劳动力的匮乏，阿根廷大部分新兴地主选择借助于当地有利的生态条件发展粗放的畜牧业。虽然放养牛羊所需劳动力相对较少，但使用化肥和机械提高生产率的空间也较小。到 19 世纪 80 年代，随着欧洲移民大量流入，制约阿根廷经济快速增长的人力资源不足的问题开始得到解决，小麦和玉米种植业得到快速发展。但由于此时潘帕斯草原的土地已基本瓜分完毕，阿根廷政府向移民出售土地的垦殖政策也因绝大部分移民无力购买而收效甚微。在此形势下，外国公司和大牧场主向广大移民出租地块，并逐渐形成了一种以大地产制为核心、租佃制和小农场并存的土地制度。这种对土地的占有使社会分裂形成有地的大农牧场主和无地的雇农两大集团，双方延续殖民地传统建立起一种庇护—依附关系，这种特殊的社会结构对日后阿根廷的制度选择和发展路径影响十分深远。

同为移民为主、地广人稀的新兴国家，阿根廷早期的发展进程与美国有诸多相似。以美国为例，美利坚文明的历史起源，被普遍认为是 1614—1624 年发生的佛吉尼亚公司土地分割以及普利茅斯和马萨诸塞公司土地私有化这两个事件及其横向和纵向发展。① 事件核心在于英国殖民者在美国推行的以强制土著居民劳动为特点的"共耕制"因不适应北美地广人稀的环境而陷入困境，为调动移民的垦殖积极性，殖民地当局开始尝试"自由租佃制"和"私人种植园制"，前者允许殖民者从佛吉尼亚公司领地内租用 3 英亩土地自行耕种，后者允许移民以私人身份自费在詹姆士顿周边地区开发新种植园，这两项政策以及随后的以"人头权"②为标志的改革，开启了美国土地私有化进程。这种鼓励家庭持有土地和承认拓荒者土地所有权的制度被广为效法，极大地推动了欧洲移民流入和西进运动的大规模开展。到 19 世纪 50 年代，美国一年输入的移民已达到 25 万。③ 美国独立后，通过 1785 年土地法令、1841 年垦地权条例、1862 年宅地法和 1877 年木材种植法令等一系列法律，确立了相对平等的土地产权，从而催生出大批自耕农。法国学者托克维尔（Alexisde Tocgueville）认为，美国自耕农的民主和自由就是以他们对土地的占有支撑起来的。④ 不同农地制度的结果是，到 1914 年，美国 63% 的农民拥有自己耕作的土地，而在阿根廷这一比例仅为 40%。阿根廷农场的平均面积是美国农场的 8.4 倍，是澳大利亚的

---

① 何顺果：《美利坚文明的历史起源》，《世界历史》2002 年第 5 期，第 2—14 页。

② "人头权"改革主要内容包括：1616 年前自费移居弗吉尼亚的"老移民"可获得每份 100 英亩的土地并永远免除代役租，如"老移民"移居所用的是公司经费，服役 7 年后可获得 100 英亩土地，但须每年缴纳 2 先令代役租；1616 年后自费移居的"新移民"可获得 50 英亩份地，但须每年缴纳 1 先令代役租，如"新移民"移居所用的是公司经费，服役 7 年后可获得 50 英亩土地，但所得产品需与公司对半分，公司官员可按规定获得授予其的领地并享受租佃者的劳力支援，继续从事经贸活动的所有商人均可获得一幢房屋和 4 英亩土地。

③ ［英］艾伦·比蒂：《阿根廷为什么没成为美国》，《商界评论》2010 年第 12 期，第 42—45 页。

④ ［法］托克维尔：《论美国的民主》（上），商务印书馆 1997 年版，第 33 页。

1.8 倍。[①] 欧洲移民抵达阿根廷后，由于无法获得土地产权，缺乏投资动力和有吸引力的工作机会，绝大多数欧洲移民都是"候鸟"，结束收获季的劳作即返回家乡，对阿根廷的国家归属感和政治参与度较低。据统计，1850—1930 年间，仅有不超过 5% 的移民归化成为阿根廷公民。此外，阿根廷全国 90% 以上的可耕地集中于潘帕斯草原地区，这使得大牧场主在地理上比较集中，且与其他地区相对隔绝，更容易形成一个"独立王国"。在与内地精英的长期斗争中，潘帕斯地区的农牧业主大获全胜，其"共同阶级意识"和内部凝聚力不断增强，成为这一时期主导阿根廷政治的强大利益集团，这种情况在拉美其他国家也是十分罕见的。此外，阿根廷这种以畜牧业为核心的初级产品出口模式及其造就的经济繁荣使社会很早就呈现出高度国际化和相对同质化的特征，特别是在西欧和拉美多数国家中普遍存在的贫农阶层在阿根廷历史上从未出现过。

19 世纪 80 年代至 1914 年"一战"爆发前，第二次工业革命带来了运输成本的大幅下降，持续的和平使欧洲城市得到快速发展，城市消费群体不断壮大。阿根廷抓住这一机遇，充分发挥其土地资源丰富、劳动力不断涌入和外国投资日益增加等优势，与美国、澳大利亚、加拿大等国家一同成为高效、富裕的新大陆农牧业出口国。与其他国家不同的是，阿根廷作为一个国家从经济意义上可以看作是农牧业利益集团的创造物，是农牧业主和世界市场的一个汇聚点，并且在财政和金融上也高度依赖于这一集团。阿根廷民族国家的形成，某种意义上是潘帕斯地区农牧业出口集团对其他地区的征服和统一，而这一时期阿根廷经济腾飞的主要动力也来自这一集团。由于阿根廷此后再没有出现新的大宗出口资源，潘帕斯地区的优势地位得以长期保持和巩固。政府通过财政转移将潘帕斯地区和经济上贫困、政治上无足轻重的内陆地区联系起来，使得经济

---

① Larry Dianmond, Juan J. Linz, Seymour Martin Lispet："*Democracy in Developing Countries-Latin America*", Adamantine Press Limites：London, English, 1989, p. 88.

很早就呈现出典型的二元性结构特征。阿根廷是以潘帕斯草原作为农牧产品出口地直接融入世界市场的，农牧业主控制生产资料并通过高价地租完成资本积累，但其农牧产品出口、工业消费品进口甚至影响经济发展的技术和理念都难以摆脱对欧洲发达国家的依赖，因而阿根廷经济呈现出"依附性"的形态。

大农牧场不需要密集的劳动力，也不需要密集的资本和技术。借助大地产的规模效应和土地、劳动力、资本等生产要素的持续投入，布宜诺斯艾利斯等中心城市和潘帕斯地区出现了稳定的繁荣，阿根廷的早期工业也在吸收了农牧业剩余并在农牧业的庇护下发展起来。阿根廷学者奥唐奈（G. O'Donnell, 1976）就此分析到，"与其他多数拉美国家不同，阿根廷潘帕斯地区实行的是一种农场制，这不同于其他拉美国家的庄园制和飞地制，这种制度劳动密集度更低，但资本和技术密集度也较低"。[①] 此后，为满足"一战"时期因进口受阻而产生的需求，以食品加工和纺织、制鞋、家具制造等为主的小型制造业逐步发展起来。到"二战"爆发前，随着美国投资的不断增加，阿根廷的汽车、电力、石化、冶金等新型工业领域也有所发展，但规模和影响仍相对有限。由于缺乏大量的农村廉价剩余劳动力，劳工组织发展较早且具有较高议价能力，阿根廷劳动密集型制造业的发展存在先天不足，而且冶金、石化等工业和多数制造业严重依赖国内需求、出口部门创汇和外国投资，要实现传统经济模式向工业化转型的大规模变革，就需要大量进口机械设备和原材料，而这又需要农牧业出口部门为此提供足够的外汇。然而阿根廷农牧业初级产品出口价格又受到变幻莫测的国际市场的影响，产量的增长和生产率的提高需要将大地产制基础上的粗放型农牧业转化为资金和技术更为密集的精细化农业和商品化农业工业，这又需要进行长期投资。出于固有偏见和对农牧产品价格不确定性的经

---

① 　G. O'Donnell: "Estado y alianzas en Argentina, 1956 – 1976", *CEDES, Buenos Aires, 1976*, pp. 525 – 526.

验性认知，农牧业主对农牧业的工业化发展态度轻蔑，普遍缺乏长期投资意愿，仍坚持对土地进行粗放式开发。由于农业生产技术水平低下，随着土地扩张抵达地理极限和天然肥力枯竭，其农牧产品边际生产率不断下降，成本日益增加。潘帕斯地区的农牧业出口集团，逐渐从国家经济腾飞的主要动力，衰落为阿根廷工业化进程中难以逾越的一道障碍。

　　阿根廷经济结构中还存在一个特殊问题，即出口的农牧产品（谷物和肉类）也是一般民众的主要生活消费品，特别是肉类价格占阿根廷消费者价格指数的40%，[①] 这使得阿根廷的利益格局更为复杂：农牧产品价格上升会提高民众生活成本，劳工为抵制价格上涨会组织抗议和游行等运动，从而加剧与农牧业出口集团的直接对立。同时，劳工还会相应要求提高工资，这是民族工业特别是劳动力相对密集且面向国内市场的制造业资本家不愿看到的。但另一方面，由于制造业企业主要依赖政府贸易壁垒和财政扶持，对工资上涨有一定承受能力，劳工又是其产品的主要消费者，这会使双方结成利益联盟，共同抵制农牧业消费品价格上涨以及政府实施稳定化政策。跨国资本家多集中于资本和技术更密集的新兴行业，主要生产国内市场上供不应求的产品，可以通过提高资本集中率减少工资上涨的影响，而其产品的主要消费者为城市高收入阶层，食品价格提高对其消费影响甚微。此外，随着工业化进程的深入，很多农牧业主转型为工业寡头或跨国资本家在阿根廷的利益代言人，这使得双方更容易结成联盟，共同抵制政府对外贸和外汇的管控，并会在国际收支失衡引发危机后支持稳定化举措。但随着经济形势好转，跨国资本家面对劳工和民族资本家的强大压力，会"抛弃"农牧业出口寡头转而支持以农牧业出口补贴工业化的政策。阿根廷资本家阶层出现水平分裂（寡头资本家和民族资本家），以及跨国资本家

---

　　① 　David G. Erro：*"Resolving the Argentine Paradox-Politics and Development 1966 – 1992"*，Lynne Rienner Publishers，p. 28.

的立场摇摆，使得这一阶层与农牧业出口集团和劳工集团的关系更加错综复杂。阿根廷学者萨帕托（J. Sábato, 1991）就此阐述到，"精英阶层尽管拥有大量土地，但其主要经济——社会权力的基础在于控制了阿根廷的商业和金融。凭借这一优势，他们可以同时在农牧业生产和工业之间的各种经济活动中立足"。[1]

第二节　阿根廷的初始政治制度禀赋

阿根廷独立后，陷入了考迪罗主义的分裂和动荡，这一时期困扰政治进程的核心问题是中央集权与地方自治之争。1862 年米特雷上台执政后，为实现国家统一和政权稳定，将权力集中于中央政府特别是总统个人，使阿根廷成为一个中央集权制国家。1880 年罗加将军赢得大选并平定其竞选对手、布宜诺斯艾利斯省省长特赫尔多发动的叛乱后，趁势通过建立首都联邦区、完善中央公共管理体制和成立全国性政党等方式，削弱布宜诺斯艾利斯省利益集团对国家政治生活和中央政府的干预，确立了代表农牧业出口集团利益的寡头精英统治。学者奥唐奈（G. O'Donnell, 1977）甚至认为，阿根廷国家的建立和民族资产阶级的产生某种意义上都可以看做是潘帕斯精英集团的金融和商业利益向城市延伸的结果，这使得精英集团可以不通过地方政府而与中央政府直接连接起来。[2] 为了维护统治，农牧业出口集团通过暗箱操作和选举舞弊，压制中产阶层特别是劳工集团参与政治。政治发展严重滞后于经济发展，这不仅削弱了寡头统治的根基，也为日后的动荡埋下了隐患。

随着工业化进程的持续推进，阿根廷的中产阶层和劳工队伍不

---

① J. Sábato：*"La clase dominante en la Argentina moderna. Fotmación y características"*, Buenos Aires, 1982, pp. 110 – 112.

② G. O'Donnell：*"Estado y alianzas en la Argentina, 1956 – 1976"*, *Revista Desarrollo Económico*, *No. 64*, Buenos Aires, IDES, 1977, pp. 38 – 39.

断壮大，由农牧业寡头所把持的政权继续对两者参与政治持排斥态度，这促使双方联合起来并利用布宜诺斯艾利斯省和外省农牧业精英间的内部矛盾，积极寻求打破这一权力垄断的局面。为减少政权合法性所受的质疑并重点解决中产阶层的政治参与问题，保守党于1912年推动选举法改革，试图通过给代表中产阶层利益的激进党一份政治权利这样的小幅让步来维护政权稳固，并借激进党实现对劳工政治组织的"驯服"。尽管激进党候选人伊里戈延（Hipólito Yi-rigoyen）1916年赢得大选出乎保守党意料，并在形式上改变了其长达36年的政权垄断，但这一改变是在保守党的"默许"下发生的，保守党的地位和农牧业出口集团的利益并没有因此受到实质性威胁。事实上，保守党虽然因过度自信失去了对政权的绝对控制，但仍掌控着国家的经济命脉、军队、大学和新闻机构，把持着参议院和众多省份，激进党执政地位并不稳固，其执政的前提就是不能威胁保守派的利益。执政前期，激进党政府的内阁基本上仍由农牧业出口精英为代表的传统上层人士组成，其政策也继续向有利于农牧业主的方向倾斜，激进党仅能通过改革大学教育、支持民族工业发展和推动公民权利保障等方式巩固中产阶层的政治支持，并以温和的方式延续并巩固新生的代议制民主制度。另外，1912年选举法改革极大激发了以劳工为代表的底层民众的政治参与热情，但囿于政党代表性不足，其参政诉求并没有得到满足，成为一股潜力巨大的政治"暗流"。伊里戈延为争取劳工政治支持平衡农牧业寡头的势力，开始向"民众主义"倾斜，通过提高国家福利支出提高个人声望并向其追随者灌输个人崇拜。1928年，伊里戈延凭借劳工集团的选票支持再次当选总统，随后便开始动用"联邦干预"夺取多数省份的领导权并希望借此赢得参议院多数席位。这不仅与其标榜的代议制民主理念背道而驰，还可能使农牧业出口集团丧失获得政治权力的所有通道。保守党认为其地位和利益岌岌可危，便不惜以民主为代价强行压制民众的政治诉求，联合军队发动了1930年政变，以恢复原有的政治和社会秩序。

值得注意的是，一般意义上的西方现代国家的形成都是从近代专制国家向民主国家转化的过程，但阿根廷的民主政治从某种意义上可以看作是西方政治秩序传播和扩散的结果。尽管 1853 年宪法规定了三权分立制衡的代议制民主，但当时统一的民族国家尚未真正形成。而在其后国家统一的过程中，起主导作用的是农牧业精英特别是潘帕斯地区的农牧业出口集团，而非具有企业家精神的工业资产阶级。因此，阿根廷的政权顺理成章地成为这一集团维护自身利益的工具。西方代议制民主一般是新兴资产阶级反对君权和封建土地贵族、维护自身利益的产物，阿根廷农牧业出口集团自诞生之日起就具有某些资本主义特征，这与拉美多数国家的大庄园主明显不同，这一集团的经济目标主要是农牧产品出口，而不是发展工业。特别是农牧业出口集团自上而下地推动其寡头统治向代议制民主的试验，使阿根廷的政治发展道路发生了歧变。

1930 年政变后，政权重新回到农牧业出口集团手中，激进党被禁止参加选举，其 1931 年和 1933 年两次试图策动武装政变都以失败告终。但农牧业出口集团终究人数稀少，其所从事的机械化程度较高的农业生产和畜牧业养殖所需劳动力也较少，该集团无法像智利等国一样，通过强制所雇农民投票来维持寡头政权，只能通过选举舞弊和暗箱操作等方式延续对政权的控制，并继续不遗余力地将劳工集团排除在政治领域之外，这使得劳工集团的政治"整合"不断被拖延。与此同时，为了应对"大萧条"和"二战"期间进口消费品不足的问题，并作为应对危机的权宜之计和对农产品出口的补充，阿根廷政府开始发展进口替代工业，但囿于技术水平，消费品的替代生产当时仍采用劳动密集型的生产模式，需要大量的劳动力要素投入。于是，被机械化排挤出农牧业的大量劳动力开始从农村涌入城市，城市劳工和底层居民开始成为阿根廷政治的民众基础。面对城市全新的环境，从农村移民而来的劳工思想上普遍处于从封闭到开放、从传统到现代的激烈碰撞中，资金、技术和知识的缺乏使其只能从事最底层工作并获得最少收入，政党转型滞后和市民社会发育不成熟使劳工缺乏表达和协调利益诉求的渠道和参政途径，数量日益庞大、组织和思想相对涣散、对自身处境和社会现实强烈不满的劳工阶层，日益成为一股威胁政权和社会稳定的"潜流"，这为民众主义的崛起提供了深厚的社会土壤。由于以外来移民及其后代为主，新兴的中产阶级和民族资产阶级历史根基尚浅，各自成分和诉求各异，在权力体系中仅扮演次要角色，其向上升迁的想法更多让位于维护社会稳定和既得利益的诉求。

最终，作为权力集团成员和中产阶层代表的庇隆敏锐地认识到，中产阶级和资产阶级如果得不到其他势力支持，难以同根基深厚的传统势力较量。在对比了阿根廷社会各种力量后，庇隆抓住历史机遇，迎合并引领了民众特别是劳工集团要求政治参与和更多经济社会权利的诉求，将自己的政治生涯推上顶峰。庇隆将工人与雇主的集体谈判过程置于自己的管控之下，通过迫使资本家做出适当让步满足劳工的部分经济诉求；庇隆积极引导民众参与国家政治生活，彻底改变了底层民众和劳工长期被政治"忽视"和排斥的状态；庇隆将诸多有利于劳工的政策纳入国家制度体系中并使其法律化。这些政策极大调动了民众的政治热情和对庇隆的个人崇拜，庇隆将民众运动转化为一台强大的政治机器并利用民众宗教般的信任和支持叫板军方和保守派，迫使其做出妥协让步。最终，庇隆成功渡过危机并登上总统宝座，确立了"政治主权、经济独立和社会正义"三大原则和"第三立场"理论，形成了庇隆主义，阿根廷传统权力格局被彻底颠覆。部分学者从利益冲突的角度分析，认为劳工阶层当时与民族资产阶级和中产阶级尚未结成联盟，其积极参与很大程度上是无意识的。霍洛维奇（A. Horowicz，1990）就认为，

"一支由劳工大众组成的和平运动竟然参与了农牧业集团和资产阶级国家发展道路之争，并推动'天平'向有利于资产阶级的方向倾斜，这在阿根廷历史上前所未有"。[1]

新格局中，劳工占据绝对优势，但其对庇隆的支持和认同仍主要是建立在物质利益基础上的。劳工收入和福利的大幅提高则是以其他集团利益损失为代价的，特别是在经济衰退和停滞期，这种有利于劳工集团的分配调整引发了其他部门特别是精英和中产阶层的分配危机，最终导致庇隆政权在1955年被军事政变推翻，但此时庇隆主义在社会中下层民众特别是劳工中根深蒂固。庇隆的民众主义、经济民族主义的政策主张和职团主义的政治协调和动员方式，提高了劳工集团的政治预期和政治意识，涌入政治领域的这一阶层已不可能再退回到先前的消极状态。庇隆的民族主义—民众主义政策彻底改变了劳工的经济和社会地位，但也引起了农牧业出口集团和跨国资本家的失落与怨恨。双方冲突的观念形成两种截然不同且尖锐对立的亚文化——民众主义和自由主义，两大利益集团的冲突对立已经超越了单纯的物质层面，上升为价值观和文化冲突。充满敌意的两大集团赋予阿根廷社会一种极端化色彩，即任何偏向一方的政策都难以获得社会普遍的支持，政策分歧很容易危及基本共识，执政集团认为敌对集团对自身利益有潜在威胁，就会不择手段阻碍对方平等地竞争对政府的控制权，导致政权很难实现和平更替。在阿根廷这样一个断裂状社会中，哪个集团控制了政府权力就可以"胜者通吃"，因此双方对政权的争夺尤为激烈。

第三节　阿根廷的初始意识形态禀赋

西班牙殖民统治结束后，法国大革命和北美独立运动先后爆

---

[1]　A. Horowicz: "Los cuatro peronismos. Historia de una metamorfosis trágica", Editorial Planeta, Buenos Aires, 1990, p. 133.

发，启蒙思想开始在拉普拉塔地区广泛传播，并在阿根廷独立后成为主流思潮。随后在反抗罗萨斯独裁统治的斗争中，阿根廷"1837年一代"思想家们登上历史舞台，他们在批判阿根廷历史和传统思想的基础上，较为系统地规划了阿根廷未来的发展道路。他们将阿根廷社会结构的薄弱和民众的无知归咎于西班牙殖民统治，认为殖民统治和土著居民一起是造成阿根廷落后的两大根源。他们主张学习法国和美国的宪政模式，建立代议制民主共和政体。但他们不信任普通民众，认为其素质低下且缺乏参政能力，不赞同立即实现全民普选。他们提出，全民参政前需设立一个过渡阶段，由社会精英掌控国家政权并通过吸引欧洲移民和发展教育，提高国民素养。这一代知识分子深受欧洲自由主义经济思想的影响，认为自由主义经济政策是阿根廷走向繁荣富强的必要条件，主张减少国家的经济干预，大力发展贸易和吸引国外投资。随着"1837年一代"的主要代表米特雷和萨米恩托先后上台执政，自由主义思想成为阿根廷政治和经济发展的指导原则。在政治领域，米特雷引入政党政治并组建自由党，在国家和地方省份推动建立1853年宪法中规定的行政权、立法权和司法权这分立的三权，基本形成了阿根廷"文明"的现代政治制度。在经济领域，米特雷、萨米恩托和阿维利亚内达三届政府都遵循"自由放任、自由贸易和比较优势"等原则，大力发展畜牧业和农业，通过推动羊毛、皮革等初级产品出口实现国家经济发展。为了促进农牧业发展，这三届政府大力加强铁路、港口等交通基础设施建设，并采取积极政策吸引外资参与其中。在自由主义思想指导下，阿根廷借助农牧业产品生产和出口的快速增长及由此带来的巨额财富，经历了数十年经济快速发展的"美好时代"。到"一战"爆发前夕，阿根廷已经成为世界上最为富裕和成功的国家。但也要看到，这一时期阿根廷寡头精英政体之所以能较长时间保持稳定，与以西班牙和意大利等欧洲国家移民为主的劳工阶层中无政府主义盛行分不开，这种意识形态延后了劳工进入政治领域的时间，但也增加了该阶层的组织性和相对于国家的独立性。农牧业寡头精英的自由主义意识形态和劳工阶层的无政府主义意识形态为此后"弱国家、强社会"格局的出现埋下了种子。

"一战"爆发后，随着外部市场不确定性的持续上升和国内土地、资本等生产要素扩张速度的放缓，初级产品出口依赖国际市场、消费品依赖进口和发展依赖外部资本的依附性经济发展模式就暴露出其内在缺陷。在发展模式转换的关键阶段，阿根廷所继承的殖民地时期以"庇护—依附"关系为主要特点的意识形态发挥了重要作用。迪泰亚（G. Di Tella y M. Zimmerman，1967）等学者认为，土地要素的持续投入是阿根廷、美国、加拿大、澳大利亚等国兴起的主要原因，但当土地开发抵达地理疆域的边界时，不同的文化传统使得美国、加拿大、澳大利亚等国农牧业主"冒险"去创新和探索新的产业，从而走上一条可持续发展的道路；而阿根廷的农牧业主则习惯于"食利"，希望国家为此提供补贴或合法的垄断地位，这是造成阿根廷的发展路径不同于这三国的根本原因。[1]

中产阶层和广大劳工日益高涨的政治参与诉求最终迫使政府改革选举法，阿根廷由此开启了近代首次也是持续时间较长的一次代议制民主试验。新形势下，主导政治和经济发展的意识形态思想也发生了重要变化。政治领域，随着激进党领袖伊里戈延上台执政，中产阶层开始大批进入政府机构之中。而在俄国"十月革命"胜利之后，阿根廷的工会活动也更加活跃，大规模的罢工和抗议活动此起彼伏。长期占据主导地位的自由主义意识形态及寡头政权面临"民主化"和"赤化"的双重威胁。1930年政变后上台的乌里布鲁将军尝试构建具有法西斯色彩的职团制国家，更是对自由主义形成了直接挑战。尽管农牧业出口集团很快就夺回政权并在军队支持下

---

① Guido di Tella y Manuel Zymmelman："Las etapas de desarrollo económico argentino", Editorial, Buenos Aires, 1967. pp. 16 – 19.

继续维持其寡头统治，但乌里布鲁式和伊里戈延式民族主义的社会影响不断扩大，双方的"民众化"倾向使自由主义面临的挑战有增无减。经济领域，阿根廷国内关于是否应放弃自由主义和比较优势理论，通过贸易保护和政策扶持转向"工业国"发展道路的争论愈演愈烈。但代表农牧业出口集团利益并受英国影响的保守派政府，并没有听取工业界和学界的呼声，仍继续坚持奉行自由贸易政策并通过签署《罗加—伦西曼条约》进一步加强对英国的依赖，寄希望于扩大农牧业出口来维持经济繁荣。尽管上述举措为经济复苏做出了一时的贡献，但保守派政府在谈判中对英国所做出的过多让步，激起了阿根廷国内广泛的抗议浪潮，点燃了经济民族主义的火焰以及发展工业和摆脱英国资本控制的渴望，这为随后庇隆主义"经济独立"政策的出台和进口替代工业化战略的实施奠定了思想基础。董国辉（2008 年）认为，拉美结构主义是阿根廷历史文化传统的一种延续，洛佩斯—佩列格里尼学派[①]对其影响尤甚。结构主义与阿根廷等拉美国家的民族主义思潮密切相关，是阿根廷经济学家普雷维什个人职业经历与当时的客观历史条件相结合的产物。

随着工业化在农牧业庇护下逐渐发展起来以及从农村到城市的"移民潮"兴起，阿根廷社会结构发生了重要变化。不断壮大的新兴城市劳工阶层对其被排斥在政权之外感到不满，要求改善生存状况和政治权利的呼声日益高涨。处于统治地位的农牧业出口集团却迟迟不愿将这些新兴阶层纳入政权中，这种社会转型的失败造成了政治制度危机，使民众主义作为一种"利益调和模式"出现。这种由庇隆开创的民众主义借鉴了阿根廷农村地区长期存在的"依附—

---

①　该学派形成于 19 世纪 70 年代，主要观点和主张为强调阿根廷单纯发展初级产品的经济结构造成了国家对英国的严重依赖，不可避免地导致了不断出现的债务危机和对变幻莫测的世界市场的脆弱性，阿根廷必须实现一定程度的工业化，不能单纯发展农业；批评自由贸易原则，主张充分发挥国家在经济事务中的作用，强调对幼稚工业给予适当保护。

庇护"关系传统，将克里斯玛型的魅力领袖为劳工"代言"以及垂直工会体系塑造成劳工参与政治和改善工作生活条件的最有效方式，从而避免了社会大革命的爆发。在劳工的支持下庇隆赢得大选并上台执政后，一方面大幅提高工会的谈判能力，同时也构建了一套政治和法律框架加强对工会组织的控制，以达到避免共产主义在劳工中扩散和阶级斗争激化。但作为以劳工为主体的跨阶层政治联盟，庇隆主义运动自诞生之日起其内部就充满了矛盾和冲突，其中最基本的矛盾就在于如何对待劳工这个新兴的政治力量。庇隆要推进有利于民众的社会再分配政策，就需要借助劳工的政治支持破除精英集团的抵制；而为了避免劳工集团自主意识的提升危及阿根廷的资本主义基本制度，庇隆需要不断加强对工会的控制。这个基本矛盾随着进口替代工业化的深化发展及其局限性不断显现，变得日益尖锐起来。为了避免运动的分裂和不稳定倾向，庇隆主义需要一个强有力的"领袖"作为最后的调节者和仲裁人，并常常要借助制造"共同敌人"维护内部团结。为了兼顾不同阶层的利益诉求，庇隆主义既要打破精英寡头统治及其特权，又要保持资本主义制度框架，这造成了庇隆主义"说得多做得少"，意识形态的松散和政策举措的多变似乎难以避免。

应该看到，这一时期阿根廷的民族资产阶级和劳工集团都还处于形成和发展阶段，相对于精英集团而言力量相对弱小，社会的主要矛盾不是劳资矛盾，而是传统精英与新兴阶层之间的矛盾。乌里布鲁式民族主义和伊里戈延式民族主义"不约而同"地开启了"民众化"进程，为此后庇隆在融合民族主义和民众主义的基础上提出庇隆主义奠定了思想和社会基础。庇隆主义将社会分为"腐败精英"和"无暇民众"两大阵营，其中民众是不分阶层的"同质化"群体，国家反映民众的共同意志并负责调节劳资纠纷。精英主义和多元主义遭到摒弃，而这又是自由主义所不可或缺的。在政策实践中，建立在国内消费扩张基础上的经济政策不可避免会削弱投资动力，使协调劳资矛盾最终变得不可行，而国家沦为精英压迫和民众维权的重要手段，这种国家工具化的倾向不利于制度的构建和稳定运行。

第四节 基本制度在制度结构中的匹配性和独立性

一 基本制度在制度结构中的匹配性

从基本制度禀赋中可以看出，与英、法等老牌资本主义国家不同，阿根廷作为一个后发新兴国家，并没有遇到需要瓦解封建领主经济和封建主义农业社会等历史问题，与国际市场接轨的商业化农牧业从一开始就在经济中占据绝对统治地位。欧洲国家商品经济发展中出现的封建君主与领主之间的政治冲突以及工业资本家与封建领主间的经济冲突在阿根廷历史上均不存在。西欧国家普遍是在工业化发展到相当程度以后，有组织的现代政党才"自然而然"地演化形成。也就是说，工业化基本完成后，社会阶层结构的变化引发了传统政治结构的衰落和逐渐瓦解。阿根廷的情况恰恰相反，由于其人口以欧洲移民为主，独立之初就开始从欧美引进自由主义思想并积极借鉴美国、法国的民主宪政等做法，但此时的阿根廷工业化程度尚十分低下，食品加工和纺织、制鞋、家具制造等早期工业在19世纪末期"美好时代"的经济繁荣中才逐渐发展起来，并且大多数都与初级产品出口部门密切相关。为适应向国际市场出口原材料并进口中间品和制成品的需求，阿根廷开启了商业化进程，贸易商人、跨国公司经纪人以及金融部门等在农牧业出口部门的庇护之下产生并发展起来。商业化的发展带动了城市化进程。从表2—1中可以看出，到1920年前后，阿根廷2万人以上城市中的人口占总人口比重的32.7%，居拉美首位；10万人以上城市中的人口占总人口比重的27.1%，远高于同时期的英国和德国（分别为

10.2% 和 10.1%）。① 商业化和城市化的快速发展产生了公共服务、基础设施建设等诸多领域的需求，这带动了国家权力的扩张。国家对经济和公共事务的参与和干预不断扩大，又带动了政府机构的不断膨胀和财政开支的持续增加，由于当时阿根廷的工业化尚处于萌芽状态，政府不得不加强对农牧业出口集团的经济依赖，从而为寡头统治奠定了经济基础。

表 2—1　　　　　　1920 年人口超过 2 万的城市占全国人口的比率

智利 27.6（3）	墨西哥 12.6（5）	乌拉圭 27.8（2）	秘鲁 5（8）
巴西 13.4（4）	委内瑞拉 11.7（6）	哥伦比亚 8.9（7）	阿根廷 37（1）

资料来源：Ruth Berins Collier and David Collier, Shaping the Political Arena,（Harvad, 1991），p. 66. 转引自吕芳：《制度选择与国家的衰落》，中国政法大学出版社 2007 年版，第 66 页。

1912 年选举法改革扩大了选民范围，将中产阶层和广大底层民众以一种近乎"强制性"的方式带入政治领域。尽管农牧业出口集团以其强大力量维持了实际上的寡头统治，但多党制和普选制的发育为政治结构向代议制转变打下了基础。受制于大地产制，大批涌入阿根廷的移民因无法获得土地所有权和投资机会而多数选择成为"候鸟"，他们缺乏公民权和选举权，也没有参与政治的正式途径。选举改革后，当时的主要政党为迎合社会诉求对其内部组织结构、运行机制和意识形态等方面进行了改革，但没有一个主流政党调整其意识形态和组织基础以代表劳工利益。不断壮大的劳工集团尽管可以轻易获得投票权，但寡头政权的特性使其无法对政府施加有效影响，也不能充分分享经济增长带来的收益。特别是进口替代工业化和农业机械化带来的从农村到城市的国内"移民潮"出现后，新兴的城市劳工集团作为潜在的政治力量，既缺乏部落、氏族等天然社会组织，也无法通过政党、民间团体等现代社会组织表达其利益

---

① 林红：《论现代化进程中的拉美民粹主义》，《学术论坛》2007 年第 1 期，第 52 页。

和诉求。社会中的大多数居民长期被排斥在政治体系之外，这大大增加了社会的脆弱性和爆发政治革命的可能性。1943 年政变推翻了农牧业集团的寡头统治，阿根廷国内弥漫着对无产阶级革命的恐惧，这促使统治阶层通过"自上而下"的改良将劳工集团纳入政治决策体系。

总体来看，阿根廷独立后，以自由主义为指导的农牧业初级产品出口模式和农牧业精英寡头统治是相匹配的，两者共同造就了"美好时代"的经济繁荣，但这一发展模式过早地将阿根廷融入世界经济体系并决定了其作为初级产品供应国的角色和经济依附性特征，增加了此后经济发展的脆弱性。大地产制的形成和土地改革的长期滞后造成财产权一次分配的不公正和贫富分化，阻碍了中产阶级的发展壮大，使社会呈现出"金字塔"形特征。以移民为主的劳工集团崇尚无政府主义，这有利于寡头统治的稳定，但又为此后政府相对于社会阶层的"软弱"埋下了伏笔。而 1912 年选举法改革，直接导致了少数精英掌控国家经济命脉和多数民众握有选票优势的政治经济权利不匹配情况的出现。寡头精英垄断政权并长期将人数众多的劳工集团排斥在政治领域之外，加剧了政治和社会的不稳定。事实上，农牧业寡头政治在 1943 年政变后的瓦解反映出，传统的统治模式已不能适应阿根廷转型中的社会结构，特别是传统的武力镇压和庇护制均难以将新兴的庞大劳工群体纳入政治领域中。社会整合的失败引发了政治制度危机，一种新的社会整合方式的出现成为必要。从这个意义上可以说，庇隆主义是政治和经济制度不匹配的产物，也是社会运动能力超出现有体制吸纳能力的结果。庇隆主义作为一种利益调和模式崛起后，在一定程度上缓和了旧的寡头精英和劳工集团间的对立状态，并逐渐演化为现代拉美社会融合和控制的主要政治方式。与俄罗斯的民粹主义运动最终发展成为革命运动不同，庇隆主义的主要意图仍是在不颠覆现有制度框架的前提下，将现代化进程中涌现出的社会新兴阶层引导进入已有的制度框架内和政治生活之中，通过引领政治动员的形式避免彻底革命可能带来的现行制度和社会结构崩溃。

但也应看到，这一利益调和机制并不能从根本上解决社会基本矛盾，其带来的弊端长期来看也不容忽视。庇隆主义政策使劳工阶层的政治、经济、社会地位发生了翻天覆地的变化，但也引起了农牧业出口集团和跨国资本家的恐惧和怨恨，最终形成了庇隆主义和反庇隆主义两大阵营，使阿根廷从制度上分裂为两个"国家"：一个"国家"的人民被称为过时的农牧业出口"寡头"，他们信奉自由主义，认为人的价值建立在社会等级地位上，赞成精英主义和自由贸易；另一个"国家"的人民自称"无衫汉"，信奉民众主义，认为社会公正和机会平等是不容置疑的权利，主张关税保护和大众的广泛政治参与。总体来看，阿根廷早期政治制度和意识形态是基于基本经济制度产生并随着经济制度演进而发展的，但随着劳工阶层不断壮大和代议制民主制度的实施，劳工作为一股强大的政治力量与民众主义这一意识形态相互结合，但与工业资本紧密联系的劳工大众并没有从根本上改变建立在大地产制基础上的产权结构。"过时"的农牧业寡头并没有丧失对土地的控制，新兴的工业寡头仍然把持着国家的经济命脉，经济领域的垄断和特权使它们在历次危机中都没有受到城市工商业阶层和底层民众那样沉重的打击。农牧业与工业、资本与劳动、民族资本与跨国资本等社会矛盾同时存在，旧的制度和价值并没有随着新制度、新价值的产生而消亡，精英主义、自由主义、威权主义、职团主义等同时存在，增加了资源配置冲突的尖锐性和复杂性，淹没了民族资本主义等新兴经济力量的成长，阿根廷的制度既早熟又不成熟。

二 基本制度结构在制度结构中的独立性

阿根廷社会的制度结构是相互抑制和对立冲突的，这造成新的经济因素无法独立生长。1930 年以前，寡头政治制度、自由主义意识形态与农牧业产品出口主导的经济形态基本上是相互适应的，能够实现基本制度体系的独立发展和相互促进，从而造就了这一时期的经济繁荣和政治稳定。随着大量欧洲移民的涌入和工业的发展，阿根廷的社会结构发生了变化，尽管大地产主和民族资本家的矛盾已经开始显现，但如何将劳工纳入政治体制这一新问题很快就将其取而代之。值得注意的是，不同国家阶级力量对比和分化组合选择不同，造成解决土地与资本、资本与劳动等矛盾的方式迥异，使制度生成的路径呈现多姿多彩的姿态。在英国，由于不成文法的保护，大批农奴摆脱了封建主的盘剥而成为自耕农，走向私有小农经济。资本主义力量借助自耕农的私有制环境向农村渗透并汇合形成新兴资产阶级。新生经济力量在文艺复兴的意识形态氛围中逐渐产生了约束国家权力扩张、保护产权和推动市场交易的现代制度结构。法国的土地贵族依附于中央集权的专制王权，靠榨取农民劳动而生活，最终经历了革命的战火和激进运动，打破了盘根错节的封建贵族体系，进入现代世界。

在阿根廷，大地产制和农牧业产品出口模式的建立使得培育大批自耕农和私有小农经济丧失了制度基础，强大的农牧业出口集团并没有走上封建专制道路，而是选择西式代议制民主并借助选举舞弊巩固和延续自己的权力垄断，这使得底层劳工与民众主义的结合并没有形成打破现行制度的革命性力量，政治制度和经济制度通过一种"福利换稳定"的方式维系着一种脆弱的依存关系，保证现行政治和经济制度稳定的关键在于能够持续满足民众福利和再分配诉求，而这又依赖于经济的持续增长和财政的可持续性。由于经济高度依赖于农牧业大宗商品出口，而其国际价格变幻莫测，因此阿根廷制度的周期性振荡就不足为奇了。持续的动荡不仅损害了中产阶层的切身利益，影响了其发展壮大，更迫使其将稳定置于民主之上，频频向军队这一唯一有力量恢复秩序的组织寻求庇护。

从社会结构来看，阿根廷的民众主义是随着农牧业出口寡头政权容纳劳工这一新社会力量的失败而兴起的，并作为一种"利益调和模式"代表了一种非均衡的阶级联合。劳工集团作为最重要的政治力量，受职团主义影响并非是完全自发的组织化力量，往往通过树立共同的"敌人"团结起来并通过克里斯马型领袖人物作为其利益代言人，意识形态仅仅充当多样化联盟的"黏合剂"，指向模糊且从未关注过真正的社会变革。农牧业出口集团和劳工集团分别垄断着经济和选票政治，造成民族资产阶级既要依赖农牧业产品出口剩余，又要依赖"进口替代型"政策保护才能生存发展，无法真正独立成长并取得谈判能力。农民阶层的缺失使得劳动力相对匮乏，更加强了劳工集团面对民族资产阶级的议价能力，进口替代工业的国内市场导向和政策依赖使得民族资产阶级常常不得不选择与劳工结盟，共同对抗跨国资本家和农牧业寡头的自由化政策。当经济陷入停滞甚至衰退时，劳工、跨国资本家和农牧业出口集团可以凭借其强大的力量减少利益受损程度，在没有农村和农民阶层分担成本的情况下，民族资产阶级和中产阶层往往成为最大的受害者。在国家干预经济和大地产制为主导的条件下，产权保护机制和有效率的竞争市场环境更是无从谈起。

第 三 章

阿根廷社会阶层结构的演进及其
对制度变迁的影响

阿根廷社会的基本结构形成于 20 世纪上半期，此后没有发生根本性变化。在这个以农牧业产品出口为经济主导的国度，社会中同时存在着农牧业与工业、劳动与资本、民族资本和跨国资本等多对主要矛盾，这些在西欧国家不同历史阶段出现的矛盾，在阿根廷长时间共存，大大增加了资源配置冲突的尖锐性与复杂性，造成了旧有的价值和制度并没有随着新价值和新制度的产生而消亡，精英主义、民众主义、自由主义、威权主义等循环出现，成为一个"活的历史博物馆"。① 本章将首先梳理阿根廷断裂状社会中的主要阶层及其在自身利益受到"剥夺"后的反应，之后将分析不同阶层间的相互博弈如何影响阿根廷的制度变迁并造成了路径依赖效应。

第一节　断裂状社会的形成及其阶层结构

一　阿根廷社会中的主要阶层

一般认为，稳定的社会并不是一个完全没有冲突的社会，不断发生的各种冲突能够相互分散、中和甚至抵消，从而达成一个均衡

---

① Charles Anderson：*"Politics and Economic Change in Latin America"*，Princeton，NJ：Van Nostrand，1967，p. 15.

状态。在这样的社会中，一个人可以依据其语言、宗教、地域、职业等同时归属并认同于不同的集团，这种形形色色的"身份认同"彼此交叉重叠，能够有效降低各集团之间的直接对立和相互隔离，形成所谓的"横切状"社会。但如果不同集团的分裂线相互重合，缺乏交叉认同，各种冲突就会固化和强化并引发社会危机，形成所谓的"断裂状"社会。阿根廷民众主义的兴起可以看作是传统社会接纳劳工这一新阶层失败的直接结果，而民众主义作为一种利益调和模式虽然避免了社会大革命的爆发，但却难以有效弥合社会裂痕，各阶层之间持续的敌意和对抗赋予政治和经济制度以冲突色彩，使得阿根廷的发展进程呈现出钟摆状特点。学者李江春（2011年）在对比了阿根廷和智利 20 世纪中后期的发展进程后就此分析到："决定阿根廷和智利不同命运的是政治、社会的稳定和经济增长，不是政治权利和公民自由。阿根廷既缺少政治、社会稳定，也看不到经济增长，陷入恶性循环中，政治和经济发生严重冲突。"① 从历史角度看，20 世纪阿根廷社会中存在并活跃的集团或阶层主要有：农牧业出口集团、跨国资本家、民族资本家、劳工和中产阶层。

（一）农牧业出口集团

阿根廷农牧业出口集团由殖民地时期波旁改革后的外贸商人发展而来，其诞生之日起就带有鲜明的资产阶级特征，与外国市场和资本联系密切。这一集团从商业转向农牧业后，不仅经营农牧业，还将农牧产品出口所得投资于交通、金融、食品冷藏加工、手工业等与初级产品出口联系较为紧密的工业部门，并充当跨国公司在阿根廷的代理人、经纪人或是跨国公司维护利益的"院外集团"。欧洲发达国家中的土地贵族与大资本家之间的矛盾并没有在阿根廷出现，大地产主、农牧业主和跨国企业主组成的经济精英出于共同的

---

① 李江春：《制度之间的政治经济发展——阿根廷和智利比较研究（1976—1989 年）》，《经济社会体制比较》，2013 年第 5 期，第 171 页。

利益合纵连横，游刃有余地操纵着权力。相对集中封闭的地域分布使这一阶层拥有很强的共同阶级意识，他们于 1866 年成立农村协会（SRA）来巩固和促进以潘帕斯草原大农牧业主为代表的集团利益。到 20 世纪 40 年代初期之前，集团所代表的最富裕阶层一直占据着阿根廷政治权力的核心地位。1910—1943 年，阿根廷一半的内阁部长均是农村协会成员。由于这一集团长期控制着商业和交通运输，在工业化启动后，其大部分成员加大对制造业等产业投入，并成为所在行业的"工业寡头"。从表 3—1 可以看出，在进口替代工业化第二阶段，阿根廷农牧业的生产和组织形式发生了显著变化，大工业资本家和农牧业主出现融合，逐渐形成了横跨多个产业的"多种经营"寡头。奥唐奈（G. O'Donnell，1977）在研究中形象地描述了大资本家和农牧业寡头间的利益关系："面对国际收支失衡的困境，大资本家会倾向于推动和支持稳定化政策，这意味着很大一部分收入将转向潘帕斯地区的农牧产业和与其出口联系密切的金融和商业部门。"[1] 尽管这一协会今天的权力和地位已大不如前，但仍几乎囊括了潘帕斯地区所有的农牧业主，并能够通过控制农牧产品出口来影响阿根廷的经济走势和政府决策。但新世纪以来，随着阿根廷农牧业出口的重心逐渐从谷物和肉类转到大豆，这一集团已很难通过囤积拒售来引发生活消费品短缺和抬高通胀，开始更多采取类似于劳工集团的罢工、示威游行等直接抗议手段。比如，2008 年庇隆主义的费尔南德斯政府宣布提高对大豆、葵花子、玉米、小麦四种主要出口产品的征税幅度后，该集团遂发动了持续 4 个多月的全国性农牧业罢工和游行封路运动，最终导致执政联盟内部分裂以及征税法案遭参议院否决。

---

[1]　G. O'Donnell: "Estados y alianzas en la Argentina, 1956 – 1976", *Revista Desarrollo Economico*, *No. 64*, Buenos Aires, IDES, 1977.

表 3—1　　布宜诺斯艾利斯省拥有 2500 公顷土地以上的企业数量
及其占有土地面积（1958—1988 年）　　　　单位：公顷

考察年份	1958	1972	1988
拥有 2500 公顷以上土地的企业数量	238	290	658
占拥有 2500 公顷以上土地地主的比重（%）	18.6	26.9	46.8
拥有 2500 公顷以上土地企业占地总面积	1613238	1599100	3244749
占拥有 2500 公顷以上土地地主占地面积的比重（%）	23.8	27.8	46.8

资料来源：Eduardo Basualdo："Estudios de Historia Economica Argentina"，p. 81.

（二）跨国资本家

这一集团不仅包括在阿根廷占据垄断地位且具有国际竞争力的大企业，也包括跨国巨头在阿根廷的分公司、国际和国内私营金融机构以及多边国际金融机构（如 IMF 等）。由于成员的身份和来源复杂，这一集团与农牧业出口集团相比，缺乏足够的凝聚力。其中最具代表性的组织是阿根廷工业协会（UIA）。协会成立于 1887年，是阿根廷最大的企业家组织，代表当时阿根廷最大的、特别是坐落于首都布宜诺斯艾利斯市及其周边的企业。20 世纪 30 年代后期，工业协会成员所拥有的企业数仅占阿根廷企业总数的 1.4%，但却生产了 57% 的产品并雇佣了 60% 的工人。随着工业化进程的不断深化，工业企业家集团获得了日益强大的政治和经济实力，工业协会成员也不断扩展，从 20 世纪 30 年代初的 300 多家发展到 1946 年的 3000 多家。[1] 关于跨国资本家在经济中的垄断地位，阿根廷学者比利亚努埃瓦（J. Villanueva）曾指出："跨国企业除了占据垄断性行业，还控制着其他产业的核心技术和部门，这导致民族资本企业包括寡头企业尽管与跨国企业没有直接的原料——制成品关系，但仍要间接地依附于跨国企业。"[2] 工业协会反对庇隆主义的

---

[1]　James W. McGuire："Peronism without Peron"，Stanford, California, 1997, p. 46.

[2]　J. Villanueva："El origen de la industrialización argentina"，*Revista Desarrollo Económico*，*No. 47*，Buenos Aires, IDES, 1972.

政策主张并与其保持距离，曾在庇隆执政初期拒绝了庇隆给予工业协会和全国劳工总联合会同等地位的倡议。在阿根廷的发展进程中，这一阶层相对超脱，立场也摇摆不定。一方面，由于其跨国属性，在经济困难时期往往选择与农牧业出口集团结盟，共同抵制政府的外汇和金融管控以及贸易保护等政策；另一方面，由于其工业资本属性，在稳定性政策取得一定成效后，其往往转而支持劳工和民族资产阶级，要求政府恢复扩张性政策和以农牧业出口补贴工业发展的举措。

（三）民族资本家

"大萧条"和"二战"之后，阿根廷逐渐放弃以比较优势融入世界经济体系的努力，转而大规模实施进口替代工业化政策，通过保护主义举措扶持本国制造业。这些制造业中以劳动密集型的中小企业为主。对内和对外的双重依附性使这一集团在处理与其他集团关系时态度十分矛盾。这些小制造商主要以国内市场为导向，在国际市场上缺乏竞争力，非常依赖国家财政的资助和关税、汇率等保护，这使得其与农牧业出口集团以及跨国资本家产生了直接矛盾。但同时，这些中小企业主要从事农产品加工等以初级产品为主要原材料的制造业和面向初级产品出口部门的商业服务业，其生产所需的先进技术与设备进口需要农牧业产品出口创汇去进口，因此高度依赖农牧业创造的剩余。与彼此矛盾的经济利益相对应，中小制造业者支持庇隆主义特别是其工业化战略。经济联合会（CGE）作为代表内陆中小企业利益的重要组织即成立于庇隆第一任总统任期内，并与庇隆主义有着千丝万缕的联系，但其对庇隆主义的支持往往是以经济繁荣为前提的。学者库克（J. W. Cooke）就此分析称，"拥有相对较少的资产并不妨碍（民族资产阶级）对工会力量的上升和政府调整劳资关系的新主张感到恐惧……当国民收入的增长无法同时支撑企业营利和劳工生活条件改善时，这一集团就会纷纷转而反对庇隆主义"。①

（四）劳工

农牧业的繁荣带动了城市的发展和市场需求的扩大，"一战"前后阿根廷进口受阻使得以满足国内需求为目的的进口替代工业获得发展，劳工也开始作为一个阶层出现。但与西欧以及大多数拉美国家不同，阿根廷的劳工以欧洲移民为主，而不是来自农民，这导致该阶层受欧洲无政府主义等思潮影响较深，很早就以互助、自治等团体形式组织起来，工会发展几乎与工业发展同步，人力资源的相对短缺更使得劳工集团对资本家和政府具有很强的议价能力。此后，伴随着工业化的快速发展，阿根廷出现了城市化高潮和国内移民潮，城市产业工人开始出现。1914 年普查时，阿根廷共有 38.3 万产业工人，到 1935 年，这一数字就增加到 54.4 万；到了 1941 年，产业工人数量已经攀升至 83 万，到 1946 年更是超过 100 万。其中阿根廷总工会（CGT）对阿根廷政治进程影响巨大。20 世纪 50 年代初期，政府曾宣称工会有会员 400 万，其中不仅包括工厂中的蓝领工人，多数商业、银行和政府部门的雇员也参与其中。一方面，劳工集团支持庇隆主义实施的进口替代工业政策，从而与民族资本家结成共同的利益同盟，另一方面，双方之间的劳资矛盾依然存在，特别是当民族资本家出于经济考虑试图加强与跨国资本家的联系时，双方的联盟就会破裂。科塔莱罗（M. C. Cotarelo y F. Fernandez, 1997）等学者分析了庇隆第二次执政末期反抗"罗德里格计划"和"蒙德利计划"的两次大罢工后指出，劳工和民族资本家的联盟造就了庇隆的第二次上台，尽管资本家处于联盟的领导地位，但联盟主体仍是劳工阶层。当民族资本家主导的政府试图实施开放化政策以解决产品市场和资金困难时，劳工立刻放弃了联盟，转而以激进手段要求政府对外贸和金融系统进行国有化，冻结

---

① J. W. Cooke: "Peronismo y Revolucion. El peronismo y el golpe de Estado", Informe de Bases, Buenos Aires, Parlamento, 1985.

物价并提高工资。[①] 1976 年政变后，军事独裁政权在大肆镇压工会领导人的同时，实施了较为正统的自由主义政策，试图将国内资本积累方式从进口替代工业化再回到农牧业大宗产品出口上，并借此从经济上彻底削弱劳工集团的影响力。随着 20 世纪 80 年代初阿根廷爆发债务危机并由此进入"失去的十年"，民族工业的凋敝和军政府的打压造成劳工数目锐减，工会运动也陷入低潮。正义党领袖梅内姆利用劳工阶层的衰弱和混乱获取政权并将新自由主义政策成功植入庇隆主义后，激进的开放化和私有化进程使得劳工集团规模进一步萎缩，工会组织也更为松散，以企业为单位、不受上级工会控制也不依附于正义党的"基层工会运动"蓬勃发展起来。20 世纪 80 年代后期起，正义党的制度化改革遇挫以及党内高层的权力斗争加剧了党的"空心化"，一种新的地方"庇护—依附"关系建立起来，劳工集团和工会组织在庇隆主义中的基础性作用也逐渐淡化。

（五）中产阶级

阿根廷的中产阶层和劳工都具有移民背景，且在政治上处于边缘地位。其中中产阶级主要由两部分人组成：一部分是小工业生产者、商店店主、手工艺者等，他们既有一定的技术，又有一定的物质资本，被称为"旧中产阶级"或小资产者；另一部分是各种专业技术人员、公共管理的文员、教师、医生，即所谓的"技术有产者"。阿根廷"美好时代"的经济繁荣不仅直接带动了长期薪酬劳工的大量增加，也间接催生出一个服务于出口经济的中间职业群体。到 1914 年，阿根廷的中产阶级人数居拉美各国之首，占城市人口的比重也接近 30%。[②] 值得注意的是，有学者认为，"技术有

---

① María Celia Cotarelo y Fabián Fernández: "Lucha del Movimiento Obrero Y Crisis de la Alianza Peronista", *Documento de Trabajo No. 6*, Documentos y Comunicaciones, 1997.

② David Rock: *"The Politics in Argentina 1890 - 1930: The Rise and Fall of Radicalism"*, The Cambridge University Press, 1975, p. 21.

产者"尽管拥有更高收入，但本质上仍属于无产阶级，其主要从事脑力劳动且获得更高收入并不能改变他们是雇佣劳动者的基本事实，这种说法一定程度上也解释了为什么部分中产阶级加入阿根廷总工会并积极支持庇隆主义。另外，部分学者从西方传统中产阶级理论出发，认为中产阶级是实现拉美政治民主和社会稳定的希望所在，但阿根廷的历史似乎表明，中产阶级并不总是和民主、稳定同行。美国学者李普赛特就曾将法西斯主义称为"中间派的激进主义"，认为"它从根本上代表了中产阶级对资本主义和社会主义的反抗，对大型企业和工会的反抗"。① 尽管相较于其他拉美国家，阿根廷的中产阶级人数更多也更富裕，但这丝毫没有减少政治和社会的动荡，特别是当大多数底层民众在庇隆主义的动员下开始参与到民主进程中，并有可能威胁到其中产阶级的利益时，中产阶级便毫不犹豫地抛弃了民主，默许或支持军事政变并要求减少劳工组织的政治影响。

与中产阶级占据多数的西方"橄榄"形社会不同，阿根廷等拉美国家社会结构以"金字塔形"为主，低收入阶层人数远多于中产阶层和高收入阶层人数的总和。在这样的社会中，中产阶级难以实现西方传统中产阶级理论中缓冲社会矛盾的作用。事实上，中产阶级最关注的仍是维护和争取自身利益，而不是建立和完善民主制度和市场经济。随着商业化、官僚化的中产阶级不断发展壮大，其保守倾向也会越来越明显，如果他们控制了政权，就会强调维护社会力量之间的平衡和政治经济制度的稳定，但当民众主义的政治动员和"福利赶超"造成社会混乱和经济衰退，并威胁到中产阶级利益时，他们往往会选择专制下的安全而不是民主下的混乱，从而促成军政府上台。

当1983年自由民主制最终"回归"后，中产阶级失去了向军

---

① ［美］李普赛特：《政治人》，刘纲敏等译，商务印书馆1993年版，第131页。

队寻求庇护的可能，但这并没有改变其软弱和摇摆的政治立场。当阿方辛（Raúl Alfonsín）政府经济改革失败并引发危机后，中产阶级主导的社会舆论中要求牺牲部分形式上的民主，以便总统有足够个人权力带领国家走出困境的呼声日益高涨。这种被部分学者称为"以退为进"的民意倾向最终被正义党领袖梅内姆（Carlos Menem）利用，成为其获取政权和庇隆主义运动领导权、推动新自由主义改革的重要社会基础。当新自由主义改革再次以失败告终并引发2001年危机后，中产阶级转而向地方政治领袖寻求庇护，并频频通过其特有的"敲锅抗议"表达对通胀和失业的不满。

二　阿根廷断裂状社会的形成

19世纪末20世纪初，经济持续快速增长带来了产业工人的增加并为劳工运动提供了丰厚的社会土壤。这一时期制造业劳工增长最为迅速，从1894年的10万人很快增至1914年的40万。1902年，阿根廷爆发了第一次全国大罢工，涉及2万多工人。在20世纪的第一个10年，阿根廷共爆发了10次全国性罢工，但1907—1910年，仅在首都布宜诺斯艾利斯市就爆发了785次罢工，损失工作日数量高达近140万个。到1916年伊里戈延上台执政前，阿根廷每年爆发的罢工数量已不下100个。[①] 1912年的选举改革扩大了选民范围，但由于劳工中的大部分是移民，没有公民权和投票权，当时的主要政党都没有发展出代表劳工利益的意识形态和组织基础。1930年政变后，农牧业出口集团很快重新垄断政权并通过舞弊维持对政权的绝对控制，劳工集团被继续排斥在政治进程之外。但这期间，工业获得前所未有的快速发展，劳工队伍进一步壮大。1935—1946年间，阿根廷工业企业数目从38.5万猛增至86.4万，劳工人数也从43.6万上升至105.7万。

---

① Ruth Berins Collier and David Collier, "Shaping the Political Arena", pp. 92 – 93, 转引自吕芳：《制度选择与国家衰落》，中国政法大学出版社2007年版，第67页。

1930 年以后，大规模的海外移民已接近尾声，新增的城市产业工人主要是来自内陆省份的"国内移民"。据统计，到 1947 年，从内陆移民到布宜诺斯艾利斯地区的人口高达 136.8 万，占该地区流入移民总数的 29%，高于海外移民的 26%。这股国内移民潮显著改变了阿根廷人口的地理和就业分布，在大幅削弱农牧业出口集团政治基础的同时，也促进了城市劳工阶层的崛起。1947 年，第二、第三产业的劳工人数占阿根廷总人口的比重已升至 68%，其中城市劳工占比就达 40%，登记注册的工会会员也从 1936 年的 28.8 万人发展到 1945 年的 52.9 万人。① 作为一个精明的政治家，庇隆敏锐察觉到阿根廷社会结构这一微妙变化并对劳工的政治潜力做出了比较准确的估计。正如学者史密斯（P. H. Smith，1974）所说："20 世纪 30 年代后期和 40 年代早期，领袖们……通过业已确立的宪法和政治制度为城市大众争取利益。1943 年前，他们每到关键时刻都会遭到居于统治地位的保守党阻拦，而他们表达诉求的制度，特别是国会，是衰弱和无信用的。在重要问题上，社会上动员起来的集团寻求政治参与，但却无法接近权力……庇隆走上政治舞台是恰逢其时。"②

为了抗衡强大的农牧业出口集团、跨国企业、工业寡头集团，庇隆政权必须争取包括劳工、民族资本家、中产阶级、军队和教会在内的最广泛社会支持。为此，庇隆将实现收入从农村向城市、从农牧业向工业再分配作为其民众主义经济政策的核心目标，并采取了限制外资流入，通过税收、汇率等政策工具使农牧业出口收入补贴工业化等一系列举措，其中一些具有鲜明的民族主义和改良色彩，如发展民族工业、加强基础设施建设、实行国家统一管制贸易

---

① Lars Schoultz, "the Populist Challenge"，转引自吕芳《制度选择与国家衰落》，中国政法大学出版社 2007 年版，第 68 页。

② Peter H. Smith："*Argentina and the Failure of Democracy*"，the University of Wsiconsin Press，1974，p. 92.

和对部分外资企业实施国有化等，都起到了限制大农牧业主和大出口商利益的作用。与此同时，最低工资制和奖金制度的实施，带来了劳工收入飞速增加；有利于中小型、劳动密集型企业的补贴信贷和关税保护维护并扩大了新兴民族资产阶级的利益。但从中产阶级和寡头资本家的角度来看，庇隆执政期间，工资上涨和社会立法太多，经济管制过度，对个人主义的宣扬破坏了中产阶级价值观。

民众主义的政策使劳工阶层成为社会中一个举足轻重的主体，并"出人意料"地广泛参与到政治、经济和社会各个领域中。劳工的地位和政治意识由此发生了翻天覆地的变化，这引起了中产阶层的恐惧和精英集团的不满。学者迪特拉（G. Di Tella, 1991）曾就此告诫到，"阿根廷制度中一个危险因素在于，经济上的右翼无法通过政党选举得到较好的保护。尽管激进党执政初期的举措并没有真正威胁到右翼的利益，但是右翼对这种毫无防备的状态感到十分不适，会产生推翻政府的欲望"①。尽管1955年庇隆政权就被推翻，但这段历史以及民众主义制度在阿根廷此后的历史中留下了难以磨灭的印记。对农牧业出口集团而言，1943年之前精英领导的、以经济地位决定政治权力的等级制社会是阿根廷的"黄金时代"，但对劳工而言，那是一个充满剥削和社会排斥的"黑暗时代"，庇隆执政后他们才有了参与政治、经济和社会事务的权利，其福利和社会地位才有了真正的提高，庇隆主义执政期特别是庇隆第一次执政时期才是阿根廷平等自由的"黄金时代"。这种分歧使得阿根廷在此后的长期发展中一直无法摆脱两种制度之争。在一国之内，在同一个中央政府管辖下，两个主要利益集团持有完全相悖的价值观并支持完全不同的社会经济结构，这使得任何政府都难以找到一种能够让社会各主要阶层都满意的制度，而农牧业出口集团和劳工集团都集中在布宜诺斯艾利斯地区更增加了两大集团产生冲突和摩擦的可

---

① Edgardo Cattergberg：*"Argentina Confronts Politics"*，Lynne Rienner Publishers，Boulder and London，1991，p. 57.

能性。鲁普（Noam Lupu y Susan C. Stokes）等学者对庇隆党和激进党两大政党的社会基础进行了分析，从图 3—1 中可以看出，以劳工为主体的社会底层在多数年份都坚定支持庇隆主义政党，而中产阶层和资本家则支持激进党。

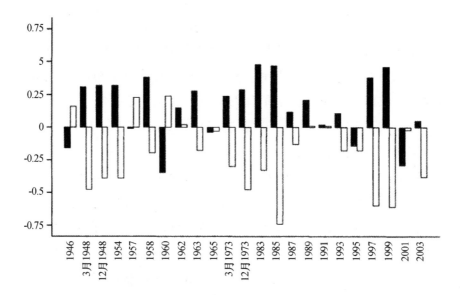

图 3—1   支持庇隆党和激进党的选票阶层分布情况（1946～2003 年）

注：图中黑色代表激进党支持率、白色代表庇隆党支持率，图上半部分为认字阶层而下半部分为文盲。

资料来源：Noam Lupu y Susan C. Stokes，"Las Bases Sociales de los Partidos Politicos en Argentina"，1912－2003"，*Desarrollo Económico*，*vol. 48*，*No. 192*，enero-marzo，2009.

新形势下，阿根廷形成了一个独特的社会阶层结构和利益格局，劳工集团和农牧业出口集团分列两端，跨国资本家、寡头资本家和民族资产阶级、中产阶级等集团依据利益共生关系分列其中。随着庇隆主义的兴起和进口替代工业化进程的发展，依赖贸易壁垒保护和财政扶持、产品面向国内市场的民族资产阶级、劳工、部分中产阶级（内陆地区为主）在庇隆主义的旗号下结成联盟，主要反对政府任何旨在提高经济开放度和效率的政策；而跨国资本家、农牧业主及由其发展而来的寡头资本家结成联盟，要求政府开放经济并实施自由化政策，这两大阵营的对抗构成"二战"后至今阿根廷社会的主要矛盾。但同时，劳工和民族资本家直接存在劳资矛盾和对庇隆主义主导权的争夺，跨国资本家由于其垄断地位和资金、技术优势，可以相对超脱的与其他阶层博弈，这进一步加剧了阿根廷资源分配冲突的复杂性和尖锐性。随着庇隆主义的崛起和反庇隆主义的形成，特别是在庇隆主义"精英—民众对立"的社会"两分法"刺激下，精英和民众"两极"之间的争端逐渐超出了单纯的经济利益之争，开始上升为政治制度、意识形态领域的对立，也就是阿根廷学者迪亚蒙德所提出的"钟摆"两端——民众主义和自由主义之争。社会各集团对基本制度规则缺乏共识，形成一种泛政治化的社会和零和博弈的政治文化。在"胜者通吃"的激烈博弈中，暂时被排斥的集团对比此前境遇，会产生一种"相对剥夺感"。当这种实际所得与期望值之间的差距超过可以容忍的程度，往往会引发政权合法性危机。在阿根廷，虽然各个集团都经历过相对剥夺，但反应并不相同，这与集团力量大小、组织程度以及凝聚力等因素密切相关。

1. 农牧业出口集团。该集团凭借其经济特权，主要通过拒绝将其农牧业产品出口（或拒绝将出口赚取的外汇兑换为阿根廷比索）、从国内市场撤出农牧产品两种策略施压。由于农牧业产品是国内主要消费品，其出口是最重要的外汇来源，因此上述举措对阿根廷经济影响巨大，能够造成汇率和通胀率大幅波动并阻碍工业生产和贸易的正常进行。此外，农牧业出口集团还可以通过农村协会直接对政府进行游说来影响国家的经济政策。但21世纪以来，阿根廷农牧业的"大豆化"趋势（大豆取代谷类、肉类等国内主要消费品成为主要出口产品）使得该集团难以继续通过制造食品短缺和通货膨胀对政府施压，不得不更多采取类似劳工集团的封路、罢工等直接抗议方式。

2. 跨国资本家。该集团主要投资受特殊保护的新兴产业，生产国内市场供不应求的产品，受政策调整影响较小，政治和经济立场相对较为灵活，其主要策略是通过在阿根廷的代理人（即对其存在一定依附关系的寡头资本家）直接游说政府。如果对长期政策不满，还可能借助美国等西方主要国家驻阿根廷的使节、国际金融机构以及国际舆论等对阿根廷政府施压。

3. 劳工。该集团主要通过工会组织起来，借助集体谈判、选举投票和罢工、游行示威等暴力手段达到其改善工作环境、提高工资和福利待遇等目标。首先，工会可以与企业进行集体谈判并以罢工为要挟达成满意的协议。这一做法可以直接在工厂或公司层面解决劳资纠纷，不需要政府介入，但其前提是劳动力相对于资本而言仍是稀缺的，政府在谈判过程中也需要保持中立。其次，发挥人数多的"票仓"优势，积极影响政党、游说国会，或者直接成立代表其利益的政党并通过选举使其成为执政党或主要反对党，这种做法意在通过出台有利于劳工的法律规定，使其在劳资争端中占据更有利的地位，但其前提是存在相对完备的代议制度、有效运转的政府和高度组织化的政党。在阿根廷，随着1943年庇隆主义的崛起，劳工对通过选票影响政局并维护自身权益有了越来越清醒的认识。在1946年以后的几次选举中，庇隆主义候选人的选票大多都来自城市劳工。1958年，由于庇隆党被宣布为非法组织而无法参选，劳工集团依据庇隆本人的指示，转而投票支持佛朗迪西（Arturo Frondizi）并最终使其成为总统。1963年，为击败阿兰布鲁将军（Pedro Eugenio Aramburu），不少劳工又为伊利亚（Arturo Umberto Illia）提供选票支持。即使是上台转向新自由主义政策的梅内姆（Carlos Menem），其当选和连任总统也离不开劳工的支持。最后，工会还可以通过暴力或暴力威胁的非常规方式，如大规模罢工、示威和游行等，强迫政府满足其诉求。特别是在政府认为劳工有颠覆政权的危险而禁止其发挥选票优势的时期，劳工往往会转而采取大罢工、暴动甚至暗杀等极端方式表达其利益诉求。

4. 中产阶级。中产阶级在政治上立场较为保守且缺乏组织性，对农牧业寡头和劳工大众垄断国家政权强烈不满，渴望强有力的中央政府来保障其权益，有效抑制社会冲突、党派斗争和过度自由民主带来的负面影响。特别是当庇隆主义将广大民众政治动员起来、愈演愈烈的劳工和群众运动造成了社会混乱并危及中产阶级利益的时候，中产阶级往往会抛弃混乱的民主，转而向军队寻求庇护并支持军事政变。政治学者诺恩（Jose Nun, 1976）指出，自由选举曾经是中产阶级的梦想，但人数劣势使其无法在自由选举中取得胜利，因此，自由选举最终变成了他们的梦魇，无奈之下他们只好求助于军队的干预。[①] 亨廷顿认为，拉美军官主要来自中产阶层，这种身份定位使军官们面临重大事件并需要做出选择时，总是脱离不了这一阶层的价值取向和利益权衡。当政治的基本问题是取消寡头特权而让中产阶级掌权时，军队会站在改革一边；但当社会越来越进步，大众纷纷涌入政治领域时，军队则会变得越来越保守，不时干预政治，否决平民激进的政治参与。这是因为民众主义政党的组织方法可能会威胁军队作为国家利益监护人的统治地位。[②]

需要强调的是，将军人保护中产阶级利益归结为其来源于这一阶层理由并不充分，这一时期的阿根廷高级军官大都是第二代移民，其父辈主要是商人、白领、自由职业者和军官，可以说是来自中产阶级移民家庭。但出生于中产阶级家庭并不意味着这一群体的政治观点具有天然的一致性，长期生活于相对封闭的军营中对其政见的影响不容小觑。比如，阿根廷的海军更支持经济自由主义改革，因为其不像陆军和空军那样占有许多国家资源。尽管如此，军

---

① Jose Nun: "The Middle-Class Military Coup Revisited"，选自 Abraham F. Lowenthal, "*Armies and Politics in Latin America*"，Holmes and Meier Publishers，1976.

② ［美］塞缪尔·亨廷顿：《变化社会中的政治秩序》，王冠华等译，上海人民出版社 2008 年版，第 214—231 页。

队客观上的确扮演了中产阶级利益捍卫者的角色，特别是军队从未联合其他集团反对过中产阶级，而是在多数情况下加入中产阶级阵营，先是反对农牧业寡头，之后反对占据社会多数的底层大众。1930—1983 年间，阿根廷每一次较大规模的军事政变都可以看作是对民众主义恐惧的反应，特别是 1955 年政变后，防止正义政党赢得重要选举和庇隆重返政坛成为军队的一条重要红线。从这个角度看，阿根廷在庇隆主义崛起后出现的暴力都是以严重剥夺为基础，是经济利益受到威胁的底层劳工对其遭受的严重相对剥夺做出的反应以及社会地位受到严重威胁的中产阶级对所经历的严重相对剥夺做出的反应。劳工的反抗是为了改善自身生活水平和社会地位。而庇隆第一次执政期间提高劳工社会地位和经济福利方面的成功，是以其他社会阶层做出"历史补偿"为代价的，这直接威胁着中产阶级相对优越的社会地位，使他们宁愿忍受专制下的安全也不要民主下的混乱，并转而向军队寻求庇护。

第二节　断裂状社会在制度变迁中的作用

一　社会结构对进口替代工业化时期制度变迁的影响

庇隆第一次执政期间，近 10 年的经济民族主义和民众主义实践留给阿根廷两大影响深远的"遗产"：一是人数众多且被政治上动员起来的劳工集团和人数少但掌控国家经济命脉的农牧业出口集团；二是一个严重依赖政策支持和过度保护但能够促进就业和稳定的"工业世界"，以及一个出口创汇能力迟迟得不到提高且容易受国际市场价格波动影响的"农牧业世界"。庇隆在处理这一问题时存在的一大悖论在于，他在言辞上猛烈抨击农牧业出口集团，将控制阿根廷经济的国内寡头和外国帝国主义势力称作新阿根廷的两大敌人，自诩为罗宾汉并宣称其建立的新阿根廷不属于过时的寡头，这引起了这些集团的敌意和愤怒。但在产权结构这一关乎制度变迁的核心问题上，庇隆却没有真正削弱这些集团的权力。尽管庇隆多次公开表示将积极推动对大地产进行再分配，但大规模、彻底的土地改革并没有出现。1946—1950 年间，庇隆政府通过赎买等方式向农民转让了 45 万公顷土地，但受益家庭仅为 3200 个，与全国超过 100 万户无地家庭相比，这一数字微不足道。① 农牧业出口集团所受影响不大，社会转型依然是困扰"新阿根廷"的最主要问题。阿根廷经济学家巴苏阿尔多（Eduardo M. Basualdo，2013）在评价庇隆经济改革时谈到，"尽管庇隆主义对铁路等基础设施实施了国有化，并通过调整相对价格实现农牧业收入向市民和农民转移，但在削弱农牧业寡头的经济命脉——土地产权上进展不多"②。

20 世纪 30 年代阿根廷走上进口替代道路是在当时国际形势逼迫下做出的选择，是为了维护农牧业比较优势采取的"权宜之计"带来的间接和不自觉的结果。庇隆上台后，为了缓解强大的农牧业出口集团和跨国资本家对其政权的潜在威胁，积极实施以非耐用消费品为基础的进口替代工业化战略，试图摆脱不平等交换和贸易条件恶化的痼疾，同时满足其福利主义分配政策的需要，巩固和扩大劳工的政治支持。从社会阶层结构来看，庇隆的崛起，实际上意味着新兴的工业资产家、军队的一部分（主要是陆军）、天主教会和劳工集团组成的跨阶层联盟的胜利。联盟的主体是劳工集团，但领导者却是军官和部分民族工业资本家。他们借庇隆政府之手推行了被称为进口替代工业化的新发展模式，即通过国家的"干预之手"和"福利之手"，一方面大力发展轻工业以满足国内市场需求，另一方面通过实行有利于工薪阶层的再分配举措不断提高国内消费能力。但构建"干预——福利"型国家需要国家同民众特别是劳工集团建立新的契约关系，其中国家承认劳工集团的政治和社会权利并承诺大幅提高其生活水平和劳工条件，劳工集团则承诺通过国家承

---

① 肖楠等编：《当代拉丁美洲思潮》，东方出版社 1988 年版，第 249 页。

② Eduardo M. Basualdo："Estudios de Historia Economica Argentina"，p. 48.

认的工会组织"有秩序地"参与政治以实现自己的社会权利，而集体谈判机制和基层工会组织的建立从根本上改变了劳资之间的关系。尽管庇隆政权1955年被政变推翻，但劳工集团权力意识的觉醒和工会势力的壮大已经不可逆转，在此后相当长一段时间里，阿根廷的经济精英、军队和传统政党力量对工会组织和劳工权利的压制与劳工集团的反抗成为庇隆主义与反庇隆主义博弈的重要社会基础。

为了扶持"幼稚产业"，政府一方面高筑贸易壁垒，抵御外国产品的竞争，另一方面通过操控汇率、税率、对农牧产品征收出口税等方式维持工业生产的利润率，避免出现破产、失业等问题。庇隆还对食品和能源等生活必需品特别是谷物、肉类等主要消费品的价格进行管控，避免其价格上涨引发劳工阶层和普通民众的不满，但这种对农业缺乏投入且人为压低农牧产品价格的做法，使得国内工农业产品之间的价格剪刀差不断扩大，再加上国际市场农产品价格变幻莫测，农牧业主的生产积极性和投资意愿受到严重打击。长期投资的不足造成阿根廷"粗放型"农牧业难以向技术和资金更为密集的工业化农业转型升级，限制了农产品出口量和农业生产率的进一步提高。同时，农牧业出口集团为了维护自身利益，开始逐渐利用其控制交通和贸易渠道等优势，寻求与跨国资本家结盟，成为"多种经营"的寡头资本家。

尽管进口替代工业化发展模式在其初级阶段（也称"容易阶段"，以替代非耐用消费品为主）一度造就了10多年的经济增长"黄金周期"，但从20世纪50年代中后期开始，这一模式的固有缺陷日益显现，特别是由于片面强调进口替代，阿根廷国内市场相对狭小的瓶颈效应制约着出口部门的进一步发展，造成国际收支状况迟迟得不到改善。这一时期，进口替代工业化因其种种缺陷开始遭到多方面批评，其中拉美结构主义代表人物、阿根廷经济学家普雷维什的观点最具代表性和影响力。普雷维什（R. Prebisch, 1982）

认为，通过进口替代工业化扭转国际收支不平衡并非长久之计，如果进口需求的增加没有伴随着同等数量的出口增长，那就会导致经济再度被外部环境扼杀。[①] 从社会层面来看，进口替代工业化进入第二阶段（即以替代耐用消费品和资本货物为主的'艰难阶段'）后，由于对国外资本和技术的依赖越来越大，加之阿根廷汇率政策变动频繁，跨国资本家有机会进一步扩大其在阿根廷的基础和核心工业部门中的垄断地位。学者卢波（R. G. Lupo, 1972）研究这一现象时发现，"本土企业为了提高效率需要从"中心"国家引进技术，同样地，更新设备和采购本土无法生产的原料使本土企业对跨国企业负债，而当企业自身发展和汇率周期性大幅下跌使其无法履行偿债义务时，就不得不向跨国企业出让股权"。[②] 这为随后阿根廷的发展模式转向正统自由主义和新自由主义，以及通过实施大规模私有化换取跨国资本家集团支持等做法埋下了伏笔。从表 3-2 中可以看出，到正统自由主义改革前的 1973 年，外资企业产值已占到 41%，雇佣工人数量也与民族资本企业相差无几。

表 3—2　　1973 年阿根廷雇佣百人以上各类企业数量、产值和雇工数

单位，家、百万比索、百分比

类型	企业数目		产值		雇工数	
	个	百分比	百万比索	百分比	人	百分比
国有企业	81	11	18.55	17	94816	18
外资企业	227	30	44.52	41	175333	34
民族资本企业	363	48	30.74	28	189062	37
工业寡头企业	91	12	14.98	14	59361	11
总计	762	100	108.79	100	518572	100

资料来源：Eduardo Basualdo："Estudios de Historia Económica Argentina"，p. 85.

[①]　Raúl Prebisch："Hacia una dinámica del desarrollo latinoamericano"，en "La obra de Prebisch en la CEPAL"，selección de Adolfo Gurrieri，FCE，México，1982，p. 193.

[②]　R. García Lupo："*Contra la ocupación extranjera*"，Buenos Aires，1972.

　　而此时阿根廷等拉美国家面对外界对其保护主义政策越来越多的批评，采取了竞争性货币贬值、降低贸易壁垒和吸引外资等举措，外资的大量流入和阿根廷国内资产价格的下降进一步加剧了跨国资本家并购本国企业。由于政府事实上采取了有利于民族资本家的区别汇率，开放化政策并没有招致这一集团的强烈反对，但此举可能带来的输入性通胀引起了劳工集团的恐惧，他们放弃与民族资本家的联盟，发动了"科尔多瓦"大罢工，最终迫使政府改变政策，提高工资福利并调整对外资的态度。1973—1976年庇隆主义政权短暂"回归"期间，其加快推进工业化并试图借此将经济主导权从寡头资本家转移至民族资本家的做法，加剧了以农牧业出口集团为主的寡头精英集团的不满，最终导致1976年政变的爆发。政变后上台的军政府除了对内实施"国家恐怖主义"并大力压制劳工权益外，还将此前投资的重点从推动工业制品的生产转移到谋求金融收益，这进一步确立了跨国资本家和寡头资本家对劳工和民族资本家集团的优势，并造成了去工业化迹象。由于20世纪70年代末出现的一系列外部不利因素，上述举措并没有带来外资持续流入的预期效果，反而随着农牧业出口的危机，使经济陷入"恶性循环"中。

　　应该看到，庇隆政府采用高福利分配政策回报并维持劳工对其政权的支持，造成公共开支不断扩大，财政赤字直线上升。用农牧业出口收入补贴工业化的做法，使得经济繁荣期时由于国内民众对牛肉和小麦消费量的上升，其出口份额遭到挤占，这引发了国际收支失衡和通货膨胀压力增大，使经济危机在20世纪50年代就初现端倪。降低通胀要求调高汇率和控制货币发行量，这会导致一部分收入再次转移回到农牧业出口部门，并可能引发经济增速放缓，从而出现"滞涨"。紧缩政策只是平衡收支的政策性工具，并不能从根本上解决这一结构性失衡问题，在一个各个利益集团都被广泛动员起来的社会，稳定化政策带来的食品价格上升、货币贬值、工资冻结和失业率上升等问题会引发劳工集团的强烈不满，强行推进会引发政治和社会动荡。由于阿根廷国内劳动力资源相对紧缺，工会活动十分活跃，即便是在官僚——威权主义政府统治时期，劳工工资的下降幅度都明显小于中产阶层。农牧业产品相对价格的提高还意味着工业部门的损失，但不同工业部门所受的影响并不相同。跨国资本家和工业寡头由于其产品较高的利润率能够实现收支平衡并获得剩余，双方凭借自身雄厚的实力仍可从国有银行获得信贷，还能在工业相对萧条时期趁机兼并行业内其他企业以巩固其垄断地位。民族资本家由于其企业规模有限且主要针对国内市场，所受打击通常是非常致命的。从社会层面看，进口替代模式向出口导向模式转型，需要降低人为抬高的汇率，并实行更有利于出口而不是扩大内需的政策，这会损害在进口替代第一阶段获益的民族资本家的既得利益。模式转换短期内还可能增加失业，这会促使劳工集团和民族资本家结成"防御性"联盟，以"公平正义"和"民族主义"为旗号，要求政府继续保持扩张性财政和货币政策并加大干预经济的力度，稳定汇率，扶持中小企业。劳工和民族资本家结盟影响了进口替代工业化模式的发展和转型，也使得跨国资本家与农牧业出口集团无法结成稳定的联盟，但民族资本家与劳工间的联盟本身是脆弱的，这一方面是因为双方天然存在着劳资矛盾，同时劳工和民族资本家都有可能与政府或跨国资本家单方面达成妥协。

随着工业化建设的全面铺开和不断深入，阿根廷对资金的需求量不断增加，但由于其收入严重依赖农牧业大宗产品出口，从20世纪50年代初期开始，持续"以农补工"造成出口收入年增长率出现明显下降，从5%转为−8.8%，[①] 外汇短缺的压力迫使政府不得不加大引进外资的力度。庇隆政府1953年就颁布了《外国

---

① ［英］莱斯利·贝瑟尔主编：《剑桥拉丁美洲史》第5卷，当代世界出版社2000年版，第291页。

投资法》，放宽对外国投资的限制，此后，佛朗迪西政府的《外资法》提供的优惠更多，而引进的外资主要来自外国直接投资和向国际金融机构及私人银行的借款。为了加快发展制造业和加强基础设施建设，政府还在一些关乎国家安全的"战略性"部门和私人资本无力进入的资本密集和技术密集型部门直接组建国有企业。比如，在20世纪40年代，政府就先后成立了国家煤气公司、水利电力公司、铁路局、索米萨公私合营钢铁公司、国家电信公司等。[1] 受此影响，阿根廷逐渐形成了"三足鼎立"的新经济结构，"三足"分别为跨国公司控制的部门、国家控制的部门、寡头和民族资本控制的部门。其中跨国公司主要投资于有特殊扶持和保护的新兴部门，专门生产国内市场上供不应求的产品，这使得阿根廷的工业部门复制出一种类似欧美发达国家的消费和技术模式。进口替代工业生产出的产品主要是面向国内相对富裕阶层的消费品，而以劳工为主体的社会中下层民众受大地产制的制约，在一次分配中处于绝对劣势，这影响了其收入的提高。消费能力的不足使这个庞大群体被排斥在市场之外，这反过来又影响了其从工业化中获得足够收益。新的经济结构仍然没有摆脱对农牧业大宗产品出口的依赖，需要依靠其创汇偿还外债和积累工业发展所需的资金，而这种依附性恰恰是实施进口替代模式所想要根除的。跨国资本家一方面与民族资本家同属资本阵营，出于发展工业和控制通胀等考虑，其反对农牧业产品价格和劳工工资的提高。但由于跨国资本家深度融入全球贸易和价值链，其与农牧业出口集团都倡导自由主义理念和经济市场化、开放化。这种错综复杂的利益关系使跨国资本家在经济政策主张上"见风使舵"，在政治上也日益成为"不倒翁"，并能够利用阿根廷政府不断加大引资和举债力度的契机巩固其影

---

① 苏振兴、徐文渊主编：《拉丁美洲国家经济发展战略研究》，北京大学出版社1987年版，第46、85、86页。

响力。

表 3—3　　　　　　　　　阿根廷主要集团经济政策趋向

	代表组织	工资	汇率	农牧产品价格	国内经济	对外经济
农牧业出口集团	农村协会	高	低	高	自由	开放
跨国资本家	工业协会	低	低	低	自由	开放
民族资本家	经济总联合会	低	高	低	干预主义	封闭
劳工	劳工总联合会	高	高	低	干预主义	封闭

从上表中可以看出，在这个特别的利益格局中，任何两个相邻的集团都存在着共同利益，存在着结成联盟的可能。但不同利益集团之间的冲突和对立也是显而易见的。劳工和农牧业出口集团构成了这一利益格局谱系的两个极端，民族资本家和跨国资本家多数时期依据其共生利益关系分别与劳工和农牧业主结盟，但资本家内部、劳资之间、劳工与中产阶级间在不同发展阶段和经济形势下存在不同程度的对立，这导致阿根廷的经济政策也呈现钟摆状特点。当摆到农牧业出口集团一边时，政府实施自由主义政策，如允许汇率浮动、降低关税、控制工资增长、减少政府支持和更重视农牧业发展等；但当钟摆摆到劳工集团一边时，政府就会执行民众主义政策，如加强对金融和外汇管控，压低农牧产品价格，提高汇率、关税和工资，增加政府支出以及重视制造业发展等。这种特殊的阶层结构使阿根廷国内出现了一个断裂状社会，其中各利益集团在政策选择上的冲突很容易波及政体选择，即任何集团都想竭尽全力"俘获"总统。由于总统选举 6 年才举行一次，任何集团在此期间如果对政策不满就会转而否定现行制度结构，阿根廷也由此开启了一个军人、文官交替执政的循环和混乱的时期，这一时期的政治进程主要是围绕着各政党和利益集团如何对待庇隆主义展开的。

在劳工阶层的支持下，庇隆主义政党掌控着 30%—40% 的选票，任何政治上有野心的集团对此都不能视而不见，而农民阶层的缺失，一方面造成任何经济停滞的后果都会直接转嫁到劳工集团身上，很容易激起其激烈反抗，另一方面使得劳工集团能够避免来自农村剩余劳动力的竞争，其社会地位更加巩固，议价能力更强。但承认庇隆主义以获取劳工集团的支持政治上并不可行，因为军队为避免正义党执政特别是庇隆本人重返政坛，会直接发动政变取消选举结果。政权频繁更迭和政策缺乏持续性波及经济稳定，经济形势恶化使得各集团的竞争更趋向于"零和博弈"。谁控制政权，就能够决定如何分配有限的"蛋糕"。政党行为短期化和选票最大化的取向使得各派政治力量都会务实地选择对庇隆主义支持者进行安抚和拉拢。因此在这一时期，新政府执政后往往表现出团结各阶级的和解姿态，但随后为了从经济衰退的泥潭中挣扎出来，就会迅速背叛与劳工集团的联盟，转而实施稳定化政策。从宏观角度看，民众主义政权采取的进口替代和福利赶超政策无法阻止经济停滞、国家收支逆差扩大，也无法满足民众日益高涨的要求。这是官僚——威权主义应运而生的前提。从社会结构的角度看，跨国资本家的羽翼日渐丰满则是官僚——威权主义出现的根本原因，即掌握着国家经济命脉和财富的少数人在政治斗争中占据了上风，并利用政权力量剥夺了多数人通过参与选举获得政治权力的机会。

二 社会结构对阿根廷"民主回归"后制度变迁的影响

1982 年，风雨飘摇中的阿根廷军政府诉诸民族主义，孤注一掷偷袭马尔维纳斯群岛，试图通过武力统一国土，赢回民众对政权的支持，但很快就遭到英国的武装干涉。战争的惨败迫使军政府自行终结独裁统治，自由民主制度再次"回归"。1983 年，激进公民党候选人阿方辛（Raúl Alfonsín）赢得"民主回归"后的首次大选，这是庇隆党成立后第一次在没有任何限制的民选中落败。阿方辛上台后即提出"全国和解"口号，积极争取正义党支持，并开始通过惩治侵犯人权军官以及将武装部队纳入民主秩序"双管齐下"的方式，解决军人干政的历史问题。但政治共识的凝聚并没有自动转化为政绩认同。这一时期的民调显示，庇隆党和激进党的支持者之间的意识形态分野渐趋模糊，双方更关心的已不是两党提出的政治口号和行动纲领，而是其执政是否更有效率，能否更好地改善国家经济和自身生活水平。也就是说，双方博弈的焦点逐渐转移到了治理经济和改善民生的成效上。在经济上，执政的阿方辛试图通过让各主要利益集团都为国家走出危机做出一定牺牲，避免以往实施稳定化政策引发劳工和中产阶级激烈反对的状况出现，并为此制定执行了旨在降低通胀的"奥斯特拉尔计划"①。汇率的稳定和经济形势的一度好转助长了民众的福利预期和再分配诉求，这增加了庇隆党候选人赢得大选的可能，各界开始对政府的信用和政策延续性产生怀疑，这引发了银行挤兑和本币抛售的"恐慌潮"。农牧业出口集团由于此前被迫承担稳定化政策的部分代价，于是在危机来临之际决定拒绝出售库存大宗商品换取外汇。汇率危机引发了经济和社会的连锁反应，民众对政府的失望和不满持续上升，支持正义党的劳工阶层和部分中产阶层（主要是教育界人士）趁机发起全国性大罢工和大罢教。在社会骚乱和军事政变的谣言中，阿方辛不得不提前6个月将政权交给赢得大选的正义党候选人梅内姆（Carlos Menem）。阿方辛黯然下台的原因是多方面的，包括竞选许诺落空、经济改革失败、军队问题悬而未决等，但最为关键的一点在于，外部强制因素迫使阿根廷的民主转型启动后，追求政治开明而联合起来的"多党"联盟即面临解体，政党和利益集团的激烈冲突很快恢复，而阿方辛选择不依靠任何一个利益集团或集团联盟，转而倚仗政党、政府和议会等"民主"机构，但这些机构面对社会仍是相对软弱和低效的，无法将社会中的主要利益集团自动纳入其中，而以

---

① 这一机会主要内容包括：一是改革币制，将沿用104年的阿根廷比索改为奥斯特拉尔，提高新币币值（新旧货币兑换比为1∶1000，1奥斯特拉尔约合1.25美元）；二是停止扩大货币投放量，同时冻结工资、基本食品价格和公共事业收费标准；三是对国家控制的钢铁和石化公司实施全部或部分私有化；四是精简各行政部门人员。

农牧业主、劳工等为代表的利益集团仍掌握着实质性的政治权力。

阿方辛的失败和梅内姆的异军突起，一定程度上也可以看作是自由民主制特别是现代政党制度不适应阿根廷社会结构的反映。1983年自由民主制"回归"后，正义党和激进党顺应这一时期的国际潮流和国内民众呼声，"不约而同"地开启了向现代西方政党转变的进程。激进党领袖阿方辛赢得大选并带领阿根廷实现民主重建与社会和解后，并没有利用其执政威望仿效伊里戈延将自己打造为魅力型领袖，反而通过实施奥斯特拉尔计划不断扩大内阁权力，更多依靠技术官僚和职业政治家执政。庇隆党在1983年和1985年连续两次选举失利打击下，随着党内革新派的兴起，逐渐扬弃以往的运动主义传统和职团制结构，开始加强政党机制建设并直接诉诸普通党员，这给了正义党籍的省市长利用地方行政资源建立新型庇护——依附关系的可乘之机，地方领袖开始逐渐取代工会领袖成为庇隆主义运动新的支柱。自由民主制"回归"后，正义党和激进党都简单地认为，新的民主机构能够充分反映各社会阶层的诉求，依赖技术官僚和职业公务员足以协调解决复杂的社会矛盾。但随着经济危机开始向社会领域蔓延，日益职业化、官僚化且与社会更加疏远的两党，根本无力协调和解决日益尖锐的社会矛盾，各阶层对两党的政治认同均不断下降。在这种形势下，正义党籍里奥哈省省长梅内姆联合被革新派边缘化的党内正统派和工会势力，借助首次党内直选成为正义党总统候选人，并最终凭借其执政地方时展现出的个人魅力以及新自由主义纲领赢得大选。

20世纪80年代，阿根廷的经济社会发生了重要变化，金融资本快速崛起，民族工业不断衰败，粮食取代肉类成为主要出口商品，资本的日益强势及其流动性增强使得跨国资本家和金融资本家占据社会统治地位，资产阶级内部的传统矛盾趋于缓和。中小制造业企业大批破产，导致产业工业特别是首都地区的劳工人数大幅减少，阿根廷历史上首次出现了大批的剩余劳动力。中产阶层想方设法将储蓄兑换为美元，虽然在一定程度上维持了原有生活水平，但对现状日益不满。传统政党尽管加强了民主化和机制化建设，但并没有改变同社会的联系方式，代表性的不足使社会主要阶层继续通过农村协会、工业协会、全国总工会等组织直接同政府谈判协商。1983 年大选失利后，革新派从工会手中夺取了庇隆主义运动的领导权，开启庇隆主义从政治运动迈向现代政党之路。与此同时，庇隆党和激进党都延续了以往国家主义、民族主义和重视再分配的经济政策，这使得两党无法同掌握国家经济命脉的跨国和金融资本家建立起紧密联系，而传统上代表这一阶层利益的民主中心党因无望赢得大选而遭到抛弃。1989 年大选中，正义党候选人梅内姆和激进党候选人安赫罗兹都选择放弃两党原有的政策趋向，"争先恐后"地提出了当时国际上风头正劲且迎合跨国和金融资本家集体诉求的新自由主义政策。考虑到阿方辛政府陷入经济危机中，这一阶层最终选择支持历史包袱更少的梅内姆。

梅内姆在党内正统派和工会势力支持下才得以赢得党内初选和大选，其本人也曾自诩为庇隆接班人和"正义主义的改革家"。但 1989 年上台执政后，梅内姆却来了个 180 度大转弯，任命"Bunge & Born"集团（阿根廷农牧业出口和工业寡头）前高管罗伊格担任经济部长，在经济发展上遵循 IMF 倡导的"华盛顿共识"，放弃了庇隆主义以劳工和民族资本家为主要政治基础、通过国家干预推动进口替代工业化满足这两个集团诉求的传统模式，转而实行以企业私有化、贸易自由化和金融开放化为核心的新自由主义经济改革。劳工阶层和工会组织一直是庇隆主义运动的社会支持基础，也是正义党政治资本的重要来源。梅内姆推行的新自由主义改革极大削弱了正义党内的价值认同，造成了党内分裂。为了减少党内反对派和劳工阶层对其背叛庇隆主义基本原则的批判和抵制，梅内姆一方面利用行政权力打压党内革新派，同时发起"去工会化"行动，通过挑动工会内部分裂对其分而治之；另一方面通过经济跨国公司化，积极争取跨国资本家和本国寡头资本家集团的支持，并将这一集团作为其政治资本的新来源。阿贝莱斯等学者（M. Abeles, K. Forcinito y M. Schorr, 1998）就此评论道："此前对私有化进程的分析足以证明，本土利益集团的巨大影响力及其对国家的控制力，或者说，不管是金融性还是生产性的跨国资本，都需要与本土的经济精英结盟，才能成功参与私有化进程，而国家机器则沦为为这两个集团服务的工具。"① 阿根廷民众基于对实现经济增长和遏制恶性通膨的期待，对梅内姆政权暂时保持了容忍态度。

为了回应民众诉求，巩固执政基础，梅内姆建立货币局制度，以法律形式固定汇率并禁止货币滥发，一举结束了货币贬值和通胀高企的"恶性循环"。稳定的货币政策和大规模私有化带来的机遇，刺激了国内企业界特别是跨国公司的投资欲望，外资大量涌入拉动经济取得连续数年的高速增长，梅内姆的个人威望不断提升，政府的治理能力也得以恢复。而梅内姆将运动主义和新自由主义这两种具有内在矛盾的治理方式捏合在一起的做法开始取得令人吃惊的成效。在 1991 年 9 月的议会选举中，梅内姆领导下的、高举新自由主义旗帜的正义党取得出人意料的巨大胜利。特别是精英、劳工两大集团和中产阶层都大规模投票支持梅内姆，这在阿根廷建国以来尚属首次。

劳工集团作为私有化和精简政府机构等改革举措的最大受害者，尽管对短期利益受损不满，但很大程度上延续了忠于庇隆主义和追随领袖的传统，普遍相信了领袖关于劳工将随着现代化进程的推进获得更多长期收益的承诺。如果说劳工集团对梅内姆的支持更多是出于过往的"感情"，是混沌和矛盾的，那么精英集团的支持则是清醒的和经过周密计算的。梅内姆的新自由主义改革与精英阶层坚持的自由主义主张一脉相承，大规模私有化更使其获益匪浅。最为重要的是，梅内姆的改革造成失业增加、劳工收入普遍下降、

① M. Abeles, K. Forcinito y M. Schorr: "Conformación y consolidación del oligopolio de las telecomunicaciones en la Argentina", *Revista Realidad Económica*, *No. 155*, Buenos Aires, 1998, p. 66.

去工业化以及国家机构和职能萎缩等一系列后果，但并没有激起劳工集团的明显反抗。精英集团由此意识到，通过支持梅内姆，有望在阿根廷近代史上首次将自由主义打造成为各阶层都认同的"统一思想"，从而扭转其因人数稀少而无法通过民主选举赢得政权的劣势。新兴中产阶层标榜政治独立，历史上一直坚决反对庇隆主义，是激进党和其他中小政党的坚定支持者。但随着时代潮流的演变，梅内姆执政初期的反体制、反传统政治以及私有化和市场化等主张在意识形态上迎合了中产阶层对自由和独立的追求。梅内姆巧妙利用新兴的大众传媒，通过与中产阶层为代表的市民阶层建立直接联系，将领袖的个人品质、政府机构的效率置于回应民众诉求和实现政治目标之上，将新自由主义和运动主义结合的执政方式包装成破除落伍的"政党民主"的"良方"。

尽管梅内姆凭借货币局制度的成功，于1995年实现连选连任，但经济的一时繁荣并没有解决经济社会的结构性问题。梅内姆将跨国资本家视为新的政治资本来源，允许其进入金融、能源、公共服务、交通、电信、通讯等国民经济的几乎所有重要部门并形成垄断，放任外资私人银行资产大幅扩张并控制整个金融体系，这一时期阿根廷成为拉美国家中经济跨国公司化最为彻底的国家。在跨国资本家和寡头资本家的巨大影响下，政府的私有化政策沦为上述集团攫取利益的工具，根本谈不上对外资加以引导和规划，这造成跨国公司的投资以低价并购阿根廷国有企业为主，并购集中于基础工业和公共服务业等"战略性"部门中，对提高生产和出口能力意义不大，反而造成了国内市场垄断的进一步加剧和本土企业的衰落。外资企业将利润和资本汇回国外母公司导致阿根廷对外支付持续增加，国际收支状况也有所恶化。跨国资本家垄断了诸多重要行业后成为更加强大的利益集团，并同其母国政府相互配合，开始左右政府的经济政策。跨国资本家游说政府实现利润最大化，使得阿根廷逐渐偏离了发展的轨道。

激进的私有化滋生了腐败，改革进程的受益者集中于跨国资本家、本国工业寡头和上层官僚，这造成贫富差距的扩大和收入分配不公的进一步加剧。梅内姆政府尽管背离了劳工阶层，但出于维护政治和社会稳定等考虑，并没有进行深层次的劳动力市场改革。强大的工会势力继续把持劳动力市场并拒绝消除就业壁垒，僵化的劳动力市场不仅造成工资水平居高不下，形成所谓的"阿根廷成本"，还造成失业率节节攀升。民族资本在跨国资本家和劳工集团的双重挤压下，处境艰难，特别是货币局制度使得政府无法通过汇率贬值来提高出口竞争力和拉动内需，贸易自由化并没有带来出口结构的改变，阿根廷仍然依靠农牧业为主的大宗产品出口创汇。贫富分化和失业人数持续增加不仅加剧了断裂状社会的阶层对立，还迫使政府不断增加转移支付力度和社保支出，造成财政赤字持续扩大。由于无法通过加印钞票填补赤字，梅内姆政府不得不向国外大量发行债券。1997 年东亚金融危机和 1998 年俄罗斯金融危机使国际资本出于避险考虑，纷纷向发达国家特别是美国回流，致使阿根廷信贷条件开始恶化并陷入经济衰退。1999 年，最大邻国和主要贸易伙伴巴西的金融动荡和巴西货币急剧贬值使阿根廷更有唇亡齿寒之感。此时接替梅内姆上台的保守派总统德拉鲁阿（Fernando de la Rúa）只能疲于应付其留下的烂摊子。由于国外投资者担心政府偿债能力不足而不愿继续提供贷款，阿根廷无法借新债偿旧债，只好求助于IMF。IMF 在提供低息贷款的同时，要求阿根廷政府采取稳定化政策降低财政赤字，但政府在经济繁荣时尚没有大幅削减政府开支的政治勇气，经济奄奄一息之时更无法承受紧缩性政策带来的政治和社会动荡。尽管德拉鲁阿重新起用了梅内姆第一任期时的经济部长卡瓦略，并宣布实行"0 赤字"的激进紧缩政策，但在正义党、劳工集团和中下层民众的强烈抵制下无果而终。最终 IMF 停止输血，外资控制的银行体系拒绝继续注资，走投无路的德拉鲁阿总统被迫宣布辞职，阿根廷政府也在随后宣布暂停偿还 1320 亿美元到期债务。债务危机和经济危机引发了社会和政坛动荡，阿根廷在短短 10

天更换了3届政府共5位总统。

从内外环境看，梅内姆"背离"庇隆主义既是对1983年和1985年正义党两次大选失利的反思，也是对20世纪80年代兴起的全球化浪潮作出的反应。特别是在进口替代工业化使阿根廷陷入80年代"失落的十年"后，东欧剧变和苏联解体更证明了计划经济模式是行不通的。在整个资本主义世界对新自由主义推崇备至、各国政府纷纷转型以搭上经济全球化"快车"的形势下，阿根廷政府很难做到另辟蹊径，选择市场化和对外开放的道路一定程度上是不可避免的。1983年自由民主制"回归"时，正义党和激进党顺应民众呼声，政治上开启了政党现代化和民主化进程，经济上仍坚持民族主义和工业化发展模式。但随着阿方辛经济政策的失败，1989年大选时两党候选人梅内姆和安赫罗兹顺应全球化潮流，都提出了新自由主义改革纲领。由于经济危机不断深化，日常生活受到影响的民众对自由民主制和传统的两大政党也经历了从希望到失望的巨大转变。梅内姆准确察觉并把握住了民意中这种"反体制"倾向，借助现代媒体的影响力和担任里奥哈省省长时积累的威望，以打破"既得利益格局"的改革者姿态赢得了民众的支持。新自由主义经济改革中，国有企业被拍卖，金融体系被外资控制，货币政策独立性丧失，政府调控经济的能力被严重削弱。尽管在此过程中，经济的市场化程度和产权明晰化有所提高，恶性通胀得以遏制，企业和金融体系的效率得到改善，但囿于劳工集团、农牧业出口集团、跨国资本家和寡头资本家集团"三足鼎立"的社会格局，贸易自由化并没有改变以农牧业大宗商品为主的出口结构，经常项目赤字仍然存在，大规模私有化为跨国公司进一步控制阿根廷经济金融命脉打开了"方便之门"，也加剧了收入分配不公和贫富差距，僵化的劳动力市场制约着内需的扩大和出口导向型制造业竞争力的提升。政府控制力的下降和结构性问题依然存在共同作用的结果，必然使阿根廷经济更容易受到外部冲击的影响。从这一点上，可以说是新自由主义改革"深化了"危机而不是"导致了"危机。帕勒莫（V. Palermo y M. Novaro，1996）等学者在研究 2001 年危机爆发的深层次原因时认为，"当前的问题是极端政治冲突和严重经济困难长期积累的结果，这一过程至少可以追溯到 20 世纪 70 年代中期，而那时的矛盾又可以倒退 30 年追溯至庇隆主义的产生，这最终让阿根廷陷入无法挽回的漩涡中"①。

三　基什内尔主义时期的社会结构演变与制度变迁

2002 年，在政治、经济和社会等多重危机中，正义党候选人杜阿尔德（Eduardo Dualde）获得议会绝大多数议员的支持，临危受命接任总统。他上台后即开始调整梅内姆倾向跨国资本家集团的货币局政策，转而应农牧业出口集团和民族资本家的要求，实行货币贬值和有利于中产阶级的双轨汇率制度（即商业汇率为 1.4 比索兑 1 美元，自由汇率最初定为 1.7 比索兑 1 美元，但很快就超过 2 比索兑 1 美元）。杜阿尔德原本希望允许小储户（20 万美元以内）提取其美元储蓄，但最终通过的《兑换制度和公共应急法案》却按 1 : 1.4 的汇率将所有美元储蓄强制兑换为比索并为此给予私人银行补偿，这实际上是将劳工和民众的收入转移至精英阶层。从深层次看，杜阿尔德政府已经开始将农牧业出口集团和民族资本家（被其称为"生产部门"）视为获得政治资本的重要来源，希望通过保持高汇率促进农牧业产品出口和国内工业生产，并为此积极争取 IMF 和私人银行的融资支持。为实现这一目标，政府宣布废除《经济补贴法》（旨在打击将资金从生产部门转移至金融部门的"掏空企业"行为），修订《破产法》并宣布 180 天内暂停受理破产申请和强制执行破产清算，允许银行把对储户的债务自愿转为公共债务，这些举措缓和了政府同银行界及国际金融机构的关系。但货币

---

① V. Palermo y M. Novaro："Política y poder en el gobierno de Menem"，Buenos Aires，Norma，1996，p. 36.

贬值和美元储蓄强制兑换严重损害了以小储户、退休人员和工薪阶层为代表的劳工和中产阶层利益，加剧了社会动荡，最终造成杜阿尔德不得不决定提前举行大选并宣布不参选。梅内姆带来的正义党内政治纷争，导致该党内部初选一度中止并最终出现正义党三个候选人同台角逐总统的局面。最终，圣克鲁斯省省长基什内尔在杜阿尔德的公开支持下和前总统梅内姆在第二轮竞选中退选的情况下，凭借22%的微弱支持成为新一任总统。

为巩固执政基础，基什内尔一方面留任前政府经济部长，延续杜阿尔德倚重农牧业出口集团和民族资本家的政策路线，同时注意改善同跨国资本家的关系；另一方面吸取前政府金融改革等政策教训，将执政重点放在缓和社会矛盾和冲突上。经济上，基什内尔政府通过系统性介入外汇买卖保持高汇率，并通过价格管控、低工资和限制出口等方式保持低利率、低通胀的局面并不断恢复外汇储备。上述政策取得了一定效果。从2004年起，酒店、旅游等服务业和矿业等都有所发展，特别是农牧业技术水平和生产率有了较大飞跃。尽管基什内尔政府公开表示将大力推动以中小企业为基础的再工业化，但这一时期农牧业出口集团和工业寡头的垄断地位并没有实质性改变。基什内尔政府积极寻求与FMI和国际债权人达成新的偿债条件，并于2003年和2004年先后提出"迪拜方案"和"布宜诺斯艾利斯方案"。在社会方面，基什内尔吸取前任教训，尽量减少动用军警等强力手段镇压示威游行活动，转而采取"怀柔"和"分化"为主的策略，邀请20世纪90年代以来社会抗议中的激进分子"拦路者"运动领袖加入政府并给予其组织法人资格，试图建立一种新的庇护关系；同时通过社会发展部向中小制造业主和劳工提供各种社会补贴和培训项目，分化瓦解各类封路罢工运动团体。随着2003年农牧业大宗商品"黄金周期"的到来，阿根廷经济实现持续快速增长，失业率不断下降，这使得基什内尔的社会支持度日益走高，其领导的"胜利阵线"一跃成为正义党内最主要的政治力量并开始具有全国性影响力。值得注意的是，随着大豆贸易的繁荣，阿根廷的农牧业出口结构逐渐发生了变化，从图3—2中可以看出，从20世纪最后几年开始，大豆在阿根廷出口总额中的比重迅速上升，传统出口产品小麦和肉类的比重不断下滑。由于大豆不是民众的主要消费品，出口的"大豆化"对各阶层之间的力量对比及其相互关系产生了重要影响。一方面，出口"大豆化"使得农牧业出口集团无法继续通过减产和减少供应引起国内主要消费品短缺和通胀，基什内尔政府能够更坚定地推行农牧业出口补贴再工业化和社会支出的政策，同时这也进一步加剧了农牧业出口集团与市民和民族资本家集团之间的对立。另一方面，大豆出口收入仍受国际价格变动影响，阿根廷对外依附性的痼疾并没有改变，而基什内尔民众主义色彩浓厚的支出政策一旦启动就很难退出，这为此后一系列经济问题的出现埋下了隐患。

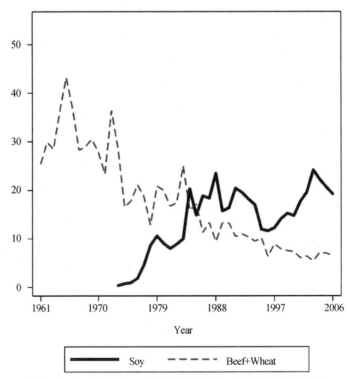

图3—2　大豆与谷物、肉类在阿根廷出口总额中的比重变化

Neal P. Richardson: "Export-oriented populism: commodities and coalitions in Argentina", *St. Comp Int. Dev.* 2009.

2005 年成功获得连任并巩固了执政基础后，基什内尔继续强化其"生产性"努力，开始加大再工业化力度，对新自由主义改革时期私有化的国企实施"再国有化"，并逐步放松低通胀的政策目标。2005—2007 年间，圣马丁城市铁路、国营煤炭公司和全国 85% 的自来水公司均被再次"国有化"。2004 年起，农牧业大宗商品国际价格持续上涨带来了输入性通胀，政府通过定期与国内主要农牧业生产和销售企业签订价格协议，抑制通胀快速增长。但从 2007 年起，这一举措的局限性就开始显现，政府不得不撤换国家统计和人口普查局负责消费者价格指数测量的人员，以此来改变消费者价格指数的测量方式并人为降低名义通胀率，这极大地损害了政府公信力，多个私人咨询机构开始自行测算实际通胀率。此外，由于基什内尔政府没有从根本上改变阿根廷高度累退的税制（消费税占税收总额比重达到 50%），贫困率和失业率的下降并没有扭转贫富差距扩大的趋势，在 2002 年以后的数年中，贫富差距状况均与 1974 年水平基本持平（Peralta，2007）。不过，上述弊端和局限的逐渐显露并没有阻碍基什内尔夫人克里斯蒂娜·费尔南德斯在 2007 年大选首轮中即以较大优势胜出，但却预示着此后政府再工业化的方针将会不断加剧与跨国、金融资本家和农牧业出口集团的龃龉。

2008 年国际金融危机爆发前夕，国际投机资本加速流动导致全球粮食价格暴涨，政府为抑制通胀出台第 125 号决议，对大豆、玉米、小麦和葵花籽四种产品出口税实行浮动税率并启动与牛肉行业的价格谈判。此举的初衷是为了减少农牧业大宗商品国际价格剧烈波动带来的冲击，保持高汇率政策的可持续性并避免经济"大豆化"趋势继续发展，但大幅提高大豆和葵花籽的出口税引起了农牧业出口集团的强烈不满，他们聚集在"农牧业联系圆桌会议"这一组织周围，发动了为期 129 天的全国大罢工并实施了封路、封锁港口等举措。在这场所谓的"农村抗争"中，可以看出"基什内尔主义"的支持者和费尔南德斯政权的社会基础已经逐渐转变为

2003年后得益于经济复苏和政策保护而发展起来的新兴中产阶级和市民阶层，支持和参加抗议活动的除了农牧业出口集团外，还包括与其有共生利益关系的运输业以及得益于近年来农牧业繁荣而迅速发展起来的"湿润的潘帕斯"地区的市民群体。谈判未果之后，政府执意将125号草案提交议会审议通过，这引发了执政联盟的内部分裂，激进党出身的副总统科沃斯在参议院表决中投出关键性的反对票，导致草案被否决。这场"抗争"最终以农牧业出口集团获胜而告终，同时也结束了基什内尔政府同精英集团的和谐关系。此外，"抗争"的一个间接结果是恶化了政府同寡头媒体的关系，特别是号角报业集团因其在"抗争"中倾向于农牧业出口集团的报道引起了政府的反感。

2009年，费尔南德斯政府卷土重来，宣布征收大豆出口特许权费并将该笔收入的30%用于成立"联邦团结基金"，此举被解释为旨在拉拢地方政治势力以便赢得与农牧业出口集团的斗争。政府还出台《媒体法》，以避免寡头垄断为由，将一家私人传媒企业所能占有的市场最大份额限定为三分之一，并将单个法人所能拥有的媒体许可证数量从24个下调至10个，这使得号角集团的反政府立场更为激进，并成为各利益集团向政府施压的重要渠道。这一时期，费尔南德斯继续推进其丈夫有选择的"再国有化"政策，其中最具代表性的是将阿根廷航空公司和养老金国有化，但由于跨国资本普遍不看好上述企业和养老金的盈利前景，上述国有化举措对政府与跨国资本家集团的关系影响并不明显。2009年议会和地方选举中，费尔南德斯政府与农牧业出口集团交恶的影响开始显现，执政党"胜利阵线"遭遇失利，丧失参议院多数席位，在众议院的议席数量也有所减少。特别是在布宜诺斯艾利斯省长选举中，马克里领导的"共和国方案"党和庇隆主义保守派联手击败了基什内尔领军的执政党联盟。

由于私人部门负债率和对外资依赖程度较20世纪90年代大幅

降低，2008 年国际金融危机爆发后，阿根廷受到的冲击相对较小，但资本外流和农牧业大宗商品价格走低仍对经济产生了深层次影响。在工业领域，跨国公司的全球收缩波及其在阿根廷的子公司，特别是汽车、制造业和建筑业的增长放缓直接影响了就业形势。为了确保就业和减贫成果，巩固并扩大新兴中产阶层和市民阶层的政治支持，政府继续扩大公共部门的雇员数量，加大社会民生领域投入力度。据统计，2003—2013 年，政府累计增加公共部门雇员近 100 万，全国最低工资累计增加 1300%，社会发展部用于社会计划和成立合作社的预算规模扩大了 1700%，社会保险覆盖率增加到 94.3%，居拉美国家首位。[①] 此外，费尔南德斯和"胜利阵线"为赢得 2009 年议会和地方选举以及 2011 年大选不惜代价，持续加大刺激经济力度和财政支出规模，到 2015 年费尔南德斯卸任总统前，政府财政赤字占 GDP 比重已达近 7%，远超国际警戒线。不断扩大的财政支出还成为推高通胀的重要因素，由于担心高通胀造成新兴中产阶层"返贫"、削弱政权社会基础并引发社会动荡，费尔南德斯政府在粉饰官方通胀率的同时，于 2013 年推出冻结物价计划，要求超市 500 种生活必需品暂时停止涨价并保持供应充足，否则将被停业整顿，要求石油公司不得私自提高成品油价格，这种动用行政手段压制物价的做法引起了民族资本家和跨国资本家集团的强烈不满。由于政府拒绝承认私人机构测算的通胀率并以此为基数进行工资集体协商，政府与主要工会的关系自 2011 年起也迅速恶化，成为阿根廷历史上少有的缺乏劳工支持的庇隆主义政权。此外，经过多轮谈判，阿根廷政府同 93% 的国际债权人就 2001 年危机期间政府无力偿还的债务达成了重组方案，即将到期债务换为期限更长、利率更低的新债券，但部分对冲基金和个人投资者（被称为

---

① José Miguel Sanhueza de la Cruz："Estado y modelo de desarrollo en Brasil, Chile y Argentina-Conformación de alianzas sociales y el carácter de la acción estatal", *Memoria para optar al título profesional de Sociólogo*, 2012 Diciembre, Universidad de Chile, pp. 149 – 150.

"秃鹫"基金）拒绝接受这一方案，要求政府偿还全部债务本息并将其上诉至美国联邦法院。债务重组久拖不决，导致阿根廷难以从国际市场获得融资，保持外汇储备规模和稳定汇率主要依靠大宗商品价格高企带来的贸易顺差。但国际金融危机后，大宗商品特别是大豆价格持续走低以及政府动用外汇储备偿还部分外债等做法，致使阿根廷外汇储备锐减，本币贬值和资本外流的压力不断增加。为此，费尔南德斯政府一方面加强贸易保护和限制政策，并在2014年底宣布对100种商品征收35%的进口税。为遏制成品油进口的快速增加，政府还将雷普索尔－YPF公司51%的股份收归国有。但与进口替代工业化时期相似，进口限制措施对推进再工业化效果有限，替代性生产增加了中间品和原材料进口，为平衡国际收支带来了新的压力。过度的贸易保护还阻碍了国内需要进口支持的工业发展，导致生产成本增加，加剧了通胀和部分商品短缺的问题。另一方面，政府不断加强外汇管制，限制居民购汇和国内贸易中使用外汇，禁止外国公司将营利汇回母国。外汇管制极大限制了民众出境旅游、海外消费和耐用消费品需求，打击了房地产和建筑市场，给外贸和外资带来更多阻碍和风险，引起了中产阶级和跨国资本家的不满，阿根廷出现了与官方汇市平行的外汇"黑市"。随着国际金融危机影响不断发酵，特别是大宗商品价格短期内难以回暖，阿根廷经常项目和资本项目赤字不断扩大并进一步加大了通胀和货币贬值的压力。面对不利局面，费尔南德斯政府不断加强对经济和金融的管控和干预力度，由此形成了加大管控和经济恶化相互促进的"恶性循环"。

2015年大选中，反对派政党联盟"我们改变"候选人、布宜诺斯艾利斯前市市长马克里经过二轮选举击败"胜利阵线"候选人肖利，当选为新总统。外界普遍将此视为"基什内尔主义"的终结。马克里出生于阿根廷东部农牧业地区首富之家，年轻时步入商界，后弃商从政，其政党联盟主要代表了农牧业出口集团、跨国资本家、民族资本家和部分中产阶级利益。从选票分布也可以看出，马克里的支持者主要来自农牧业产区和工业重镇，而"胜利阵线"候选人肖利的支持者则来自南部和北部经济相对落后的省份。为顺应其支持集团的变革诉求，马克里竞选期间承诺，将使经历了基什内尔夫妇12年民众主义统治的阿根廷变得更加自由和开放。上任伊始，马克里即实施了一系列大刀阔斧的改革，取消汇兑限制并通过一步到位的贬值释放压力，通过大幅削减电力补贴并酝酿取消天然气补贴、裁减公共机构雇员等控制财政赤字，降低大豆出口税税率并取消玉米、小麦等其他农牧产品出口税，提高农牧业出口创汇能力。此外，马克里政府还积极谋求重返国际融资市场，主动恢复同"秃鹫"基金协议并就债务重组取得重要进展，改善同IMF、CAF等国际和地区金融机构关系并取得高盛、汇丰等国际私人金融机构的信贷支持。目前来看，马克里有关政策调整有利于稳定经济形势，但其面对的主要挑战仍是要找到经济社会改革计划所需的启动资金，尽快提振国内外投资者的信心并打通外部融资渠道，这也是中短期内决定马克里能否顺利执政的关键。而在社会结构分化和贫富差距扩大的背景下，马克里能否打破传统利益格局，破解阿根廷发展的悖论仍需要进一步观察。

总体来看，基什内尔和费尔南德斯政府一定程度上恢复了国家对经济的干预，但并没有改变经济高度依赖农牧业大宗商品出口的结构性问题，这一问题反而因大豆种植和出口的繁荣而有所加剧。基什内尔执政时期，尽管其冻结物价、比索化等举措招致跨国资本家的反对，但其积极寻求同国际债务人谈判等灵活姿态一定程度上缓和了双方的矛盾。2003年起，大豆等农牧业大宗商品国际价格步入"黄金期"，基什内尔得以利用农牧业出口收入稳定汇率和通胀，补贴工业发展，并能够兼顾资本积累和满足民众诉求这两大目标。特别是非主要消费品的大豆取代牛肉和小麦成为主要出口品，更使基什内尔能够在不进行大规模再分配和不引发通胀的情况下，显著改善民众生活状况并建立起外向型的发展主义，这为其带来了巨大的执政声望和民意支持。民众和民族资本家对"基什内尔主义"给予高度肯定和拥护，跨国资本家和农牧业出口集团在繁荣期对其执政总体上也持容忍态度。

费尔南德斯借助其夫的执政声望轻松赢得大选并上台执政后，阿根廷开始逐渐走出危机后的恢复期。特别是 2008 年国际金融危机爆发后，大宗商品国际价格的持续低迷使得政府越来越难以兼顾积累和分配两大目标，迫使费尔南德斯加大同各类资本争夺利益，引发整个资本家集团的不满。政府在不利的外部环境中继续坚持农牧出口收入补贴再工业化，招致了农牧业出口集团的激烈反抗和执政联盟的内部分裂。美国学者里查德森（Neal P. Richardson, 2009）认为，基什内尔利用阿根廷出口结构从牛肉和谷物转向大豆的契机，恢复了农牧业补贴再工业化的政策，并积极实施竞争性汇率贬值以促进工业产品出口，是一种"出口导向型的民众主义"。但尽管大豆不是民众的主要消费品，汇率贬值不会引发通胀，使其赢得了底层民众、中产阶层和民族资产阶级的政治支持，但这一模式可能激化农牧业出口集团的不满，促使其进一步"抱团"并利用大宗商品价格高涨带来的经济实力复苏，形成反对民众主义的强有力集团，一方面，这一模式仍未摆脱传统的结构性困境，阿根廷仍需要依赖大豆等农牧产品出口创汇，而过高的社会支出最终仍会造成赤字失控。[1]

另一方面，随着经济形势的恶化，政府满足民众诉求能力的持续下降，特别是外汇管制和通胀高企很快激起了城市中产阶层和市民阶层的不满，而劳工群体的代际更替，以及梅内姆"背叛"劳工实行新自由主义改革，这些使得劳工集团对庇隆主义的传统认同日

---

[1]　Neal P. Richardson："Export-oriented populism：commodities and coalitions in Argentina"，*St. Comp Int. Dev. 2009.*

益淡化。阿根廷学者瓦雷拉（*Paula Varela*，2013①）就此评论到，梅内姆执政的 10 年间，正义党从一个以工会为基础的政党蜕变为以"依附—庇护"关系为基础的政党，而基什内尔夫妇执政的 10 多年间，庇隆主义形式上的回归并没有扭转新自由主义依赖劳工面对资本"节节败退"的状况……以"2001 年一代"为代表的新兴劳工阶层对 1989 年的恶性通胀以及 2001 年危机带来的大规模失业缺乏切身感受，与 1945 年以来劳工集团多数认同庇隆主义不同，他们没有固定的政治身份认同，普遍接触过左翼思想，将维护自己的各项权益作为政治信仰。最终，失去了社会基础的庇隆主义在 2015 年大选中失利。

①　Paula Varela："Los Sindicatos en la Argentina kirchnerista: entre la herencia de los 90 y la emergencia de un nuevo sindicalismo de base"，*ARCHIVOS de historia del movimiento obrero y la izquierda*，*No. 2*，2013，pp. 88 - 89.

第四章

阿根廷发展进程中国家制度和
行为的演变

20世纪30年代后，在殖民地传统和外来思潮的共同作用下，国家职团主义成为阿根廷政府协调和塑造社会的主要方式，而庇护主义则主导了阿根廷的社会关系网络。制度设计的缺陷和执行不力使得三权分立形同虚设，总统成为政治权力的中心和各集团竞相"俘获"的对象，首都独大加剧了各集团利益摩擦和冲突的可能，而政党制度缺失使得利益集团无法通过中介机构协调利益，"俘获"政府成为其维护自身利益的唯一选择。

第一节 职团主义与"勾结型国家"的产生

新制度经济学认为，国家是把双刃剑，既是一国崛起的决定性因素，又是一国衰落的罪魁祸首。国家学派认为，国家能够依据其偏好和能力制定政策和目标，而不是单纯地反映利益集团的利益诉求，即国家有一定自主性。阿根廷的国家政府在大部分时候与特定的利益集团相互勾结，并在不同时期摇摆于不同利益集团之间，其统治具有很大的随意性。按照日本学者青木昌彦的分类，阿根廷应属于周期性振荡的"勾结型国家"。① 这种类型的国家往往干扰阻碍市场和经济的长期发展，具有非对称性和剥夺性特征。由于现代市场经济和现代民主政治的本质是平等和自由，"勾结型国家"在本质上与现代化是不相容的，即使其中存在某种形式的市场和民主机制，也不可能建立起完善的市场机制和成熟的民主政治。从社会结构上分析，阿根廷建立在职团主义和庇护主义基础之上的社会关系结构可以看做是一种"垂直社会网络"。在这种依附性网络中，激励自上而下的单向实施造成庇护者和附庸者都会出现投机行为，使得社会信任与合作关系无法建立起来，妨碍了国家和公民社会之间的相对独立和互不干涉，而这些都是建立市场经济和现代民主政治不可或缺的。诺斯曾就此指出："庇护主义的持续存在……向政治市场的扩展一般会产生运作较差的民主，这种民主的特点是垄断、腐败、锁定目标的开支和总体上较差的经济和政治绩效。"② 美国学者普特南用"背叛、猜疑、逃避、利用、孤立、混乱"来形容庇护——雇佣关系，并认为，"就解决集体行动困境而言，垂直网络作用小于横向网络，而 19 世纪之所以证明资本主义比封建主义更有效率，20 世纪之所以证明民主比专制更有效率，上述事实可能就是其中一个原因"③。

阿根廷建国后的 70 年里，农牧业出口集团的"寡头统治"造成阿根廷的国家政权沦为这一集团利益的代言人，其自主性微乎其微，且长期拒绝外来移民为主的劳工和中产阶层"进入"政治领域。国家与社会中的多数人长期处于政治绝缘中，阻碍了这些移民的国家认同感和归属感，使得社会运动成为这些阶层影响国家并表达利益诉求的主要方式，这为阿根廷此后根深蒂固的民众主义提供

---

① ［日］青木昌彦：《比较制度分析》，上海远东出版社 2001 年版，第 156—161 页。

② ［美］道格拉斯·诺斯：《理解经济变迁过程》，中国人民大学出版社 2005 年版，第143—144 页。

③ ［美］罗伯特·普特南：《使民众运转起来》，王列等译，江西人民出版社 2001 年版，第 208 页。

了社会和政治土壤。无政府主义思潮使得劳工阶层具有很高的自主性和组织性，代议制民主制度的确立和工业化的发展最终使劳工成为"票箱民主"中的决定性因素，社会中多数人的政治权力和少数人的经济财富的对立带来了社会的分裂。在这种情况下，阿根廷的国家政权不是政治和经济发展的规划者和引导者，更多是作为社会矛盾的协调者出现。现代化进程的推进和民众政治热情的高涨加剧了农牧业出口集团与劳工、中产阶层、民族资本家之间的冲突和博弈。为确保原有社会秩序的稳定，农牧业寡头控制的国家不惜牺牲民主制度，通过舞弊和暗箱操作强行压制民众的政治参与诉求，最终导致军事政变的爆发和随后庇隆的上台。为应对农牧业寡头和跨国资本家对政权的威胁，庇隆认识到必须联合劳工，并通过职团主义结构将这一集团纳入国家政权中。

根据施密特的观点，职团主义结构中，利益集团可以在行业内建立一个国家承认并具有垄断地位的最高代表机构——职团，这一团体兼具代表作用和执行功能，有责任协调自身组织以满足国家的管制和其他要求，国家和各个职团间存在互动合作和相互支持的关系。施密特还对职团主义做了区分，将利益集团本身自治、国家充当集团间冲突调解者的体系称为社会职团主义，而国家将利益集团间的矛盾强行纳入其指定框架内并加以规制的体系则被称为国家职团主义。在阿根廷存在的这种国家通过监管利益集团整合国家和社会利益的情形进一步细分应该被称为国家行政结构的职团主义。1945年，庇隆颁布职团法，首次正式规定国家权力是所有官方承认的工会所必须依靠的力量，工会必须取得法律承认才能开展工作，强制雇主与工会打交道，这部法律既为工会直接进入政权提供了制度框架，也成为打击反政府劳工集团的有效工具。从制度角度来看，这一时期的职团主义结构是庇隆党——工会——劳工三者相互作用的制度框架，其中工会作为媒介，庇隆党对工会的约束力以及工会对劳工的约束力共同作用决定了这一模式的发展路径和最终结果。庇隆党对工会政治支持的依赖程度以及为此提供的利益回报大小之间的博弈、工会领导人谋求个人政治经济利益和劳工实现自身利益最大化之间的博弈决定了这一庇护关系的走向和具体内容。

尽管在国家与劳工集团关系中，两者是既互动合作又相互制约的关系，但从约束力角度来说，庇隆政权与工会之间是一种不对称的支配与被支配关系，国家在其中占据中心地位。在这一类似金字塔的结构中，政府处于权威的顶端，拥有强大的主导和控制力，各利益团体根据职能分类在国家统一协调下的秩序框架内，直接与国家相联系。职团主义结构为利益集团参与政治决策构建了制度化的协商合作渠道，在这种制度下，利益集团从多元主义模式下的相互对抗、竞争的压力集团转变为在同一框架内协调、协商的功能集团，并在内部建立起一种国家主导的科层制的社会和政治秩序。

职团结构作为一种连接国家与社会的渠道和制度形式，可以通过国家机器以强制性方式建立起来，但其长期存在和有效运转还需要依赖阿根廷传统中的庇护体系。在错综复杂的庇护关系网络中，越接近职团结构的顶端，恩主和恩客之间的关系就越复杂并表现出更多的政治色彩，恩客效忠恩主时所期待的除了物质回报，还会涉及权力分配、政治地位变化和政治斗争形势等，而越接近职团结构的底端，庇护关系就相对更加简单，恩客对恩主的效忠多是期待单纯的物质回报。庇护关系的维系和正常运转受到多种因素制约，其中恩主能够提供资源的多寡和恩客获得好处渠道的多寡作为“供需两端”是其中最重要的因素。比如，在进口替代工业化时期，政府直接控制着主要经济部门，可以通过进口许可、进出口补贴、产业扶持等方式支配资源，是劳资纠纷和农村纠纷的直接调停者和仲裁者。在代议制民主时期，占据人数优势的劳工集团成为各政党竞相拉拢和依靠的“票仓”，从而催生出消费性社会支出扩大和不切实际的福利承诺层出不穷的“选举经济”。

职团主义和庇护主义由于其模糊了利益集团和政府的界限，不利于利益集团彼此竞争实现政治参与的平衡，受到多元主义和现代政党政治的批判。但通过对墨西哥等拉美国家同时期历史的考察可以发现，在经济发展不平衡、政治发展程度较低的情况下，职团主义和庇护主义能够将潜在的反对派和异己的利益集团同化吸纳进入政权结构中，从而避免了其摧毁基本的政治和社会构架。美国学者考夫曼（R. R. Kaufman, 1999）就此论述道，"职团主义注重通过精英间协调谈判或将异己中的精英纳入官僚体系等行政手段，而不是用政治手段解决社会动荡问题，这客观上会虚弱政党的政治作用。通过这种方式，庇护主义不断侵蚀各种政治组织，助长了个人主义的竞选争斗。更值得注意的是，职团主义和庇护主义一定程度上能够代替政党规范不同环境下的公民和国家间交往"[1]。但遗憾的是，阿根廷特殊的社会结构使得政府缺乏对社会结构和外部环境变化的动态适应能力，无法像墨西哥政府那样在精英主义和民众主义之间交替转换，确保政权的和平交接以及在法律框架内运转。由于这种适应性会使各个利益集团产生"总统更换后政策就会有利于我"的期待，能够保证其在危机时遵守最基本的规则——允许游戏存在和参加游戏，这也是政权长期延续和制度稳定的重要前提。但形成这一前提是需要一定社会条件的，如果选举结果是致命的，而获得政治权力带来的报酬极高，那相互竞争的势力就会倾向于不择手段去争夺它，对游戏规则的认同就很难形成。西格尔曼和南姆（Lee Siglman and Syng Nam Yough, 2002）就指出，稳定的西方式民主的前提要求是"意识形态差距"不应过大。[2]

　　阿根廷的问题是，在断裂状社会中，各集团之间的利益极端对立，意识形态水火不容，各集团之间在政策选择上的冲突很容易就

---

　　① Robert R. Kaufman: "Corporatism, Clientelism, and Partisan Conflict," in James M. Malloy, "ed. Authoritarism and Corporatism in Latin America", p. 115.

　　② Lee Siglman and Syng Nam Yough: "Left-Right Polirization in National Party System: A Cross-National Analysis", *Comparative Political Studies*, *Vol. 11*, *No. 3* (*Octuber 1978*), pp. 355 – 381.

波及政体的认同。在职团主义结构中，由于缺乏议会和政党等中介，任何集团要维护和扩大自己的利益就要"俘获"总统。但是总统选举 6 年才举行一次，其间任何集团对政策不满或感到自身利益受到威胁，就会倾向于否定现行的制度结构。这造成了军事政变、有限选举和普遍选举这 3 种变革制度、通往政权的方式在阿根廷都有一定社会基础，并在 1930 年以来的历史中真实出现过：

1. 军事政变。1930—1932 年、1943—1946 年、1955—1958 年、1962—1963 年、1966—1973 年和 1976—1983 年这几个时间段中，执政者都是通过军事政变夺取并掌控国家权力，这一过程相对简单，往往是一支部队和几辆坦克包围总统府，总统被迫辞职并流亡，某位德高望重的将军接管政权。多数政变并不会卷入过多的暴力，军队并不是煽动者，也不是始作俑者。

2. 有限选举。一个集团或集团联盟夺取政权后，可以以当局名义发布命令，禁止其他党的活动或者通过暗箱操作和舞弊等争取选票。如 1932—1943 年间激进党被禁止参加选举，1955—1966 年间庇隆党被禁止参加选举，这一时期阿根廷的有限选举通常紧随军事政变之后出现。

3. 普遍选举。1916—1930 年、1945—1955 年、1983 年至今，这几个时间段里的执政者都是通过普选上台的，但这种外界公认的权力更迭的唯一合法形式，在阿根廷的现实中并没有得到足够的尊重和认同，在庇隆上台执政后至 1983 年民主回归这几十年间，只有庇隆第一次执政任满一届，其他经过普选上台的总统都被军事政变推翻。

1930—1983 年间的阿根廷政治令人眼花缭乱，每一次大选都会让人提心吊胆，民选政府和军事独裁频繁交替，但一个明显的趋势是文人政府的寿命越来越短，军政府把持政权的时间则越来越长。庇隆第一次执政持续了 9 年，弗朗迪西只有 4 年，伊利亚进一步缩短至 3 年，庇隆及其继任者再次执政只有区区 2 年 10 个月。而在 1966 年前，每届军政府执政时间都不超过 3 年，但此后的两次军事独裁存在时间分别为 5 年和 7 年。频繁的军事政变、政变并非由军队发起这两点①已不是简单的军事指导思想、部队体系或是某个将领个人所能够解释，更多的是反映出阿根廷的社会结构存在一种系统性问题。亨廷顿在解释为什么发展中国家军人干政成风时曾阐述到："从军队本身去解释军事干预说明不了问题。军队干政的原因其实很简单，它是不发达国家中一种更广泛社会现象的特殊表现，这种社会现象即是指各种社会势力和制度普遍带有政治性……具备政治性军队的国家同样会具备政治性的教师、政治性的大学、政治性的官僚、政治性的工会和政治性的企业。"② 具体到阿根廷，其法律制度不健全、政治制度不稳定、经济发展不均衡催生出极端对立的"分利集团"，这改变了社会发展的动力和激励机制，从事生产性活动的动力减退，而利用政治和法律多占多得的动力大大增加，这使得在阿根廷国内政治压倒一切，任何集团在谋求自身利益或避免自身利益受损时都不得不诉诸残酷的权力斗争，赢得权力的同时也就赢得了其他利益。因此，在阿根廷，各个利益集团为争夺权力会各显其能，军队因贪恋权力而发动政变，民族资本家搞贿选，跨国资本家利用母国施加外部压力，工人罢工，中产阶层则向军队寻求庇护，似乎大家都忘记了自己的社会分工和本职，一股脑地投身于政治斗争。军队作为有独立利益的集团，发动政变既是其实现自身利益的激进方式，也有其作为唯一有力量恢复社会秩序的组织回应集团诉求并维护稳定的原因。在阿根廷的断裂状社会中，被排斥在职团主义结构之外的利益集团缺乏合法、有效的参政途径，也没

---

① Bruce W. Farcau："The Coup-Tactics in the Seizure of Power"，Westport Connecticut London，1994，p. 41.

② ［美］塞缪尔·亨廷顿：《变化社会中的政治秩序》，王冠华等译，上海人民出版社 2008 年版，第 189 页。

有自我保护和争取权益的制度安排。面对社会上强大而活跃的利益集团，作为政治核心的国家显得软弱无力，不仅无法成为联结各集团并调节其利益冲突的纽带，反而沦为各集团竞相"俘获"的猎物。强大的利益集团对软弱腐败政府的"破坏性"政治参与，在加剧社会两极分化的同时，更造成经济的每况愈下和民众对政府的不信任和冷漠。

第二节　制度性缺陷与易被集团
"俘获"的国家

一　权力制衡机制的缺失

阿根廷独立后通过的 1853 年宪法以美国宪法为蓝本，设立了联邦制和三权分立制衡的总统制，但却没有取得与美国一样的实施效果。1994 年宪法改革前，阿根廷总统拥有完全或部分否决立法机构法案的权力，宪法还规定总统在"内部动乱和外国进攻"威胁宪法实施时，可以颁布"紧急状态令"，也就是说，在"紧急状态下"，总统可以通过政令治国，限制或取消公民的宪法权利。由于宪法没有明确界定"内部动乱"的具体情形、"紧急状态"持续时间以及具体的授权程序，实际操作中对"紧急状态"的解释往往以总统的判断为依据。此外，总统可以直接提出法案介入立法，内阁部长也可以参加国会投票，这些制度性缺陷使得总统对立法权具有潜在的支配性影响。最高法院虽然拥有司法审查权，但它拒绝审理政治问题，并将可能引起行政和司法间冲突的多数案件都界定为政治问题。更为关键的是，尽管宪法赋予最高法院法官终身任职的权力和其他保障，但无论是官僚——威权主义政府还是普选产生的文人政府，新的总统上台后往往会通过驱逐异己法官的方式，确保对司法权的控制。1946—1998 年间，阿根廷 115 名最高法院法官中，17 名遭驱逐，3 名遭弹劾，32 名被迫辞职，非自然离职率高达

45%。而 1960—1995 年，最高法院法官平均任职时间仅有 4 年，不足同时期智利的 1/3 和巴西的 1/2。[①] 直到 2003 年，基什内尔上台后仍立即要求议会组成弹劾委员会，对最高法院院长和 8 名法官进行弹劾，随后签署总统政令限制最高法院院长任命法官的权力。此外，最高法院对军政府的公开承认也损害了自身的公信力。

从实施效果分析，阿根廷宪法设计的三权分立制衡在现实中并没有实现。行政权一权独大，立法和司法两权难以钳制，平行问责机制失灵，权力滥用的风险大大增加。根深蒂固的强人崇拜和庇隆开创的克里斯玛型领导方式更加剧了权力和职能高度集中于总统个人的状况，从而形成了一种与其他拉美国家相似的"超级总统制"。在这一制度中，对总统职位的争夺成为权力斗争的关键，总统本人也成为各集团游说的主要对象，所有政治诉求都会直接摆到总统面前。各利益集团都明白，"俘获"了总统就意味着掌控了权力并拥有了一切，因此阿根廷每一次大选都会让人提心吊胆，如果大选结果令主要集团不满，社会冲突就可能接踵而来。与此同时，总统权力的强大只是相对于其他政权机构和个人来说的，宪法赋予总统诸多权力，但在现实中这些权力能否真正行使完全取决于总统本人的政治影响力及其所拥有的社会支持力量。但在阿根廷特殊的社会结构中，历任总统都需要依靠精英寡头集团推动经济发展，但完全倒向这一集团会进一步拉大已有的贫富差距，在政治压倒一切的环境中，任何经济停滞都将带来以劳工为主体的底层民众的激烈反抗；但如果选择倒向劳工集团并实施民众主义，除了要面临秉持反庇隆主义立场的军队的干政风险，福利赶超政策超出财政支撑能力最终也难以为继。两极分化并尖锐对立的社会结构导致了阿根廷国家软弱和执政者权力膨胀的并存，而以劳工为代表的底层民众占据社会

---

① Lee J. Alston, Andres A. Gallo: "Electoral Fraud, the Rise of Peron and Demise of Checks and Balances in Argentina", Steven Levtisky, Maria Victoria Murillo, "Argentina from Kirchner to Kirchner", 转引自郭存海：《阿根廷的可治理性危机分析》，《拉丁美洲研究》，2010 年 4 月，第 2 期，第 24 页。

大多数这一现实更使得国家的能力长期被民众主义所绑架，根本无从施展。

二　首都独大与联邦制的缺陷

阿根廷建国初期，贸易的繁荣带动了布宜诺斯艾利斯港口的发展。随着外国投资的增加和大量欧洲移民的持续涌入，使布宜诺斯艾利斯具有了早期移民城市的特点。当时政府的收入主要来源于布宜诺斯艾利斯港的进出口税，而布宜诺斯艾利斯市不仅是国家的贸易、物流、文化、娱乐和消费中心，还是全国的工业和制造业中心，这一布局加剧了首都与其他地区特别是内陆省份的收入不平等，至少一半的省份需要依靠国家的财政资助，这导致其缺乏政治和财政自治权，而宪法第 6 条更是赋予联邦政府干预省政府的权力。行政上的中央集权制和首都集全国政治、经济、军事中心于一身，客观上增加了政权的脆弱性，也使得政府频繁更替更容易发生。"二战"之后，随着进口替代工业化进程的快速发展，工业特别是制造业高度集中于首都及其周边致使农村人口大量涌入。值得注意的是，这一时期的高速城市化是在工业化并不彻底和经济发展尚不成功的背景下发生的，工业部门吸纳劳动力的能力有限，经济发展水平也无法支撑如此高的城市化水平。在阿根廷农村贫困人口基本没有增加的情况下，城市化可以看做是将隐性失业从农村转移到了城市特别是首都的服务业部门。

从农村流入首都的大量移民无法找到体面的工作，长期处于非正规就业或者失业状态，缺乏社会保障，经济地位十分脆弱，一有风吹草动就会跌入贫困线以下沦为贫困群体。在首都，大量贫困家庭无力获得建房用地或合法住宅，只能采取非法手段强占城市公有或私有土地，搭建简易住房，逐步形成了规模巨大的城市贫民窟，造成了"一个城市、两个世界"的奇特景象，进一步加剧了社会的断裂和集团间的对立。国家在面对高速的城市化进程时，囿于利益集团的掣肘无力把控这一混乱局面，而"早熟"的城市化在加剧社会不平等的同时，使得各阶层间的冲突和对抗在布宜诺斯艾利斯这一阿根廷核心城市中直接体现出来，扼杀了制度变迁的潜在可能，带来了政治动荡和政权更替的隐患。

在首都独大的局面下，政府对中央和地方、首都和内陆省份之间权力的平衡主要是通过议会选举实现的。阿根廷根据1853年宪法精神于1857年制定通过了选举法，这部法律在1994年修宪之前一直没有实质性变化。选举法遵循参议院代表地区的原则，规定每省选出两名议员，但为了尊重地方权力，允许各省立法机关自行决定选举方法，这一自由不仅使各省选举制度出现了不对称，还造成地方政治领袖和利益集团权力过于集中，参议员逐渐变成了地方政党和集团向参议院派驻的"大使"，而参议员的当选也主要依据其在政党和集团中的地位和权力，而不是民意。众议院选举制度几经变化，早期的保守党和庇隆党均通过"胜者全得"的选举法和有利于本党的选区划分放大自己的选票优势。1955年庇隆政权被推翻后，激进党为制衡庇隆党，选择了比例代表制，但这个理论上最能反映利益平衡"理想"的选举制与总统制相结合，却造成阿根廷政治的低效和混乱。这是因为在断裂状社会中，各利益集团矛盾多元、冲突激化，采取比例代表制加剧了政党体制的脆弱和分化。1955—1966年间，阿根廷至少有超过150个政党参加竞选，在1966年，又有3个激进党、4个社会主义党、10多个庇隆主义和新庇隆党、20多个保守党参加了军事政变，在这些鱼龙混杂的政党中，只有人民激进党一党在全国各省都有组织。1973年大选中，9个政党和政党联盟参选，其中仅有2个在全国各地设有组织。[①] 选举被禁10多年后，即将移交政权的军政府再次修改选举方式，将众议院议席分配给全国24个选区，采取封闭式名单比例代表制，

---

① Peter G. Snow and Luigi Manzetti, "Political Forces in Argentina", *Hispanic American Historical Review*, 73（4）, 1993, p. 78.

每选区至少选举 5 名议员，这使得首都和人口大省的代表性骤然降低，促进了地方政党在众议院的代表性。

按照西方民主惯例，议会两院制设计一般是由参议院代表地区，众议院代表人口，两者的结合就是精英主义和平民主义的结合。阿根廷参议院秉承了向人口稀少省份倾斜的地域均衡原则，但自由民主"回归"后，众议院选举制度改革使得这些省份在众议院中也占据了日益显著的地位。这削弱了两院制设计的微妙政治平衡，放大了人口稀少省份在议会中的政治影响。由于这些人口稀少的农业省份，在经济上往往严重依赖国家的财政补助，其政治运行游离于国家法律体系之外，利益与经济繁荣省份和国家整体利益并不一致。特别是在 20 世纪 90 年代的新自由主义改革中，这种立法连贯性的缺失使得梅内姆政府无法保持财政纪律，实际上的财政分权和地方政府征税责任的免除，造成地方政府财政支出毫无节制。1991—2001 年间，中央政府财政支出在总体平衡的基础上略有缩减，地方政府支出却急剧膨胀，特别是地方政府雇员总数占劳动人口比重从 8.6% 上升至 9.3%，其工资支出占 GDP 比重也从 4.66% 增至 6.96%，地方政府雇员数是中央政府雇员数的 2.5 倍。[①] 地方政府为弥补财政支出，甚至将中央政府计划拨付的款项预作抵押，通过贷款和发行债券等形式将债务强行转移至中央政府，造成公共债务和通胀压力直线上升。受制于货币局制度和国内低储率制约，中央政府不得不大量举借外债弥补债务，这也被认为是造成 21 世纪初经济危机的一个重要原因。另一方面，这种选举制度对庇隆党和一些地方政党有利，对以城市为竞选重心的激进党十分不利，这一定程度上导致了近年来激进党的日渐式微，最终在 2015 年大选中，不隶属于两党、以"共和国方案党"为首的中右翼政党联盟候选人马克里击败庇隆主义"胜利阵线"候选人肖利，成为阿根廷近

---

① 余振、吴莹：《阿根廷新自由主义改革失败的启示》，《拉丁美洲研究》2003 年第 5 期，第 29 页。

代首个小党赢得大选的案例。

除了首都独大外，阿根廷独特的自然资源禀赋还使得潘帕斯草原与内陆地区成为一个国家内迥然不同的两个"世界"。与此相对应的，潘帕斯地区的农牧业出口集团因其直接融入世界经济体系而成为具有独特利益的集团，其利益既不同于城市劳工，也与内陆省份的大地主和大农牧业主迥异，这增加了社会利益调和的复杂性。与西欧国家不同，阿根廷精英之间的最初分裂并不是城乡之间的地域分裂，而是以地区间的分裂为主，这阻碍了超越地域冲突、代表同一阶级利益的全国性政党出现，通过政党竞争调和精英间冲突更是无从谈起。事实上，阿根廷始终都未能形成一个真正的全国性政党。建国后执政的自由党和属于另一阵营的联邦派都只是各省政党的松散联合，其地方政党领袖更多是以"考迪罗"而闻名。1943年保守党丧失政权后，即依据对待庇隆主义的态度不同，分裂成极端反庇隆主义的中心党国家联盟和为获得选票而迎合庇隆主义支持者的民众主义保守党。这一时期，激进党和庇隆党尽管建立起了全国性的联盟，但受首都独大格局的影响，布宜诺斯艾利斯地区及其周边的中下阶层和内陆地区的精英阶层对布宜诺斯艾利斯地区的精英阶层怀有共同的敌意，这使得激进党和庇隆党变成了混合不同利益和价值取向的多社会集团"大杂烩"，政党内部也是派系林立和四分五裂。

激进党的分裂是19世纪统一派和联邦派斗争的历史遗留产物，由于激进党一直无力克服这一根本性的历史裂痕，因此难以成为一个基础坚实的政党。激进党内沿海和内陆派别的分裂与意识形态分歧相互交织，并在不同的历史时期，出现过红派和蓝派、投机派和传统派、要人派和反要人派之争。1945年，在如何对待庇隆政权的问题上，激进公民联盟分裂为反庇隆政府的"统合派"和对庇隆主义者采取支持合作态度的"不妥协革新运动"两派。到1957年，以弗朗迪西为首的一派退出激进公民联盟，组成不妥协激进公民联盟并积极寻求庇隆党的支持。1963 年，不妥协激进公民联盟又分裂为以弗朗迪西为首的统合发展运动（MID）和以阿伦德为首的不妥协党。1983 年自由民主制"回归"后，激进党再次分裂为总统阿方辛支持者和科尔多瓦省省长支持者两派。进入 20 世纪 90 年代，在如何对待梅内姆的新自由主义改革这一问题上，激进党分裂为全面合作派、部分合作派和全面抵制派。2003 年，基什内尔上台执政后，激进党因对待其政权立场不同又一次分裂，门多萨省省长科沃斯与该党部分成员成为基什内尔政府支持者，并在费尔南德斯第一个总统任期中出任副总统。2015 年大选中，激进公民联盟加入保守派候选人马克里的政党联盟"我们改变"并最终帮助其赢得大选。

与此同时，庇隆党也没有摆脱分裂的命运。在首都以及罗萨里奥、科尔多瓦等大城市及其郊区，庇隆党是一个代表劳工集团利益的单纯的劳工党；但在内陆不发达地区，庇隆党还吸纳了中产阶层、民主资产阶级等更为多元的利益集团。在 20 世纪 50 年代后期，民族资产阶级和一部分中产阶级被佛朗迪西及其激进党争取过去，主张"没有庇隆的庇隆主义"的新庇隆党在部分工会领袖的支持下也开始寻求重新回到政治领域中。随着 20 世纪 60 年代末至 70 年代初期，大量激进的学生和神职人员加入庇隆党，党内阶级组成和意识形态分裂更加复杂，主要分为坚持庇隆领袖地位的正统派、坚持"没有庇隆的庇隆主义"的合作派、坚持武装斗争路线的游击派、要求回归运动传统和民族主义、发展主义路线的革新派。1974年庇隆去世后，党内派系斗争更加激烈，先是保守派，后是革新派，然后是梅内姆的追随者控制了政党机器。梅内姆实行新自由主义改革后，庇隆党内又分为梅内姆的支持者与传统的庇隆主义者两派。新自由主义改革失败后，基什内尔改组正义党并以此为核心组建了基什内尔主义的政党联盟"胜利阵线"，同时党内保守派最终因执政方针和"后基什内尔时代"该党候选人人选等争端退出庇隆党并成立"新替代方案联盟"。"联盟"参加了 2015 年大选并取得

13%的得票率位列第三位。选举第二轮前，"新替代方案联盟"候选人马萨与中右翼反对派政党联盟"我们改变"结盟，最终导致首轮得票最多的"胜利阵线"候选人肖利在第二轮败选，阿根廷也开启了一个由传统两党之外的新兴政党执政的新时代。

三 政党衰落与面对集团直接"俘获"的政府

与西欧国家不同，阿根廷的社会分化并没有催生出强大的政党制度。民众主义领袖凭借个人魅力，通过职团主义结构直接将劳工集团整合入政治体制。从历史发展看，阿根廷现代政党制度的形成晚于政府的大规模扩张和利益集团的形成，这使得阿根廷缺乏一个强有力的政党充当公民社会和国家之间的中介，这不利于巩固对民主游戏规则的认同。1912年选举改革后，农牧业出口集团失去了对政权名义上的垄断。但在20世纪20年代末期，激进党政权开始摆脱该集团的控制并表现出民众主义倾向时，农牧业出口集团就利用1929年"大萧条"带来的混乱推翻了这一政权。由于人数稀少，难以控制选票，农牧业出口集团一开始就对政党政治充满疑虑，对劳工集团可能借人数优势进入政治领域更是充满恐惧，他们禁止激进党参选，借助选举舞弊和暗箱操作维持对政权的垄断。这一时期，由于劳工集团无法通过政党渠道参与政治并维护自身权益，工会运动蓬勃兴起。在庇隆党建立之前，劳工已经被组织起来进入工会，庇隆执政时期将工会纳入职团制结构，更多是对工会权力的被动适应。庇隆在选举中利用了劳工集团，但上台后不久就开始向企业家寻求支持，设立了工业协会和经济总联合会，并通过职团制结构直接调节各集团之间的利益。之前十多年的舞弊和暗箱操作使庇隆对政党和政客充满狐疑，出于对法西斯主义和墨索里尼模式的尊崇，庇隆在职团制结构中也同样是强调个人权威，而不是通过任何中介建立与选民之间的联系。可以说，国家与社会间的沟通是通过领袖而不是政党进行的。1943—1946年间，庇隆担任军政府劳工部长期间积累的个人声望足以使其在 1946 年大选中获胜,此后工会和埃娃阵线等非政党制度也足以完成拉选票和分配利益等传统政党发挥的作用。因此,庇隆第一次执政期间没有采取任何举措去建设劳工党,反而利用劳工党内的矛盾巩固了个人权威,削弱工会领导人对其领袖地位的掣肘,这阻碍了稳定的执政组织结构和民主游戏规则的出现。1983 年自由民主制度"回归"后,正义党内的革新派曾积极推动庇隆主义运动的现代政党化进程,但随着梅内姆击败革新派夺取庇隆主义运动的领导权并成功当选为总统后,正义党再次出现"空心化",逐渐沦为选举的动员和联络机构。基什内尔意外崛起并当选总统后,为摆脱党内杜阿尔德派和梅内姆派等掣肘,开始同激进党内的"合作派"组建跨党派联盟,并以另立"胜利阵线"的方式向党内正统派施压。

此外,阿根廷政党制度中还存在一个与众不同的现象,即政党禁令。1930 年军事政变后,激进公民联盟被军政府取缔;1955 年军人推翻庇隆政府后,解散了除激进公民联盟以外的所有政党,包括庇隆党;1943 年和 1966 年,政府先后两次下令禁止所有政党活动;1976 年,政党活动再次被禁止。执政党在野后即丧失合法性使得阿根廷的政党斗争异常残酷,表现出"零和博弈"的特征。另一方面,政党禁令的频繁实施造成政党发展失去连贯性,不利于政党的制度化,也使得广大选民更依赖于利益集团来表达诉求,这又妨碍了政党吸纳政治参与并发展壮大。政党在协调各集团利益和冲突方面软弱无力,无法发挥正常作用,使得各集团不得不依赖于业已存在的职团形式,并逐渐形成对政党和政治制度有害无益的印象,最终合法政党和利益集团渐行渐远、彼此分立,政治生活中形成了国家和社会二元化的沟通方式。

政党禁令使得一些人数众多的政党在不同时期被迫远离选举,但即便在政府和议会中不占一席之地,其政治和社会基础也并没有消失,这些党在现实意义中仍然客观存在着。阿根廷历史上曾先后

出现了保守党、激进公民联盟、庇隆党（正义党、胜利阵线）等主
要政党。一般认为，1943年之前，阿根廷政治中主要是保守党和激
进党之间的竞争，1943年之后则是庇隆党和非庇隆党之间的竞争。
从社会代表性上看，保守党主要代表农牧业出口集团利益，激进党
代表城市中产阶级利益，庇隆党的政治支持主要源于劳工集团。但
是，从领袖和议会的社会背景分析，实际情况与上述流行观点并不
完全吻合。1943年之前，保守党和激进党领袖的社会出身大同小
异，都主要来自寡头精英阶层，社会各阶层的投票选择也并非泾渭
分明。1943年庇隆党开始兴起之后，这一状况发生了改变，激进
党、保守党中的绝大多数议员都来自社会上层，而庇隆党的议员有
约三分之一来自社会底层。

有学者将阿根廷政治制度的缺陷归纳为5点，即无力解决日益
高涨的政治参与诉求、无力解决庇隆主义对政治生活的长期困扰、
无力使政府行为合法化、政党的社会代表性和沟通协调社会利益能
力不足、缺乏全国性政党[1]，其中的核心问题是政党的衰弱，阿根
廷的政党与其说是政党，不如说是"运动"更为贴切，而庇隆和伊
里戈延作为庇隆党和激进党的创始领袖都曾将自己的政党视为民主
"运动"。关于政党和运动的区别，美国学者麦吉尔（James
W. McGuire，1997）在研究庇隆主义时曾指出，政党领袖意识到政
党之间的竞争是不可避免的，愿意接受各政党通过普选平等竞争，
而运动领袖不希望看到反对派，认为彻底、永久的掌控政权是必要
和可行的；政党行为主要意在通过赢得大选控制政府，实施自己的
政治纲领，而运动将其自身利益与国家利益绑定，认为实现国家利
益是其义不容辞的责任，如通过选举道路控制政权的希望渺茫时就
会鼓励采取罢工、抗议和政变等极端方式；政党认为纲领和政策目
标高于领袖，而运动则给予领袖个人更大的自主权。[2] 阿普特则对

① Peter G. Snow and Luigi Manzetti："Political Forces in Argentina"，p. 76.

② James W. McGuire："Peronism Without Peron"，Stanford，California，1997，pp. 3 – 4.

运动的本质做了更为深刻的揭示，认为运动注重个体与运动间的感情联系，政党重视组织联系，即制度；运动内的利益调节由领袖完成，依赖于领袖个人的政治判断和直觉，运动的目标和内容随着领袖的更换或领袖判断的转变时时变幻。无论采取代表制还是一元化领导制，通常只有把运动转化为政党，才能决定一个国家宪法的前途和政体的性质。这是因为运动的领袖通过把人们表现出的忠诚制度化并使其权威制度化，试图将社会生活中的政治成分释放出来并将其中放荡不羁的公众能量转化为较为稳定和持久的支持力量，使对运动和政府权威有组织的信仰得到进一步巩固。①

　　运动与政党最根本的区别在于制度化的程度不同，这既与"考迪罗主义"时代的历史传承有关，也是民众主义兴起造成的必然结果。考迪罗主义以大地产制为经济基础，政治上实行家长统治和个人效忠为核心的庇护关系，这种"庇护——依附"关系一层层扩散开来，构筑成为一个国家的政治模式。阿根廷独立后很长一段时间里，代表不同地区利益且具有离心倾向的考迪罗们争斗不止，这一"庇护——依附"的关系逐渐成为人们约定俗成的统治形式，并在此后的整个 20 世纪中深刻影响了阿根廷人民的政治生活。此外，20 世纪 30 年代起，随着代议制民主制的实行和越来越多的民众被动员起来进入政治领域后，政治体制就开始具有民众主义的特点，并突出表现为对高度集权的"魅力型"领袖的渴望和追随。一方面，这些"魅力型"领袖对选民许下美好诺言，并给予一定的物质刺激，其权威的建立更多是一种"物质换支持"的政治交易，而不是促进国家经济社会发展的政绩，这使得政治和经济在一定程度上出现分离。而这种福利赶超的承诺和做法一方面加剧了民众对政府的依赖心理，造成了"分利"和"食利"文化的盛行，不利于建立促进生产和创新的激励结构；另一方面被持续推高的福利预期一

---

① ［美］戴维·阿普特：《现代化的政治》，芝加哥大学出版社出版，转引自［美］加布里埃尔·A. 阿尔蒙德、宾厄姆·鲍威尔：《比较政治学：体系、过程和政策》。

旦得不到满足，民众心理很容易发生大扭转，形成一种否定制度、蔑视政府权威、拒绝接受变革以及对成功者嫉妒仇视等社会氛围。不负责任的福利赶超造成了财政赤字和通货膨胀的痼疾，造成了周期性危机的钟摆式发展，而社会激励结构不利于互利性的合作生产，阿根廷的长期衰落也就在所难免。

对于政党建设和发展来说，民众以"魅力型"领袖为导向而不是维系在制度化的明确组织目标上，这很容易造成组织内部的派系林立和分化对立，并沦为领袖政治动员和寻求选举支持的一个工具。庇隆本人就曾承认，庇隆党的政党机器只是在选举前开动几天，一俟选票清点完毕，政党就归于湮灭。[1] 庇隆的目标一直是发动一场运动，而不是组建一个政党，他用高度人格化的庇隆党取代工会党，主要目的在于对政党实施个人控制，并能够不经过任何中介直接与他的追随者建立联系。1954 年党章将庇隆党更名为庇隆主义运动，将运动分为政治、妇女和劳工阵线，扩大了庇隆对政党的控制，赋予其修改和废除政党权威决定的权力，并可以审查、干预和取代候选人。尽管庇隆在建立运动主义政党和魅力型领袖权威方面是成功的，但这极大弱化了庇隆党的政党体制，造成民众并不把政党看成是运动不可或缺的一部分，缺乏政党这一制度化的政治讨论体系以及运动主义的党国一体性，催生了阿根廷零和博弈和极易盲从的政治文化。

第三节　国家衰弱在阿根廷发展进程中的表现

一　钟摆状政治和政策的两难抉择

一般认为，经济持续发展自然而然会带来更多经济上的平等和政治上的参与，政治和社会稳定日趋巩固，从而进入一个良性循

---

[1]　Peter G. Snow and Luigi Manzetti: "Political Forces in Argentina", p. 64.

环。但阿根廷的历史经验表明，这种自发的良性循环更多时候可能只是美好的愿望，其实现需要诸多前提和一定的历史"偶然"。现实中，大多数国家在发展历程中都面临着痛苦的抉择。美国政治学家亨廷顿在其著作《难以抉择》中，即从发展、平等和参与三者互动的角度对此作了分析。他认为，一国在发展过程中，都必然会面临都市中等阶层和都市贫民、乡村农民的政治参与问题。在经济发展的第一阶段，社会经济的发展为政治参与的扩大提供了基础，政府此时面临着两种选择：一是将扩大城市中产阶层政治参与和保持经济增长相结合的中产阶级模式，二是将压制中产阶层政治参与和回应城市底层和乡村农民经济平等要求的专制模式。而在第二阶段，政府必须就是否给予乡村阶层和城市底层以政治参与做出回答。这同样有两种选择：一是高速经济增长与低政治参与结合的技术统治模式，二是社会经济平等和较低经济增长结合的大众模式。①这实际上是假设发展、平等与参与之间是"不可能的三角"，即在第一阶段扩大参与、保持增长与平等相矛盾，而在第二阶段，扩大参与、平等与经济增长相矛盾。但是这只是理想模式，其中的政府也是不受利益集团和外部影响、具有完全自主性和理性的政府。

从历史进程看，独立后，阿根廷遵循比较优势原则，短时间内就通过在世界经济分工充当原料和初级产品出口国的角色，走上了快速发展的道路。但这一角色使阿根廷的经济割裂为与世界市场高度接轨、产业现代化水平较高的出口部门和处于现代化进程之外的其他多数生产部门。由于大宗农牧业出口商品都是在农村地区生产的，因此阿根廷的经济中心和政治中心都在农村。城市相对处于被动的依附地位，其发展可以看作是农牧业出口地区繁荣的延伸，城市中有钱有势的是那些生活在此、但依托农牧业出口致富的"不就地"地主，而以外来移民为主的城市民众因缺乏国家认同感，参政

---

① ［美］塞缪尔·亨廷顿：《难以决策》，华夏出版社1989年版，第21—27页。

热情普遍不高，这导致城市的政治重要性进一步被削弱。由于经济发展的根本动力集中在潘帕斯地区及其周边的农牧业生产，其政治上的直接反映就是以该地区农牧业主为首的农牧业出口集团通过寡头统治主宰政治，以移民为主的大多数城市居民由于在加入阿根廷国籍上并不十分积极，因而不得不游离于政治进程之外。但随着现代化进程的持续深入，外来移民不断涌入，人数增加的同时，经济实力也有所增强，形成了新兴的城市中产阶级。

1912 年，农牧业出口集团把持的政府实施选举法改革，本意是给予代表中产阶层利益的激进党一份政治权力以确保政权稳定，却意外地以一种近乎"强制地"方式将中产阶层以及城市和乡村底层民众都带入了政治领域，即在第一阶段以同时扩大中产阶层和底层政治参与的方式，同时采取了中产阶级模式和专制模式。而面对以劳工为主的社会底层高涨的参政热情，代表农牧业寡头集团的保守派为恢复社会秩序，容忍了激进党和伊里戈延政府通过折中和妥协以缓和社会矛盾并扩大其社会基础的一些做法，但当伊里戈延开始破坏"经济权利决定政治权力"这一游戏规则时，保守派便无法继续容忍下去。但此时民众的政治热情已被激发起来，劳工（工业无产阶级）和中产阶层人数随着工业化推进不断增加，双方同农牧业寡头的抗衡越来越激烈。在这种情况下，政府事实上已难以继续将劳工阶层排斥在政治领域之外，即无法在亨廷顿所称的第二阶段采取高经济增长和低政治参与的技术统治模式，但当时阿根廷的政权恰恰掌握在与外国资本有千丝万缕联系的军政府手中。军政府对内多次取缔劳工党，使得正式的政治参与途径趋于萎缩；对外奉行亲德立场，招致美国制裁而造成经济恶化和民众生活困难。低增长和低参与使得技术统治模式难以为继，民众运动的高涨使政治模式向大众模式方向摆动，并最终促使庇隆上台和庇隆主义兴起。

相对于农牧业出口集团和跨国资本家，庇隆政府仍显得较为"弱小"，庇隆没有足够的政治勇气推进土地改革，打破殖民地遗留下来的大地产制。土地分配的不公造成财产制度的不公，加剧了收入分配的两极分化。社会不平等带来的巨大压力使政府在二次分配中出于维护政权和社会稳定等考虑，不得不更倾向于民众主义，将大部分公共支出用于消费性社会福利，造成投资不足和举债增长。但是，民众主义指引下的"福利赶超"并没有带来收入差距的缩小，反而使阿根廷陷入发展陷阱。美国学者多恩布什和爱德华兹（Rudiger Dornbusch and Sebastian Edwards，1997）在其著作《民众主义的宏观经济学》①中将这一政策发展归纳为四个阶段：第一阶段中民众主义政策初见成效，产出、实际工资和就业均得到较快提高，且未出现通胀和商品短缺问题；第二阶段中经济增长遇到瓶颈，旺盛的国内需求和外汇储备不足造成商品的短缺和通胀上升，工资得以继续提高，但财政状况恶化；第三阶段中通胀和商品严重短缺问题同时出现，资本外流造成经济中流动性匮乏，实际工资大幅缩水，财政不可持续，政府处于破产边缘；第四阶段中新政府在危机中上台，被迫采取稳定化政策，将实际工资下调至比民众主义政策实施前更低的水平，投资逐渐回流，但就业复苏尚待时日。民众主义宏观经济政策的失败为官僚——威权主义的应运而生提供了丰厚的土壤。政治学者奥唐奈就此分析到，进口替代工业化带来了民众主义的联盟，但随着工业化进程的不断深入，进口所需的技术和设备等造成了日益严重的国际收支失衡、外债和通胀压力增加等问题，迫使政府采取紧缩政策并减少再分配，这就削弱了民众主义的经济基础，为官僚——威权主义的产生创造了前提条件。另一方面，伴随着进口替代工业的深入和民众政治参与的不断扩大，其再分配诉求也日益强烈，而此时进口替代工业化进程陷入结构性危机，政府不得不实施紧缩政策，这会严重挫伤民众预期并引发罢工、抗议、游戏等骚乱。为维护政治秩序，官僚——威权主义也是

---

① Rudiger Dornbusch and Sebastian Edwards: "The Macroeconomics of Populism in Latin America", University of Chicago Press, January 1991, pp. 6－7.

呼之欲出。① 从这个角度来看，1966—1973 年、1976—1983 年间的官僚——威权主义是经济政策失败引发政治和社会危机后作为一种逆向的反危机运动出现的。

阿根廷特殊的资源禀赋和殖民历史，塑造了特殊的社会结构，其突出表现为农牧业出口寡头和底层民众之间在产权分配上的巨大两极分化，这又转化为要求政府实施再分配的强大社会压力。庇隆主义的兴起改变了大众的政治参与意识和福利预期，进一步加大了对政府的依赖，超出收入能力的过度财政负债和"福利赶超"成为一种习惯，使阿根廷在政治模式和经济政策上陷入两难境地，出现了"钟摆现象"。农牧业出口集团以及与其有共生利益关系的工业寡头（主要包括跨国资本家和不依赖关税保护的大工业资本家）人数稀少，在 1983 年自由民主制"回归"前的很长一段时期，主要借助官僚——威权主义实现对政府的控制，推行其主张的自由主义政策并获得大部分收益。但这样一来，严重的社会分配不公会进一步恶化并危及政治稳定。为安抚劳工和城市民众，避免出现大规模社会冲突动摇执政基础，政府往往选择加大社会福利支出。这种政治上的权宜之策在持续的社会压力下会被滥用并固化下来，当支撑财政支出的大宗商品出收入口因国际价格走低而锐减时，自由主义模式就会归于失败。经济停滞会放大官僚——威权模式下民众政治参与不足短板，经济危机的代价由底层民众承担会造成民众暴动，剧烈的社会冲突和动荡最终迫使跨国资本家和农牧业出口集团放弃权力。

代表劳工和大多数民族资本家利益的民众主义政党掌握政权后，政府面对掌握国家经济命脉的农牧业出口集团和跨国资本家，无力实施产权再分配的结构性改革，因为这会激起精英集团的激烈反抗，特别是农牧业出口能够通过减少农产品出口和国内供应引起

① 夏立安：《评奥唐奈的官僚独裁主义理论》，《世界史研究动态》1991 年第 5 期。

收支失衡和国内食品短缺，而跨国资本家可以利用国际金融机构、母国政府和国际舆论施压，这会造成经济的崩溃。政府为履行其福利承诺，巩固底层支持，往往选择滥发货币和对外举债。不平等的一次分配制度未被触动，使得精英集团仍可继续攫取超额利润。事实上，阿根廷建国以来实施的几种发展模式都使精英阶层获得了最多的收益。在初级产品出口导向阶段，农牧业出口集团是经济繁荣的最大受益者；在进口替代工业化阶段，民族资产阶级并没有像政策设计的那样获得最大收益，跨国资本家和农牧业主转型而来的寡头资本家凭借其垄断优势和规模效应攫取了大部分财富；在新自由主义改革阶段，跨国资本家特别是金融资本家通过"寻租"等方式从私有化和金融自由化中获利最为丰厚。也应当看到，民众主义的收入再分配政策一定时期内使得底层民众从经济发展中获得了一些好处，然而即使在繁荣期其收入增加的速度仍低于经济发展速度，这造成社会结构两极分化问题进一步恶化，加剧了政府施政面临的再分配压力和政策两难处境。最终，超额社会支出政策因引发高通胀、高外债和物资短缺而归于失败，政府对底层民众信用破产，利益受损的中产阶级会转向军队，支持发动军事政变，再次回归到官僚——威权主义政体，实现一次"钟摆循环"。新政府上台后为了安抚在经济波动中受到伤害的底层民众，不得不再次保证社会福利支出力度，其国家治理能力在这种特定环境中被绑架，根本无从施展。自由民主制"回归"后，尽管军事政变不再是可行的选择，但这种"钟摆循环"的桎梏并没有消失，只不过是危机的"拯救者"由军队换成了所谓的"政治圈外人"和"锐意改革者"。

二　阿根廷的"流寇国家"与经济衰落

新制度经济学家奥尔森在其著作《权力与繁荣》（2005年）中，从冯玉祥率兵围剿流窜多省的变民首领白狼而受到百姓爱戴的事例，探究了"流寇偶尔来抢，得手便离开；坐寇反复抢夺同样的人，但民众更愿意接受坐寇统治"这一命题，并通过"犯罪的比喻"提出了关于国家作用的"坐寇——流寇"理论。根据这一理论，国家的产生是利益刺激和分配动机作用的结果，利益集团之所以通过其掌控的国家提供公共产品，是源于"共容利益"的存在，即集团自身利益与社会繁荣密切相关。即便是掠夺性国家，只要存在"共容利益"，政府或统治者仍会在一定程度上保障个人权利并在收入再分配时有所节制，避免竭泽而渔，影响其自身收入的长期最大化。这里揭示出一个国家作用的重要前提，即统治者必须有稳定的统治预期，才能实现从"流寇"向"坐寇"的转变。如果没有长期稳定的预期或预期的执政时间足够短，统治者的执政动机就恰如"流寇"，将会忽视对长期契约的履行，否认其所举借的债务，倾向于从铸造新币中谋利而不顾其带来的通胀恶果，政府的公信力也会丧失殆尽。在现代国家，这种预期通常表现为政权更迭遵循一套约定俗成的程序以及民众对执政政绩和公信力的重视。特别是社会中必须存在对政权更迭的选举制度以及对执政激励制度的共识和信仰。遗憾的是，1930—1983 年间，阿根廷共出现过 25 位总统，总统平均任期仅为 2 年多，最短的坎波拉仅在位 49 天，而选举产生的 18 位总统全部被军事政变推翻。[1]对游戏规则缺乏共识使阿根廷更像是一个"流寇国家"。在"狭隘利益"主导下，"流寇"轮流上台、竞相掠夺，政府沦为各利益集团"坐地分赃"的工具。在"不拿白不拿"的心态下，贪污、腐败、偷税漏税等行为在社会各阶层中盛行，巧取豪夺所获之利远胜于生产建设，由此造成投资、分工、合作等生产性活动日益萎缩，最终导致了国家的衰落。而政府在短时间内接连成为不同利益集团的"俘虏"更是对阿根廷的发展产生了深远影响：

一是经济政策缺乏稳定性和连续性。政权的更迭表明，代表不

---

① Larry Diamond, Juan J. Linz, Seymour Martin Lipset: *"Democracy in Developing Countries-Latin America"*, Lynne Rienner Publishers, 1994, p. 63.

同集团利益的政治势力在国家政权中的地位发生变化，而每一个执政势力都要执行对本集团有利的经济政策，同时也要受制于经济结构的对外依附性以及国内选票和经济权力的不平衡，即使是同一届政府也常常被迫改变自己的政策举措。据统计，在1944—1976年间，阿根廷政府中掌管经济或财政大权的部长人选更换达36次之多，即平均不到1年就更换1位部长。[①] 这使得阿根廷没有一项能得以长期贯彻执行的发展战略，就连具体政策也是变幻莫测，经济政策有时比政治形势还要混乱。统治者的频繁更迭破坏了公共财政秩序和民众对政府的信任，经济政策不连贯使投资者缺乏长远预期，避险倾向的上升使得本来可以投入生产领域的资金，转变为更安全的资产形式甚至转移至海外，投资和储蓄的不足使阿根廷往往被迫走上举债发展的道路。当外部环境变化引发经济停滞时，缺乏信用和财政资源的政府，也没有足够稳固的政治根基可在公众面前树立一个信心形象以稳定形势。从深层次看，庇隆主义兴起后，各利益集团因害怕失去选票或引发社会动荡，均不愿真正削减财政支出和惩治贪污腐败，经济政策的变幻更多是应急举措被人为滥用和固化的结果，反映出触及精英集团利益的根本性改革难以真正推进的困境。

　　二是"公地悲剧"不可避免。阿根廷政权的频繁更迭可以看做是集体行动的失败。在这种状态下，利益集团的"狭隘利益"无法转变为"共容利益"，凭借政治势力操控政府并进行于己有利的分配就成为一种有效手段，于是社会上的一切都高度政治化。各集团竞相"俘获"权力并立即开始对其他集团进行掠夺，这使得民众逐渐丧失了生产积极性，导致全社会的效率和产出下降。这种重视再分配的现象加剧了社会政治生活中分配问题的重要性，"福利赶超"便是其极端表现，这减少了对更为广泛的公共利益的关心。由于分

---

　　① 徐文渊：《战后阿根廷经济发展的经验教训》，《拉丁美洲研究》1983年第5期，第13页。

利集团的注意力在于"分蛋糕"而不是"把蛋糕做大",某些利益集团收益的增加必然会导致另一些集团收益的减少,如冻结工资就是资源从劳工集团向资本家集团转移,提高关税和汇率是实现资源从农牧业出口集团向民族资本家转移,这会加剧利益集团间的恶性竞争,不断销蚀政府的合法性和国家资源。由于精英阶层(早期以农牧业出口集团为主体,进口替代工业化兴起后逐渐转为以寡头资本家为主体)的组织性和行动力更强,能够更有效地采取直接或间接手段对政府制定实施公共政策施加影响,使这些政策更加偏向于本集团利益,其在成功攫取社会大部分财富的同时,也造成了高昂的社会成本。

三是劳工和中产阶级经济状况恶化。由于精英集团控制了国家经济命脉并具有强大的游说能力,威权——官僚主义政府多秉持"先增长,后分配"的原则,希望先富裕起来的群体通过消费、投资等"涓滴效应"带动贫困阶层实现共同富裕。民众主义政府尽管高举社会公平和正义大旗,但其福利赶超政策没有达到提高劳工工资和民众社会福利的最初目标,超额社会支出政策失败引发的经济停滞反而加剧了社会分配不公。特别是在政治动荡和经济政策摇摆中,精英集团保护财产的手段更多,而由危机所产生的社会代价通常由劳工和中产阶级承担。特别是在"二战"后到"民主回归"这一时期,各届政府均将大量资源投入进口替代工业发展中,客观上使财富继续向大工业资本家积聚,工人工资和中产阶级的财富尽管有所增长,但速度跟不上经济增长和通货膨胀,出现了"有增长无发展"的现象。新自由主义改革时期,伴随着大规模的经济自由化和国企私有化,资本特别是跨国资本成为经济快速增长的主要动力,而改革带来的失业和社保投入不足等成本,则直接导致中产阶级贫困化和劳工失去生活来源。

从家庭收入占GDP的比重来看,最富裕的10%的家庭的收入占比逐年提升,从1974年占GDP的39%,逐步扩大到1980年的

44% 和 1988 年的 46%。工薪阶层的收入在 1976—1982 年间估计下降了 30%—50%。20 世纪 70 年代起，阿根廷贫困人口迅速增加，收入差距加速扩大。阿根廷年均基尼系数从 20 世纪 70 年代的 0.372 持续上涨至 20 世纪 80 年代的 0.424、90 年代的 0.466，并在 21 世纪危机前后达到 0.523。[①] 其中中产阶层利益受损最为严重，并出现了拥有一定资产和教育水平但却无法获得足够收入、挣扎在贫困线附近的"新穷人"。随着基什内尔 2003 年上台执政和经济形势好转，阿根廷贫困和收入分配状况均有所好转，基尼系数 2002 年达到顶峰后持续回落，工资增速也开始超过经济增长，但依托大宗商品国际价格"黄金期"的社会政策能否持续并最终扭转这一趋势仍有待观察。

三　新自由主义改革与国家职能进一步弱化

1989 年，梅内姆领导的正义党抓住民众危机中对传统政客的普遍不满以及劳工集团的衰弱和混乱，高举变革大旗，依托劳工、庇隆主义正统派和新兴市民阶层赢得大选并上台执政。但梅内姆上台后政治上回归庇隆主义的"运动"传统，经济上却背离了庇隆主义传统政策理念，在"华盛顿共识"和 IMF 指导下推行自由化、私有化和开放化的改革。有学者将梅内姆这种新自由主义经济治理理念和民众主义政治运作方式相结合的新政治形态称为"民众自由主义"或"新民众主义"。[②] 庇隆党的职团制结构有助于在改革初期协调各方利益，减少改革阻力。但随着改革推进，特别是当大批国有企业被私有化造成大批工人失业、实际工资和福利水平也大幅下降时，曾经强大的工会组织普遍面临会员减少以及与国家和企业谈判能力下降的困境，工会领导人也陷入"忠诚困境"。劳工集团对

---

① 高庆波：《阿根廷的贫困化历程》，《拉丁美洲研究》2012 年第 4 期，第 32—34 页。
② 谭杨：《国家变革中正式制度与非正式制度的相互作用》，《东北大学学报》2014 年第 4 期，第 402 页。

庇隆党的忠诚度急剧下降，正义党控制的阿根廷总工会在劳工阶层中的权威性也严重受损，不再被视为能够最有效保障工人利益的组织。

从短期内看，梅内姆政权通过分化工会使垄断性政党对竞争性工会具有不对称的约束能力，而工人境遇的恶化使工会领袖遭受巨大压力，更需要正义党的政治支持。此外，新自由主义和民众主义拥有精英寡头集团这一共同"敌人"，满足民众主义扩大再分配的诉求和推进新自由主义经济改革都需要一个强有力的国家，以破除既得利益集团的阻挠。以稳定汇率和抑制恶性通胀为核心的政策目标也是双方共同追求的，这使民众主义和新自由主义实现了暂时的"联姻"。但从中长期看，国际民主环境的巩固和自身的民众主义路线使得梅内姆政权已不可能像此前的官僚——威权主义一样采用暴力手段维持社会表面上的安定，而随着新自由主义改革的深入，特别是贸易自由化和国企私有化快速推进造成劳动力市场实际工资的下降和大批工人被迫从正规经济部门转入非正规经济部门，正义党以往利用职团主义组织实施社会控制的做法随着传统庇护关系的瓦解而变得越来越不可行。这就形成了一个"改革悖论"，即激进改革需要一个强有力的政府，但自由化和市场化改革破坏了"职团主义"的社会基础，使得庇隆主义政府通过传统职团结构的组织纪律性规范社会秩序和进行社会动员变得不可能。执政党从强势转向弱势，改革也难以继续按照既定路线推进下去。

"后职团主义时代"的到来削弱了正义党对社会的控制力，但是由"地方考迪罗主义"演变而来的阿根廷根深蒂固的地方庇护主义并没有随之消亡。私有化和自由化带来的大量失业劳工不再依赖工会等职团结构维护自身利益，转而将地方政治领袖作为新的依靠。自由民主制"回归"后联邦制的巩固使得中央政府在法律上对地方政府的控制减弱，职团主义的瓦解为地方政治领袖复苏"地方庇护主义"提供了社会土壤，新自由主义与民众主义在意识形态上的冲突加剧了执政党内的分裂，给了地方领袖趁势崛起的机会。为了维护中央政府的合法性，梅内姆一方面不得不默许地方利益集团对诸多改革举措的抵制，从而造成新旧经济政策并存的改革制度性冲突；另一方面在建立财政分权制过程中迫于地方压力不断提高最低财政收入保证金，这激励了地方政治领袖通过扩大公共开支和公务员队伍巩固庇护关系。中央政府遵循 IMF 药方大力削减财政开支的同时，地方政府却在大把花钱，这使得财政紧缩成为一纸空谈，财政赤字不断攀升，梅内姆政府最终再次回到负债增长的老路上。货币局制度的崩溃很大程度上可以看做是梅内姆政府在各集团的政治压力下，无法避免这一体制最终演变为一种低成本借款工具的结果。

四　基什内尔主义的兴起与国家的回归

2003 年大选中，得到正义党内杜阿尔德派支持的候选人基什内尔击败党内梅内姆派，在梅内姆本人退出第二轮选举的情况下，以微弱优势当选总统。上任伊始，基什内尔就着手修正此前新自由主义改革的偏差，其中最重要的一点就是强化国家在经济发展中的主导地位和干预作用，废除货币局制度以恢复货币和汇率政策自主权，调整产业政策以推动再工业化，部分恢复国有企业并强化金融监管，加大公共投资以拉动经济增长。传统职团结构的衰落使基什内尔转而寻求建立新的组织结构和庇护关系，他对"封路者运动"等激进社会团体采取"招安"政策，通过将相关组织合法化以及邀请其领袖加入政权等方式，同这个在新自由主义改革中利益受损较大的劳工团体建立了一种新型庇护关系。在政治领域，尽管以地方省长身份赢得大选，但为了巩固中央政府和总统的权威，基什内尔抓住农牧业大宗商品出口繁荣期带来的丰厚收入，通过主导财政资源在不同地区间的分配，实现了对地方大员特别是各省省长的控制。基什内尔还利用执政党内部斗争和激进党的分裂，以打拉结合的方式在各派之间实现制衡，成功规避了杜阿尔德派主导的议会对其执政的掣肘。在社会政策方面，基什内尔摒弃了新自由主义改革时期依靠经济增长的力量"自然而然"解决社会问题的做法，恢复了国家保障收入合理分配和社会发展的职能，加大了对危机致贫的下层民众的救济，将应急救助和长期保护相结合，改变了工资增长不及经济增长的状况。2003—2007 年间，阿根廷最低工资水平累计增加 48%，2007 年名义工资水平较 2001 年第四季度增加了 110.48%。[1] 尽管基什内尔采取的冻结价格、经济比索化以及抓住有利时机[2]恢复农牧业补贴工业等做法，引起了跨国资本家和农牧业出口集团的不满，但基什内尔在经济领域的突出政绩为他赢得了巨大的威望以及劳工、市民和民族资本家等阶层的坚定支持，并获得国际社会的赞誉。诺贝尔经济学奖得主斯蒂格利茨将基什内尔模式称为工业主义和分配主义模式，认为对资本的控制不会妨碍投资。[3] 学者理查德森（Neal P. Richardson，2009）则认为，基什内尔执政期间，罢工性质从政治性向单纯的经济性转变是其推行"出口导向型民众主义"的结果。[4]

2007 年大选中，基什内尔的夫人费尔南德斯高票当选总统，延续了基什内尔国家干预主义和以需求带动经济增长等政策主张，但一味刺激需求和"重政府干预、轻市场调节"的做法使阿根廷再次出现了通胀和能源短缺等问题。特别是 2008 年，政府宣布将大豆

---

① 相关数据来自阿根廷政府网，转引自沈安：《阿根廷模式与新发展主义的兴起》，《拉丁美洲研究》2009 年第 1 期，第 54 页。

② 21 世纪以来，大豆逐渐取代牛肉和小麦成为阿根廷最主要的大宗出口商品，由于大豆并非阿根廷国内主要消费食品，基什内尔政府可以通过征收大豆出口税补贴国内工资上涨和商品消费，从而避免了城市劳工工资上涨必然引发通胀压力的困境，并能够降低汇率，促进工业品出口。

③ 转自阿根廷《媒体报》2005 年 8 月 24 日报道，转引自沈安：《阿根廷模式与新发展主义的兴起》，《拉丁美洲研究》2009 年第 1 期，第 55 页。

④ Neal P. Richardson, "Export-Oriented Populism, Commodities and Coalitions in Argentina", *Studies in Comparative International Development*, No. 44, 2009, pp. 228 – 255.

等农产品出口税率由固定税率改为累进的浮动税率后，引发了农牧业出口集团与政府间长达 4 个多月的激烈冲突，最终改革法案遭参议院否决，并引发了政府支持率下降、执政联盟内部分裂等政治连锁效应，政权合法性也因国家过度干预经济而受损。2012 年起，随着大宗商品国际价格"黄金周期"结束，政府以农牧业出口收入补贴福利支出和工业化的政策越来越难以为继，被迫采取的外汇管制和进口限制等举措因触及民众和企业切身利益而引发一连串抗议活动。在此形势下，阿根廷政府进一步强化经济民族主义，强行对西班牙雷普索尔公司持有的 YPF51% 的股份进行国有化，试图缓解国内成品油供应紧张和财政危机，但这一举措引起了跨国资本家的不满和国外投资者的恐慌，最终在 2015 年大选中，丧失了市民和民族资本家集团支持且与农牧业出口集团和跨国资本家冲突不断加剧的"胜利阵线"候选人肖利，在第二轮投票中败给右翼政党联盟候选人马克里，阿根廷开启了新的政治时代。

第 五 章

阿根廷断裂状社会的治理策略

——庇隆主义

关于拉美民众主义的概念，一直存在五花八门的说法，但大体上可以分为两类：一类是将其与经济政策和发展阶段联系起来，另一类是将其看做一个政治概念。由于本书主要研究阿根廷经济发展进程的"钟摆现象"，因此将民众主义定义为与自由主义相对的一种经济增长和再分配模式，但庇隆主义显然超出了这一概念范畴。特别是在庇隆主义长期发展中，先后出现了庇隆、梅内姆和基什内尔夫妇三个长期执政阶段，经历了发展主义、新自由主义和新发展主义三种发展模式的剧烈转换。即便是在庇隆执政时期，也出现过从扩张性再分配政策到稳定化紧缩政策的转变。可以说，庇隆主义与特定经济政策联系并不紧密，决定其实质的因素更多是政治性的，是与阿根廷断裂状社会相适应的。庇隆主义通过将彼此矛盾对立的利益集团整合进入跨阶层联盟，避免了社会大革命的爆发，但维系联盟团结的需要决定了庇隆主义"领袖—群众""精英—民众"两分法以及"福利换支持"等一系列政治策略。

第一节　庇隆主义产生的思想渊源和历史背景

一　自由主义危机与民族主义的觉醒

阿根廷建国后，效仿英法范式的自由主义就成为治国理政的核心理念。随着中央集权的最终确立和经济繁荣期的到来，1880年起，阿根廷首个全国性政治组织——民族自治党诞生并开始主导政坛。这个政党代表了农牧业出口集团和官僚机构的利益，政治上认同民主共和制和"有秩序"的选举，经济上主张发挥农牧业比较优势积极融入国际市场，社会上承认建立在大地产和精英教育基础上的阶层特权，相信经济增长会"自然而然"解决社会问题，这些主张和信念也是保守派的重要思想基础。由于地广人稀，经济的快速发展很快就暴露出劳动力短缺的问题，阿根廷的政治领袖提出"统治即移民"的口号，吸引了大批南欧和东欧移民。但大规模人口迁移改变了社会结构，中产阶层兴起并发展壮大起来，传统精英阶层通过选举舞弊和暗箱操作垄断政权并维持表面和谐的做法越来越难以为继。困扰阿根廷政治进程的核心问题也从建国后的中央集权与地方自治之争，逐渐转变为中产阶层和劳工集团要求政治参与的选举改革之争。

1912年，保守派迫于压力制定并通过了选举改革法，试图以普选制和少数代表制相结合的方式，有限度地将中产阶层纳入政权中。但出乎其预料的是，选举改革引发了规模空前的全国性政治动员，伊里戈延领导的、代表中产阶层利益的激进公民联盟迅速取代民族自治党成为国内第一大政治力量，联盟领导人伊里戈延1916年成功当选为总统。从意识形态上看，尽管激进公民联盟的崛起打破了精英的政治垄断，但两党本质上都认同现行体制和自由主义的主流思想。马克思主义并不被当时的阿根廷社会所接受，1895年成立的社会主义党很快就转向改良主义路线，成为接受现行体制的左翼政党。教会、军队、大学等社会力量也都没有发展出"反体制"思想，只有人数十分有限的无政府主义者和共产主义者被看作是现行体制真正的"敌人"。而作为新兴移民国家，阿根廷没有经历过封建主义阶段，也没有相应地发展出极端保守主义意识形态，这一时期对自由主义的冲击主要来自于精英集团对普选的模糊态度和激进左翼力量的发展。

随着"一战"的爆发，精英阶层秉持的保守主义和自由主义开始面临"民主化"和"赤化"的双重冲击。一方面，随着激进公民联盟领导人伊里戈延上台执政，大批中产阶层特别是移民后裔进入政权之中，传统统治秩序的改变引起了精英阶层的不安。另一方面，俄国"十月革命"的胜利同样鼓舞了阿根廷的激进左翼力量，他们于1918年成立了阿根廷地区工人联合会（FORA），领导多次罢工并与军警发生大规模流血冲突。精英阶层对此反应更为激烈，认为这些罢工抗议活动是"无政府主义分子""外国势力"甚至是"犹太人"在背后煽动的，目的是为发动布尔什维克革命做准备。伊里戈延和激进公民联盟总体认同精英阶层的反共立场，但并不认为所有罢工都是"不公正"和"布尔什维克"的，这加剧了精英阶层的恐惧。因此，当伊里戈延1928年再次当选为总统后，保守派掌控的媒体就开始引导舆论大肆指责其煽动民众和试图发动左翼革命。当伊里戈延试图加强中央集权特别是开始介入军队和地方人事任命时，精英阶层遂联合军队，利用"大萧条"引发的混乱局面，发动了1930年政变。

政变虽然推翻了伊里戈延政权，但自由主义作为阿根廷社会主导意识形态的地位却遭到挑战。政变后，乌里布鲁将军成立临时政府，开始塑造具有阿根廷特色的民族主义。这一时期，在全球资本主义政治经济危机刺激下，以寻求自由资本主义和革命社会主义之外的第三条道路为主要特征的职团主义在欧洲诞生并迅速获得引人注目的发展。由于特殊的历史文化联系，墨索里尼在意大利建立法西斯主义职团制国家的尝试对阿根廷各界特别是军队产生了重要影响。在此背景下，热衷法西斯主义的乌里布鲁将自由主义及其民主选举制度斥为造成阿根廷"民众暴政""社会动荡"和左翼壮大的"罪魁祸首"，并试图以宪法允许的非革命方式，用职团主义国家取代自由主义国家。但由于缺乏足够的社会基础，这个尚在形成中的民族主义力量很快就在政治斗争中败给保守派。1932年，随着胡斯托将军当选为总统，政权再次回到农牧业出口集团手中。从意识形态角度看，尽管乌里布鲁执政迅速以失败告终，但其构建职团主义国家和跨阶层联盟的想法，将不同对手和问题强行捏合成模糊宽泛的唯一"敌人"等做法，对此后庇隆主义的形成和发展产生了深远影响。

二　民族主义的民众化和庇隆主义的萌芽

夺回政权后，尽管农牧业出口集团通过选举舞弊继续垄断政权并借助军队力量维持统治秩序，但受外贸条件持续恶化、农牧业发展抵达疆域极限、国内消费不断挤占农牧产品出口份额等因素影响，自由主义发展模式遇到的挑战有增无减。而人数众多的劳工集团长期"游离"于政权之外，使阿根廷社会更像是一个一触即发的火药桶。在此背景下，新兴的民族主义者和激进主义者均意识到了争取劳工集团的政治支持对其夺取政权的重要性。

在民族主义者方面，乌里布鲁派失去政权后，曾一度寄希望于军队不堪忍受"左翼挑衅"而很快发动政变。但随着农牧业出口集团借助军队支持得以长期垄断政权，乌里布鲁派逐渐意识到，不能一直被动地游离于政权之外等待"军人领袖的救赎"，他们开始主动争取劳工、农民等社会力量的支持，分化吸收激进派支持者，以扩大自身的政治基础。他们赞美农民阶层的"纯洁"和激进主义者的"民族感情"，提出要捍卫工会活动并组织广泛的、统一的全民族政治运动。这些顺应"时势"的转变对阿根廷民族主义的发展产生了重要影响，一些以往"左翼特有的关切"，特别是社会公正和经济独立等理念被纳入民族主义中。而保护中小工商业者和中小农牧业者免受"国际资本"侵害、取消外国企业在阿根廷的垄断地位、将肉类和谷物贸易"国有化"等也开始成为民族主义的政策主张。此外，为同时讨好劳工和资本家两大对立集团，民族主义者还做出许多自相矛盾的政治承诺，如承诺"解放"劳工的同时终结罢工行为等，这造成了农民、劳工等社会中下阶层对民族主义的怀疑和疏远。乌里布鲁派的支持者仍局限于中产阶层青年中，而内部的四分五裂更限制了其进一步发展壮大。

在激进主义者方面，激进公民联盟内部以"阿根廷青年激进主义力量"运动（西班牙文简写为 FORJA）为代表的多个派别，继承发展了伊里戈延重视民众、发动民众的思想，开始尝试对民族主义进行"民众化"改造。他们强调，阿根廷社会发展的动力和政权合法性的根源都来自于民众，社会的败坏则源于精英阶层。他们将伊里戈延描绘成对阿根廷民族主义做出了实质性贡献的人，并将缩小阶层间贫富差距和争取经济独立说成是伊里戈延的夙愿。"FOR-JA"运动高调反对外国势力及其在阿根廷的代理人，同时还将中下层民众改善经济社会地位和扩大政治参与等诉求纳入政治主张中，提出"祖国、面包和赋权予人民"的口号。

可以看出，这一时期，不管是乌里布鲁式的民族主义还是伊里戈延式的民族主义，其核心目标都是谋求阿根廷经济和外交上的真正独立，但在实现方式上，乌里布鲁派受欧洲法西斯主义影响，主张建立集权的职团主义国家，由"独裁领袖"带领国家获得独立；而伊里戈延派则强调扩大民众政治参与是摆脱精英统治和外国干涉的唯一方式。此外，由于精英集团长期通过选举舞弊垄断政权，民族主义者对精英阶层和民主制度普遍持不信任甚至是轻视的态度。因此，当1943年年初糖业大王科斯塔被内定为下任总统后，军队中受民族主义影响较深的中下层军官遂认为，科斯塔在"二战"中过于倾向同盟国并可能改变阿根廷坚持的"中立"立场，其所代表的精英阶层腐败无能，根本无法带领国家度过当前的非常时期。他们组成"联合军官团"于 1943 年 6 月发动政变，推翻卡斯蒂略政权，建立了军政府。

夺取政权后，阿根廷民族主义的"两大路线之争"同样延续到了军政府内部。以总统拉米雷斯将军为首的乌里布鲁派和以副总统兼战争部长法雷尔为首的伊里戈延派展开激烈的权力斗争。以法雷尔 1944 年年初取代拉米雷斯出任总统为标志，伊里戈延派逐渐占据了上风，而"二战"中轴心国的战败更确立了伊里戈延派的主导地位。随着庇隆成功地将两派的政治主张融合起来并争取到劳工集团的支持，庇隆主义开始登上阿根廷的历史舞台。

值得注意的是，庇隆主义从诞生之时其就具有鲜明的折中色彩，其中既可以看到民族主义、天主教社会主义、法西斯主义等意识形态的影子，与庇隆早年的个人经历、欧洲思潮和其他拉美国家的发展模式等内外环境因素密不可分。其中，早年在圣达菲省偏远地区服役的所见所闻在庇隆心中埋下同情支持劳工等底层民众的种子。对军队组织和行动优势的认同以及军队参与阿根廷工业化的成功经验尝试坚定了庇隆加强国家对经济干预和推动进口替代工业化的决心。推翻伊里戈延政府激发了军人参政的热情，军队中盛行的斗争意识影响了庇隆的政治思想并使其具有鲜明的对抗性。出生于天主教家庭的庇隆，对阿根廷天主教社会主义宣扬的探索"个人主义"和"集体主义"之外的第三条道路、通过社会公正和人与人之间的合作和平解决阶层利益之争以及对阿根廷腐朽封建的自由主义的批判等早已耳熟能详。庇隆还全盘吸收了伊里戈延执政后期所倡导的重视经验、信任民众、反精英、反帝国主义、反对通过机构设置制约政治权力等理念。而庇隆同法西斯德国和意大利的短暂接触，以及对两国经济社会组织方式和技术进步的钦佩也使庇隆主义面临亲法西斯主义的指责。此外，这一时期，墨西哥的卡德纳斯政府、巴西的巴尔加斯政府、玻利维亚的布什政府等均开始探索经济独立和公平分配的道路，相关经验对庇隆主义发展也有重要的借鉴意义。对于折中主义的指责，庇隆本人并不讳言，他曾表示："首先，我们并不故步自封……我们尊重事实。如果共产主义中有可以借鉴的东西，我们就会毫不畏惧的予以借鉴。如果法西斯主义、无政府主义或者共产主义中有好的东西，我们都会采纳。"[①]

三 劳工集团参政和庇隆主义政党的诞生

1943 年政变后，在副总统兼战争部长法雷尔（庇隆担任其秘书）和部分工会领袖的支持下，庇隆被任命为全国劳工局局长。这一时期，阿根廷劳工人数众多，但工会组织分散，意识形态各异（其中以马克思主义、革命工团主义、无政府主义和社会主义影响最大），在政坛几乎没有任何影响。到 1939 年，阿根廷产业工人中仅 30% 加入工会。到 1943 年，登记在册的工会会员约 40 万人，仅占劳动者总数的 12%。在肉类加工等重要产业以及在罗萨里奥等新兴工业中心，则没有建立起任何工会组织。庇隆敏锐发现并利用了劳工集团这一弱点，通过提高工资待遇、改善劳动条件、扩大政治参与等方式，将劳工动员起来并争取到劳工对军政府特别是他本人的支持，这使得庇隆在军政府中的地位快速提升。1943 年年内，庇隆就将退休金和养老金管理、公共卫生、社会救助、租房、失业救济等多个机构并入劳工局，在此基础上成立劳工和社会保障部并出任部长。1944 年 2 月，庇隆被任命为战争部部长，同时兼任劳工和社会保障部长。7 月，庇隆晋升为副总统并继续兼任战争部、劳工和社会保障部部长。

另一方面，庇隆动员劳工并将其争取到自己阵营的做法，遭到其他社会阶层的强烈反对。保守派指责庇隆是煽动劳工破坏社会秩序的罪魁祸首，军队内部对此也颇有微词，"联合军官团"因此解体。同时，随着"二战"形势渐趋明朗，法雷尔和庇隆领导的军政府不

---

① J. D. Perón: *El Gobierno, el Estado…*, pág. 34, 转引自 Cristian Buchrucker, "Nacionalismo y peronismo, La Argentina en la crisis ideológica mundial", Editorial Sudamericana, Buenos Aires, 1967, p. 303.

得不转变立场，改善同美国的关系，并开启政治民主化进程。由于在意识形态和外资政策上分歧严重，新任美国驻阿根廷大使布莱登与庇隆迅速交恶。布莱登引导西方主流媒体将庇隆描绘为具有集权倾向的法西斯分子，煽动刚刚取得合法资格的共产党、保守派、激进党和社会主义党联合发起反法西斯运动，并与庇隆支持者发生流血冲突。社会动荡给了反对庇隆的军官可乘之机。

1945 年 10 月，阿瓦洛斯将军宣布将率"五月兵营"驻军"挺近"总统府。面对军队"逼宫"，法雷尔总统不得不做出让步，庇隆被迫辞去所有职务并遭到逮捕。劳工集团担心刚刚争取到的权益得而复失，遂联合支持庇隆的军官发起大规模罢工和游行抗议活动，反对派政治力量也趁机要求军人"还政于民"。重重压力之下，政变军人被迫在罢工当晚即释放庇隆。这次"营救事件"极大提升了庇隆的个人威望，并使其与劳工间有了一种类似于宗教"受难与救赎"般神秘而特殊的联系。

事件后，为平息政变影响，庇隆退出军政府并宣布于第二年（即 1946 年）2 月 24 日举行大选。为筹备迫在眉睫的大选，庇隆的重要支持者、阿根廷工会联盟（Unión Sindical Argentina, USA）前总书记盖伊发起成立劳工党，并推举庇隆为该党候选人参选。除劳工党外，庇隆的支持者还成立了激进党革新委员会和独立党，分别争取激进党和保守派中支持庇隆的力量。劳工党作为庇隆主义工会力量在政治领域的主要代表，为庇隆赢得 1946 年大选发挥了决定性作用。该党提出的竞选纲领包括对国民经济重要行业实施国有化、消除大庄园制、提高直接税、完善社会保障体系等，具有社会民主主义和民众主义色彩。而劳工党的主要竞选对手"民主联盟"，则是由保守派、共产党、社会主义政党等意识形态迥异的政治力量临时拼凑起来的反庇隆主义政治联盟，缺乏统一的竞选纲领，组织上也较为混乱。最终，庇隆以 52.4% 的得票率赢得大选，首次上台执政。社会主义政党和共产党遭遇惨败，丧失国会席位，这客观上为庇隆主义巩固其在劳工集团中的主导地位营造了有利环境。

第二节　庇隆主义的发展与演变

一　庇隆首次执政与庇隆主义的正式确立

赢得 1946 年大选并上台执政后，庇隆立即着手推动并组织起草了 1949 年宪法，大幅提高工人在工资待遇、工作条件、培训和社会保障等方面的权利，赋予妇女投票权并修改选举规则（规定总统可连选连任、取消选举团制度等）。庇隆将庇隆主义理论的核心概括为"第三立场"并将"政治主权、经济独立和社会公正"作为庇隆主义运动的"三面旗帜"。

从政策实践上看，政治上，庇隆支持劳工集团扩大政治参与，鼓励民众组织起来直接向国家表达诉求，以"有组织的共同体"和"社会民主"取代少数人独享的"自由主义民主"。外交上，庇隆坚持独立自主的"第三立场"，同以美苏为首的两大阵营及其所代表的个人主义和集体主义两种极端意识形态均保持距离。经济上，庇隆全面加强国家对经济的干预，先后制定并实施第一个五年计划（1947—1951 年）、1952 年经济计划（应急计划）、第二个五年计划（1953—1957 年，因庇隆政权被推翻未能完成），以赎买方式将一批外资企业（主要涵盖铁路、保险、电话、天然气等领域）收归国有，控制了出口贸易和银行体系，并通过成立工业信贷银行、外贸促进局和四大工业联合体（涉及民航、造船、冶金、化工和纺织等领域）推动以国内市场为导向的民族工业发展。社会上，除以宪法形式保障劳工的基本权益外，庇隆还借助埃娃·庇隆（庇隆夫人）基金会向社会弱势群体直接提供救助，建立劳工法庭并不断强化集体协商机制，通过公立中学和大学教育免费、成立全国劳工大学、制订儿童旅游计划等方式积极构建福利制国家。政党建设上，庇隆组建了统一的庇隆主义党并成为"第一党员"。该党下辖三大系统，即工会系统、政治系统和妇女系统（20 世纪 70 年代兴起的庇隆主义青年运动被认为是其第四大系统）。

　　总体而言，执政前期（1950 年危机前），庇隆的社会福利政策和分配改革取得了较大成功，但政治改革成效不彰，旨在减少对外依附性的工业化政策则喜忧参半，特别是工业发展所需的机器和原材料大都来自进口，需要农牧业集团出口创汇支撑，从而形成另一种形式的依附。值得注意的是，庇隆此时的一些表态，如打破大地产制的主导地位并为农民购买土地提供便利、冻结土地和住房租金（中产阶层重要收入来源）、提高贷款税税率等，已经引起了农牧业出口集团、中产阶层和跨国资本家的不安和反感。

　　受国际贸易条件恶化、1949 年和 1951 年连续遭遇旱灾等因素影响，1950—1952 年间，阿根廷爆发经济危机。危机严重削弱了庇隆继续对劳工集团进行民众主义动员的能力，庇隆不得不更多地依赖于强化个人崇拜、限制打压反对派和加强舆论管控等专制手段维持统治秩序，同时向其支持者承诺构建新型民主，允许工会和群众组织代替政党参政并直接管理生产资料，但这引发了传统势力的恐惧。另一方面，庇隆政府也不得不对掌控国家经济命脉的农牧业出口集团和跨国资本家集团做出一些妥协，如宣布向农产品出口提供补贴、制定并通过外国投资法、同美国标准石油公司等跨国企业签署合作协议等。但在危机的刺激下，社会中对庇隆主义的仇视情绪仍在不断积聚。最终，以庇隆与教会的冲突为导火索[1]，精英集团

---

　　[1]　庇隆执政后，多次在演讲中将庇隆主义运动解读为"基督教运动的一种务实和现代化形式"，庇隆主义支持者对庇隆夫人进行宗教般的个人崇拜，这些都引起阿根廷教会的不满。庇隆主义运动和教会对青年和工会组织的争夺更引发了双方的直接冲突。1954 年，庇隆将双方冲突界定为"反对派披着宗教外衣发动的企图颠覆政权的进攻"并采取了一系列限制教会势力和影响的举措：颁布民事离婚法、放宽对卖淫行为的法律限制、取消公立学校中的宗教教育及多个宗教节日的法定地位。教会随即开展针锋相对的抗议活动。最终，1955 年 6 月的圣体节宗教游行演变为反庇隆政权的大规模抗议活动。庇隆政府立即予以回应，宣布将塔托和诺沃阿两名主教驱逐出境。双方冲突愈演愈烈，中产阶层、保守派意识到这是颠覆庇隆政权的好机会，遂联合海军和空军发动政变。

和中产阶层联合海军和空军发动1955年政变，推翻了庇隆政权。

政变爆发后，庇隆发现"忠于"现政权的军官对镇压叛乱十分冷漠，劳工集团虽然政治上被动员起来，但却没有接受过任何军事训练。尽管阿根廷总工会此前曾提议组织民兵，但由于西班牙内战的前车之鉴和对劳工的不信任，庇隆最终选择放弃抵抗，这避免了阿根廷爆发内战，也使得劳工集团能够保持并继续发挥其罢工游行和选票两大优势。学者瓦尔德曼（Waldmann）[①] 曾就此分析到："庇隆拒绝向工人发放武器以保卫政权，是因为庇隆害怕共产党领袖借机实施更深的社会和政治变革。"

作为一个务实和具有政治手腕的领袖，庇隆通过模糊意识形态界限，试图将极左翼和极右翼以外的几乎所有政治派别和利益集团纳入其领导的运动之中。尽管庇隆带来的变革是渐进和改良的，但在阿根廷当时的政治氛围和社会心理下，这些变革不断积累带来的震荡仍无法在短期内被吸收。庇隆社会政策的巨大成功，特别是劳工集团收入和待遇的大幅提高是以其他集团利益损失为代价的，这种"零和博弈"在经济繁荣期尚可以维持，但1950—1952年间爆发的经济危机使得其他集团越来越无法忍受继续对劳工进行"历史性补偿"。而这一时期对庇隆夫妇愈演愈烈的个人崇拜和对反对派空间日益升级的挤压，使得政治和意识形态危机与分配危机同时爆发。

总体来看，庇隆政权的稳定依靠两方面因素：一是通过赢得大选获得执政合法性。但随着庇隆的集权倾向和打破传统政党模式的可能不断上升，这一合法性遭到严重削弱。二是维持劳工、军队、教会、农牧业主和寡头资本家等主要集团脆弱利益平衡的能力。1950年危机前，庇隆尚可以凭借其个人威望和领袖魅力维持这一平衡，成为各集团基本公认的利益协调人和裁判员。但到了执政后

---

① Peter Waldmann："El Peronismo, 1943 – 1955", Buenos Aires, 1974, p. 267.

期，庇隆对以劳工为代表的社会中下层民众的依赖日益加深，这造成工会组织和官僚机构势力不断增强，打破了这一权力平衡并对社会中政治经济领域的保守势力（主要包括传统农牧业、资本寡头、军队）和文化领域的传统势力（主要包括教会、军队）造成严重的心理冲击。庇隆政府同时将经济发展的推动者、社会矛盾的调解者和社会福利的提供者三个角色集于一身，这对官僚体系提出了过高的要求，而且这与庇隆主义内部集权倾向也存在内在矛盾。此外，庇隆主义强调"领袖与无衫汉"的直接联系，忽视日益壮大的中产阶层，造成其在新的权力格局中无法找到自己的政治角色。这一时期的亲历者、学者豪雷切①对此写道："还要看到，庇隆主义在其变革进程中并没有给资本家和中产阶层留有一席之地。庇隆作为一名军人，没有意识到这些具有重要影响的社会集团，在做权衡时仅仅考虑集团人数，这是令人费解的。"

二　庇隆主义与反庇隆主义的"不可能博弈"

推翻庇隆政权是一件容易的事，但清除庇隆主义的政治影响和社会基础却不易。由于无法将庇隆主义完全排除在政权之外（劳工集团掌握着超过三分之一的选票并可以通过发动罢工、游行等抗议活动直接威胁政权稳定），也难以将其纳入政权之中（一旦庇隆党特别是庇隆本人可能重返政坛，军队就会发动政变予以阻止），这造成了这一时期文官和军人政权"你方唱罢我登场"的混乱动荡局面。

1955 年政变后，出任总统的洛纳尔迪将军主张同庇隆主义和解，并提出"既无赢家也无输家"的口号。但这一立场遭到军队中"强硬派"的激烈反对。不到两个月，洛纳尔迪就被迫辞职。代表"强硬派"的阿兰布鲁将军接任总统后，在全社会发起"去庇隆

①　A. Jauretche："El Medio Pelo en la Sociedad Argentina"，Apuntes para una Sociología Nacional，Buenos Aires，1967，p. 294.

化"运动，废除 1949 年庇隆主义宪法，解散庇隆党，清洗庇隆派官员和部分工会领袖，禁止在公共场合出现任何庇隆主义政治符号，并控制阿根廷总工会。1957 年，阿兰布鲁召集制宪大会商讨制定新宪法。但由于弗朗迪西领导的不妥协激进公民联盟对大会合法性提出质疑和抵制①，大会只得宣布重新启用 1853 年宪法，并保留了庇隆主义宪法中保障劳工权益的有关条款。在明确禁止庇隆党参选后，阿兰布鲁将政权归还文官政府。1958 年大选中，弗朗迪西暗中与庇隆达成协议，获得庇隆主义者支持并以 45% 的得票率当选，庇隆主义者贡献了其中一半以上选票。

尽管弗朗迪西上台后采取了大赦庇隆主义政治领袖、取消对工会活动限制等举措，但仍继续维持对庇隆党参选的禁令，这被认为是违背了此前达成的协议。而其经济稳定计划以及允许美国企业在阿根廷开采石油、对"里桑德罗·德拉托雷"冷藏厂实施私有化等做法更激起了庇隆主义者的不满，铁路、石油、冶炼等行业工会发起多次大罢工并与军警发生激烈冲突。1960 年议会选举中，庇隆指示其支持者改投空白票，但实际上不少庇隆主义者在钢铁工人领袖潘多尔的领导下投票支持人民联盟等新庇隆主义党（即不受庇隆直接领导但认同庇隆主义意识形态和基本政策的政党），这导致不妥协激进公民联盟得票锐减。为挽回庇隆主义者的支持，弗朗迪西最终同意庇隆党参加 1963 年的议会和地方选举，这是 1955 年后正义党首次被允许参选，庇隆也试图借机参选布宜诺斯艾利斯省副省长和众议员，但遭到禁止。不过正义党并未受到此事影响，仍斩获 32% 的选票，超过其他所有政党，一举拿下布宜诺斯艾利斯省等 10 个省的省长席位和 46 个众议院议席。庇隆党重新成为国内第一大

---

① 1956 年党代会上，激进公民联盟因在如何对待庇隆主义这一问题上立场出现分歧而分裂为两派。其中巴尔宾领导的人民激进公民联盟支持阿兰布鲁的"去庇隆化"运动，主张废除庇隆政府颁布的法令；弗朗迪西领导的不妥协激进公民联盟主张同庇隆主义进行谈判，要求保留庇隆政府在社会福利和劳工权益方面的法令，认为阿兰布鲁政府有关做法有违民意。

政党以及庇隆可能回国参政，引起了反庇隆主义者特别是军方的恐惧。3 月 29 日，军方代表克莱门特将军宣布弗朗迪西总统下野并将其扣押，参议院主席吉多出任代总统，并在军方授意下宣布选举无效，恢复对庇隆党和共产党的选举禁令，加强对工会的管控。

　　1963 年，阿根廷再次举行大选。在正义党被禁止参选、不妥协激进公民联盟领导人弗朗迪西遭监禁的混乱局面下，人民激进公民联盟候选人伊利亚以 25% 的低得票率当选，庇隆主义者投出的空白票就接近 20%，这使得伊利亚的执政合法性广受质疑。上任后，伊利亚废除了同美国公司签订的石油开采协议并着力削减公共债务，此举引发了美国和国内民族资本家的不满，他们操纵阿根廷国内外媒体大肆攻击伊利亚，将其描绘为低效和不作为的"乌龟"。另一方面，为展示实力并争夺国内庇隆主义运动的领导权，钢铁工人领袖潘多尔自 1964 年年中起组织实施了多次罢工和占领工厂等抗议活动。为平衡潘多尔快速上升的影响力，庇隆 1964 年曾试图返回阿根廷，但伊利亚说服巴西政府阻止庇隆从里约热内卢飞往布宜诺斯艾利斯并将其遣送回西班牙。

　　1965 年，伊利亚禁止正义党参加议会选举的同时，允许潘多尔主导的人民联盟参选，试图借此打造一个"没有庇隆的庇隆主义政党"并将劳工集团纳入其中。人民联盟在此次选举中获得了超过 30% 的选票，议会席位也从 8 席猛增至 52 席，这一选举胜利引起了庇隆主义内部其他派别对潘多尔可能一家独大的担忧，而潘多尔试图架空庇隆的行为更是招致庇隆支持者的激烈反对。1965 年 10 月，庇隆派他的第三任妻子马丁内斯返回阿根廷，分化打压潘多尔派的势力。以 1966 年年初门多萨省长选举①为标志，庇隆证明了其在庇隆主义中仍有不可动摇的地位。由于担心庇隆掌控的政治力量

---

　　①　1966 年 4 月举行的门多萨省长选举中，庇隆和潘多尔分别支持不同的候选人参选。尽管最终这两人均未胜选，但庇隆所支持的候选人得票是潘多尔所支持候选人的两倍多。反庇隆主义普遍认为，这次选举结果表明，通过与潘多尔谈判解决庇隆主义的政治参与问题是行不通的。

在即将举行的布宜诺斯艾利斯省省长选举和1969年大选中获胜，军队于1966年6月28日再次发动政变，将伊利亚赶出总统府。

总体来看，这一时期阿根廷的政治进程主要围绕如何对待庇隆主义展开。其中，阿兰布鲁试图彻底清洗庇隆主义，弗朗迪西试图拉拢庇隆主义为其所用，伊利亚试图引导庇隆主义放弃"运动主义"传统并将其纳入现行政治体系中。由于庇隆主义在中下层民众特别是劳工集团中根深蒂固，任何执政集团都不能对此视而不见。反庇隆主义内部派系林立，彼此竞争的非庇隆党候选人都难以通过一己之力赢得选举，以某种形式承认庇隆主义者换取其选票支持就成为现实的政治选择。但同时，防止庇隆重返政坛、防止工会组织"向左转"、防止自身分裂是军队划出的三条"红线"，而阿根廷国内的庇隆主义力量又无法摆脱庇隆的控制和对庇隆个人威望的依赖，因此只要庇隆主义政党有望赢得重要选举（总统或首都地区地方选举），军队就会发动政变否决选举结果。内部分裂和工会组织的强大压力导致非庇隆党（主要是激进党）无法稳定执政，而庇隆党执政又会遭到军队否决，这种"不可能博弈"在造成政权频繁更迭和政策缺乏连续性的同时，也引发了经济衰退，越来越多的民众开始对所有政党都感到厌倦，这为此后军事威权主义政权的出现做了社会铺垫。

三　庇隆主义的短暂"回归"与庇隆逝世后的混乱

1966年政变后，"蓝派"① 将领翁加尼亚上台执政，宣布实行由三个"时段"组成的"阿根廷革命"。第一个时段是"经济时段"，主要目标是稳定经济，恢复增长，推进国家现代化建设；第二个时段是"社会时段"，主要是分配前期经济发展的成果；第三个时段是"政治时段"，主要是将政治权力交还摆脱了政党纷争的

————

① 主要指阿根廷军队中肯定庇隆主义中存在着民族主义和基督教社会民主主义的积极成分并主张利用庇隆主义抵制共产主义渗透的一派军官。

国家机构。为了结束此前党争不止、社会动荡的局面，翁加尼亚宣布解散议会并禁止所有政党活动、取消大学自治权、加强媒体管控，封闭了几乎所有民意表达和政治参与的途径。为了抑制通胀和吸引外资，翁加尼亚政府采取了一系列经济紧缩和自由化举措，主要包括限制消费和社会支出、压制劳工诉求、废除部分保护主义和国有化举措、大幅贬值货币、实施大型基础设施建设工程等。这些举措取得了一定成效，跨国资本家和国内寡头资本家成为其中最大的受益者，而农牧业出口集团、中产阶层、民族资本家和劳工集团则承担了改革的主要代价。

翁加尼亚在对待庇隆主义的问题上属于军队中的"温和派"，庇隆主义政治力量在政变初期对其态度总体也比较积极，钢铁工会领导人潘多尔出席其就职仪式，庇隆本人也认为政变领袖宣布的执政理念符合庇隆主义运动原则。尽管如此，阿根廷全国总工会还是由于对翁加尼亚政权态度不同分裂为两派：一派被称为"阿索帕尔多全国总工会"（因总工会总部位于布宜诺斯艾利斯市阿索帕尔多大街802号得名），由钢铁工人领袖潘多尔领导，主张同政府对话合作；另一派被称为"阿根廷人总工会"，由翁加罗领导，主张同政府抗争到底。但随着经济稳定计划的实施，特别是冻结工资和限制罢工等举措，引发了劳工集团日益强烈的不满。潘多尔也不得不数次发动罢工等抗议活动并遭到政府镇压，这使得翁加罗领导的反抗派势力不断增强，并开始在科尔多瓦、土库曼、罗萨里奥等内陆省份占据工会运动主导地位。与此同时，为反抗政府镇压并在古巴革命鼓舞下，阿根廷城市社区和大学中涌现出一批"新兴"庇隆主义组织，特别是庇隆主义青年团及其下属的庇隆军、蒙特内罗游击队、革命武装力量等庇隆主义"左翼"或"游击队"的出现，使庇隆主义中融入了城市中产阶层，并具有了武装夺权的社会革命色彩。

1969年起，翁加尼亚的高压政策已经越来越难以压制社会各利益集团的不满：劳工对冻结工资和限制集体谈判不满，民族资本家对取消部分保护主义举措不满，农牧业出口集团对本币大幅贬值和提高其产品出口税不满，学生和文化阶层对取消大学自治和各类新闻禁令不满，就连作为政权"支柱"的军队和寡头资本家也对翁加尼亚试图建立职团式统治以及向劳工和民族资本家妥协感到不满。1969年5月，内陆工业中心科尔多瓦市的工人和学生发起反独裁、反紧缩的大规模游行罢工抗议运动，史称"科尔多瓦大暴动"。暴动引发了翁加尼亚内阁集体辞职，更开启了左翼游击活动和右翼恐怖活动此起彼伏、军警镇压与社会抗议恶性循环的动荡时期。6月，"对话派"工会领导人潘多尔遭蒙特内罗游击队暗杀，"反抗派"领导人翁加罗被政府逮捕，这进一步激化了政府与劳工集团的矛盾。翁加尼亚企图仿效西班牙弗朗哥长期垄断政权，引发了军队中"自由派"军官的强烈不满，其迫于工会和民族资本家的压力而放弃稳定化计划，又招致寡头资本家和美欧国家的反对。1970年6月，以前总统阿兰布鲁被蒙特内罗游击队绑架杀害为导火索，自由派军官发动政变，翁加尼亚被迫下台。

政变后，拉努斯将军主导的三军司令委员会任命利文斯顿将军接任总统，并希望借其手实行"集体统治"。但利文斯顿就任后就"自作主张"地改变了此前的自由主义政策，开始实施民族主义和发展主义经济政策，积极寻求改善同各政党及劳工集团的关系。经济"阿根廷化"造成大量资本外逃，提高工资和向国有企业提供大量低息贷款引发了恶性通胀和更大的社会不满。各政党团结在"人民时刻"联盟下，拒绝新政府缓和双方关系的建议，要求立即举行大选。阿根廷总工会在新任总书记鲁西的带领下，发动多次大罢工和示威游行。1971年3月，科尔多瓦市再次爆发大规模抗议运动，三军司令委员会对利文斯顿丧失耐心，勒令其辞职并由拉努斯将军接任总统。

拉努斯上台后延续了前任的民族主义经济政策，同时将执政重心转移到恢复国家稳定和为军事独裁寻找出路上。拉努斯宣布实行"全国大和解"，任命人民激进公民联盟领袖摩尔为内政部长，宣布解除政党禁令并于 1973 年 3 月举行大选。拉努斯意识到继续保持对庇隆主义的高压政策不利于国家稳定和顺利施政，推动庇隆主义"去庇隆化"已经被证明并不可行，他不得不通过谈判，将庇隆纳入其"全国大和解"进程中，并采取了将庇隆夫人埃娃·庇隆的遗体归还庇隆、允许庇隆领导的正义党参加大选、撤销对庇隆的各项指控并允许其返回阿根廷等一系列举措。但出于对庇隆本人可能重掌政权的担忧，拉努斯决定延续对庇隆参选的禁令，这迫使庇隆不得不指定坎波拉代表其参选。

1973 年 3 月，坎波拉以近 50% 的得票率击败激进公民联盟[①]候选人巴尔宾（得票率约为 21%）。尽管以庇隆代表的身份当选，但坎波拉执政后"擅自"采取了释放在押的庇隆主义游击队员、默许大规模游行以及占领工厂和公共部门等激进举措，这引起庇隆的强烈不满。1973 年 6 月 20 日，庇隆重返阿根廷。前往迎接的庇隆主义游击派（左翼）与正统派（右翼）在首都埃塞萨机场通往市中心的道路旁发生激烈冲突，造成数百人死亡，史称"埃塞萨惨案"，这成为坎波拉下台的导火索。7 月，坎波拉和副总统利马宣布辞职，众议长拉斯蒂里出任代总统并宣布 9 月举行大选。庇隆作为正义党候选人以 62% 的得票率当选，激进党领袖巴尔宾得票率仅为 24%。

面对通胀高企、外贸失衡和债台高筑等严峻的经济形势以及庇隆主义内部愈演愈烈的派系之争，庇隆上台后将恢复稳定与秩序作为执政重点。一方面，庇隆同主要政党特别是激进公民联盟领袖巴尔宾建立起良好的个人关系，双方就共同反对党禁和维护民主制度体系达成重要共识。另一方面，庇隆政府同代表劳工集团的全国总

---

① 1921 年阿根廷法院判决人民激进公民联盟可以单独使用激进公民联盟的名称，弗朗迪西领导的不妥协激进公民联盟随即更名为不妥协党。

工会和代表民族资本家的经济联合总会签署了"社会协议"，承诺携手恢复工农业生产并通过商品限价来平抑通胀压力。为抑制工会的自治倾向，庇隆修订行业组织法，规定国家有授予、中止和取消工会法人资格及干涉工会的权力，上级工会有干涉下级工会的权力，由劳工部在每个行业指定一个代表性工会，以加强工会体系的垂直领导，恢复职团主义国家治理结构。对于庇隆主义内部左翼革命派和右翼正统派的激斗，庇隆明确站在正统派一边，表示革命派中混入了社会主义和马克思主义分子，庇隆主义同这两者存在意识形态分歧。蒙特内罗游击队暗杀阿根廷全国总工会主席鲁西后，庇隆更是强烈谴责，并与游击派公开决裂。

1974年1月，以庇隆主义游击队"人民革命军"袭击阿苏尔兵营为导火索，庇隆开始着手清除革命派势力，先后将同情革命派的布宜诺斯艾利斯、科尔多瓦等省省长撤职，随后将前总统坎波拉驱逐出党。庇隆还任命正统派领袖雷加为内政部长，修改刑法以加大对恐怖主义活动的处罚力度。革命派则针锋相对地提出，庇隆近侧都是"雷加派"人物，需要打破这种"包围"以便庇隆能够直接倾听他们的诉求。随着庇隆主义内部政治斗争的愈演愈烈，阿根廷面临的国际经济环境也急剧恶化，国际农产品价格大幅下跌、欧共体为抗击口蹄疫停止进口阿根廷肉类产品，这导致阿根廷外汇收入锐减，而石油等民族工业发展所需的原材料价格上涨使阿根廷的形势雪上加霜。囿于"社会协议"限制，民族资本家无法将原材料价格上涨转移到最终产品价格中，只能采取减少投资、减产和将产品转移到黑市出售等方式以减少损失，工会对此前在工资诉求上做出的让步也日益不满，以冶金工人联盟为首的部分工会开始绕过工会领导层私下进行集体协商并支持放开价格管制，这造成了全国总工会的分裂。1974年6月，庇隆发表讲话谴责这些试图破坏"社会协议"、不负责任的工会领袖和企业家，表示将继续推进现行经济计划。但随着7月的庇隆逝世，经济计划和"社会协议"失去了最重要的政治支撑，庇隆主义内部各派的矛盾也迅速扩大和激化。

庇隆逝世后，其第三任夫人、副总统马丁内斯继任总统。由于缺乏执政经验和执政威望，正统派领袖、社会福利部长雷加成为政权的幕后控制者。雷加不断扩大右翼势力在政府中的存在，并支持组建准军事组织"阿根廷反共联盟"，对左翼领袖展开暗杀活动，左翼工会和蒙特内罗派随即展开激烈反抗。面对双方冲突不断升级，庇隆夫人决定加强政府干预并希望军方能够参与解决这一问题，但其邀请军人入阁的做法引发了军队的分裂和不满。1975年7月，由于对新任经济部长罗德里格大幅贬值货币和提高公共服务价格不满，全国总工会发起了首次针对庇隆主义政府的大规模抗议活动。在左右翼恐怖主义肆虐、罢工抗议活动遍及全国、经济形势持续恶化的动荡局面下，即将发生军事政变的传闻甚嚣尘上，庇隆夫人不得不将雷加解职并宣布于1976年10月提前举行大选。尽管庇隆夫人一再向军队妥协并试图联合主要反对党共同维护民主体制，但1976年3月军队还是发动政变推翻了政府，庇隆夫人以挪用公款罪被起诉并遭到关押。

政变后，魏地拉将军出任总统，随即宣布解散议会和工会，禁止所有政党和政治活动。与"阿根廷革命"时期不同，这次政变后出现了一个"纯粹"的军事政权。由海陆空三军司令组成的军事委员会成为最高权力机构，内阁部长中除教育部长外都是军人。军政府上台后将全国置于军事管制之下，大肆捕杀左翼游击队员及其同情者，并通过绑架、暗杀、酷刑等手段制造白色恐怖（史称"肮脏战争"）。为断绝"颠覆"活动产生的经济社会土壤，军政府不断加强意识形态管控，取缔工会等所有社会组织，并通过取消国家补贴、放松贸易保护、清除低效工业等方式，试图恢复农牧业大宗产品出口的传统比较优势，"一劳永逸"地解决外汇短期、财政赤字等问题并削弱产业工人的规模。但事与愿违，取消贸易保护造成民族工业在廉价外国商品冲击下纷纷破产，大批民众失业并陷入贫困，经济形势恶化和社会动荡也引发了军政府内部的分裂。

1981 年，立场相对温和的维奥拉将军接任总统，开始吸纳部分技术官僚和职业政治家进入政府，并降低了对工会活动的打击力度。激进公民联盟、正义党、不妥协党等主要政党随即组成"多党派联合委员会"，同政府就政治解严和举行大选进行接触。但激进公民联盟领导人巴尔宾此时突然逝世，引发了大规模的反独裁游行，军队高层将这一事件归咎于维奥拉对传统政党的一味"纵容"。1981 年 12 月，军事委员会突然宣布维奥拉因"健康原因"无法继续履职，由陆军司令加尔铁里将军接任总统。加尔铁里上台后恢复了"铁腕"政策，中断了同"多党派联合委员会"的接触，并于1982 年 3 月血腥镇压了工会和各政党联合发起的"和平、面包、就业"大游行。加尔铁里试图通过减少公共支出和货币流通平抑通胀压力，但却引发了严重的经济衰退。面对日益高涨的社会不满，加尔铁里铤而走险，于 1982 年 4 月发动了同英国争夺马岛的战争并遭遇惨败。6 月，加尔铁里宣布辞职，组成军事委员会的三军司令也被陆续撤换。战争的失利、对人权的践踏、经济的崩溃使军事委员会威信扫地，其执政合法性也销蚀殆尽。在巨大的社会压力下，继任的军事委员会来不及就交权同各政党讨价还价就自行瓦解，阿根廷迎来了自由民主制的"回归"。

四　庇隆主义政党化的失败与梅内姆的崛起

阿根廷自由民主制"回归"时，庇隆主义正遭遇着前所未有的发展困境。"肮脏战争"中，大批工会领袖和正义党高层遭到残酷镇压，最高领袖庇隆的逝世更加剧了庇隆主义运动的内部分裂和各派之间的权力斗争。1981 年，当各政党组成"多党派联合委员会"重返政治舞台时，内忧外困中的正义党不得不将委员会的领导权拱手让给激进公民联盟。到 1983 年大选前，钢铁工人领袖米格尔成为正义党第一副主席（庇隆夫人马丁内斯仍被尊为党主席，但其已移居西班牙且不参与政治事务）和庇隆主义运动主要领袖，党内重要领导人卢德尔（曾在"多党派联合委员会"中担任正义党代表、庇隆夫人执政时期曾任参议长）被指定为正义党候选人参选。正义党的主要竞争对手激进公民联盟在领导人巴尔宾 1981 年去世后也经历了最高权力更替，阿方辛击败德拉鲁阿成为联盟总统候选人。最终，在 1983 年 10 月大选中，阿方辛以接近 52% 的得票率击败卢德尔（得票率约 41%）当选为总统。

正义党此次落败的原因比较复杂，主要有：一是军政府时期实行的"去工业化"政策导致民族工业衰落和产业工人数量锐减，削弱了支持庇隆主义的社会和选票基础。二是中产阶层对庇隆主义短暂执政带来的混乱仍"记忆犹新"，普遍认为阿方辛当选能够避免混乱的一幕重演。三是激进公民联盟在竞选中策略更加得当。竞选期间，正义党候选人卢德尔负面消息不断，先是被指为通过暗箱操作获得参选资格，后又爆出试图恢复以工会和军队联盟为政权核心的传统执政模式。正义党工会领袖、布宜诺斯艾利斯省省长候选人伊格莱西亚斯公开焚烧写有激进公民联盟字样的纸棺材，更是引起民众的强烈反感。四是激进公民联盟展现出支持自由民主制度、维护人权和推动和解的积极形象，而正义党仍延续了以往民族主义、民众主义和强硬不妥协的形象，这与阿根廷民众经历了军事独裁后普遍要求民主与和平的期望相去甚远。从更深层次看，经历了十年动乱后，庇隆党和激进党都弱化了曾经的运动主义倾向，庇隆党不再以人民的唯一代表自居，激进党也不再自称是唯一能够与民主制度兼容的政党，两党对维护自由民主体系具有高度共识，此次大选中提出的经济政策纲领也大同小异，都主张加强国家对经济的管控以及保护民族工业免受外国产品冲击，庇隆党败选不过是在军政府时期遭受的打击更重，背负的历史包袱更多而已。

尽管败选"情有可原"，但庇隆党成立以来第一次在没有任何限制的选举中落败，仍然引发了庇隆主义的认同危机。1984 年年底开始，庇隆主义运动内部酝酿形成了一个被称为"庇隆主义革新派"的政治团体，他们要求正义党顺应社会民主化的潮流，加强现代政党机制建设，以党员直接投票的方式选出党内高层和选举候选人，要求正义党全国委员会集体辞职以承担此次败选的责任，并呼吁尽快召开党内选举大会选出新的领导层。革新派形成后，在1984年和1985年的党代会上同第一副主席米格尔领导的正统派展开了激烈的权力斗争。双方在是否为偿还外债设定上限、是否继续审判涉嫌侵犯人权的军官、是否将离婚合法化等政策问题上针锋相对。1985年议会选举中，尽管正义党再次败给激进党，但在庇隆主义内部竞争中，革新派获得了比正统派更多的选票并确立了在正义党内的主导地位。

革新派崛起的同时，阿方辛政府开始遭遇执政危机。政治上，随着揭露军政府侵犯人权罪行和公开审判涉案军官的不断扩大，军队中的不满情绪迅速积累，部分青年军官成立"涂面军官团（即在脸部涂抹迷彩掩盖身份）"并于1987年再次煽动军队暴动。由于缺乏对军队的控制力，无法调集军队平息暴动，阿方辛不得不做出让步，承诺不再以侵犯人权的罪名审判更多军官。但这遭到了学生、人权组织和进步政治势力的强烈抗议。经济上，1985年宣布的奥斯特拉尔计划试图通过改革币制（即将沿用一百多年的比索改为奥斯特拉尔）稳定通胀预期和汇率，短期内收到了一定成效，但未能解决阿根廷长期以来面临的结构性问题，1986年通胀就开始反弹。而受大宗农牧产品国际价格下跌影响，政府财政收入锐减，阿方辛被迫采取春季计划，通过精简公共部门、将国家控制的钢铁和石化企业私有化等举措，减轻国家财政负担。由于担心经济形势不稳，挤兑美元的势头开始显现。在这种情况下，革新派领导的正义党在1987年议会选举中以47%的得票率击败激进党（得票率为37%），革新派领袖卡菲罗赢得布宜诺斯艾利斯省省长选举并当选正义党主席。

尽管掌握了庇隆主义运动的主导权，但革新派加强党内民主和改变以往职团主义结构等做法仍遭到正统派的持续抵制，更造成了正义党与庇隆主义工会的疏远。正义党籍里奥哈省省长梅内姆敏锐地抓住了机会，一改此前向革新派靠拢的立场，积极联络正统派和工会势力，凭借其支持在 1998 年 7 月正义党历史上首次党内总统候选人初选中"意外"击败卡菲罗。1989 年，面对愈演愈烈的汇率危机和恶性通胀，阿方辛在社会动荡中宣布提前举行大选。经济社会危机和阿方辛的黯然下台严重影响了选民对激进党的信心，最终梅内姆以 47% 的得票率击败激进党候选人安赫洛兹（得票率 37%），实现了庇隆主义在阿根廷的再次执政。

五 庇隆主义的新自由主义政策"转向"和全面危机爆发

梅内姆上台时，阿根廷正处于恶性通胀引发的混乱之中。为摆脱危机，梅内姆提出实施以"私有化、自由化和开放化"为核心的新自由主义经济改革，但这随即遭到正义党高层的强烈抵制，党主席卡菲罗指责梅内姆企图混淆庇隆主义和自由主义的界限并以此来蒙蔽庇隆主义的支持者。精简政府机构和对国有企业进行大规模私有化等举措更引发了工会的抗议，一些庇隆主义工会领导人直接称梅内姆为"叛徒"。面对正义党和庇隆主义运动中的空前孤立，梅内姆敏锐地抓住了此时阿根廷社会中"以退为进"的民意倾向[1]，成功地将自己塑造成为破除既得利益阻碍的"改革者"并借助大众传媒赢得了新兴市民阶层的支持，以民意和舆论压力迫使革新派和工会高层默许其改革主张。梅内姆还借助行政权力，通过禁止担任公职等手段打击反对其施政的庇隆主义者，逐渐在正义党中树立起权威并形成了自己的派别。

---

[1] 经济危机中，阿根廷民众最迫切的诉求已不是巩固民主政体，而是尽快走出经济困境。越来越多的人认为，当前的困境是领导力不足造成的，他们宁愿牺牲一些"形式上"的民主，以便总统拥有足够的个人权力带领国家走出危机，这一民意倾向被学者称为"以退为进"。

同时，在梅内姆的拉拢和打压下，主要反对党激进党由于在如何对待"梅内姆主义"上出现分歧分裂为三派：以该党前总统候选人安赫罗兹为首的一派主张同政府合作并全盘接纳其私有化方案；以党主席、前总统阿方辛为首的一派主张公开揭批梅内姆的独裁做派及其改革政策的保守主义和民众主义本质，但不排除就具体法令和举措同其进行谈判；以该党众议院党团主席加洛斯拉夫斯基和党内高层诺西格里亚为首的一派则主张全面抵制梅内姆施政。学者基斯什鲍姆（R. Kirschbaum，1990）就此评论到："执政 1 年以来，梅内姆分化了工会，使企业家保持中立，让正义党实际上陷入瘫痪，而最大反对党激进党仍未从阿方辛执政的失败中恢复过来。"①

1990 年 3 月，梅内姆派在阿根廷马德布拉塔市举行庇隆主义领导层峰会，试图就新自由主义政策进一步争取党内支持。但在会上，庇隆主义内部各派却将斗争重点放在争夺党内权力上，梅内姆派自身也就要不要恢复庇隆主义"运动"传统出现了分歧。其中，在党内候选人选举和大选中一直坚定站在梅内姆一边的"元老派"和"总统侧近派"认为，传统政党在当前危机冲击下已名存实亡，一度初具雏形的庇隆党和激进党"两党制"也已崩塌，应该利用激进党和庇隆主义革新派衰落的机会，重建一个由梅内姆领导并获得教会、军队、工会和企业家支持的庇隆主义变革运动。而以后期转投梅内姆阵营的革新派成员为主的"蓝派"则呼吁维护现行制度框架和"两党制"，主张在坚持庇隆主义基本原则的基础上与时俱进地吸纳新自由主义改革理念，形成"梅内姆主义"并将其打造成为后庇隆时代新的主流意识形态。梅内姆派抓住革新派领袖卡菲罗急于推动布宜诺斯艾利斯省修宪公投以便连任该省省长的契机，同革新派达成利益交换。最终，马德布拉塔峰会通过的纲领文件中全盘采纳了梅内姆的新自由主义路线，庇隆主义出现重大"转向"。阿

---

① Kirschbaum, Ricardo（1990）: "Primer Balance", Clarín, 8 de julio, 1990.

根廷学者巴尔萨思（M. Balsan，1990）就此评论到："庇隆主义中超过80%的组织联合起来支持梅内姆施政……梅内姆派与卡菲罗派联盟，使总统有了一个新的政治武器：有组织的庇隆主义多数派正准备参与建设其所宣扬的"具有人道主义色彩的"资本主义。[①]

尽管卡菲罗通过政治交易获得了梅内姆派和工会的支持，但传统政党对危机中的民生疾苦漠不关心反而醉心于争权夺利、政党高层与民众日益疏远，这使得民众对政党体制和"政客集团"日益感到不满和失望。最终，卡菲罗在公投中意外落败，失去连任省长机会的同时也不得不辞去正义党主席职务，这又引发了正义党副主席贝尔内特等高层大批离开，革新派"名存实亡"。梅内姆兄弟被选为正义党新的主席和第一副主席，庇隆主义的"梅内姆化"基本完成。为了彻底摆脱庇隆主义传统和正义党对其执政的掣肘，梅内姆申请暂时离职，由其弟以第一副主席身份实际掌控正义党，并开始从意识形态、组织结构和政治影响等各个方面削弱正义党。正义党候选人由内部直选恢复为总统梅内姆本人指定，党的内部运转陷入瘫痪，各项职能被降到最低，只是作为选举时拉拢自由派和独立政治家的联络机构而存在。学者西蒙尼（Simeoni，1990）就此评论到，梅内姆决定将正义党至于"被人民取代"的位置，直到党内高层和传统理念出现重大改变……事实上，革新派和那些认同阿方辛执政理念的人像"染上瘟疫一般"被"拒而远之"，而那些表现出愿意加入新自由主义执政纲领的个人都可以获得"起用"。[②]

完成对庇隆主义权力架构和相关人事调整后，新的正义党领导层宣布召开"与时俱进地调整党的路线"大会，开始将全党思想统一到梅内姆的新自由主义路线上来。梅内姆在大会上确立了自己"庇隆主义运动唯一领导者"的地位，并指出其之所以更新庇隆主

---

① Balsan, Mario (1990)："En Mar del Plata se ratificó el rumbo político fijado por Carlos Menem", El Cronista Comercial, 27 de mayo, 1990.

② Simeoni, Hector (1990), "Lo que va a hacer Menem", *Somos*, 8 de agosto, 1990.

义的路线方针，是因为世界、拉美和阿根廷形势正在发生巨大变化，与时俱进的改革并不是对庇隆政治遗产的背叛。在具体政策方面，政治上，梅内姆延续了"反体制"立场，但强调其目标不在于摧毁所有政党，而是要将其纳入新的社会民主框架中，以开辟新的政治参与渠道。经济上，梅内姆继续猛烈抨击国家的"软弱、无力、混乱"和国有机构的陈旧，但注意同"国有化"和"私有化"之间的激烈斗争保持距离。外交上，梅内姆坚持同世界主要强国发展战略同盟关系，肯定了庇隆主义秉持的"第三立场"，但强调阿根廷与"第三世界"无关，因为在全球化潮流中只有一个世界。在社会政策上，梅内姆强调将继续把社会公正作为执政纲领的重要组成部分，但政府不能"画饼充饥"，当前不容置疑的首要目标是要确保经济复苏和增长，因为长期的经济危机才是阻碍实现社会公正的罪魁祸首。对于梅内姆在大会发言中提出的各种新思想和新主张，阿根廷学者迪亚兹（Fernandez Díaz, 1991）评论到："总统巧妙地将昨天的活动转变为庇隆主义历史新阶段的起点，那种将庇隆主义创立时期的格言和口号视为正统的想法和以往庇隆主义的各种主张都成为了过去，梅内姆主义在新的阶段成为了接替庇隆主义的政治力量。"[1]

依靠可兑换计划的成功，并通过与激进党领袖阿方辛达成协议，梅内姆成功修宪并以近50%的得票率实现了连选连任。但从第二任期开始，梅内姆新自由主义经济政策的种种弊端开始显露，持续的财政赤字与僵化的货币局制度限制了生产出口竞争力的提升并造成外汇储备锐减，普通民众也越来越难以忍受私有化带来的贫困和失业问题。梅内姆家族和内阁成员涉嫌贪腐的丑闻不断曝光更使其努力营造的清廉和反体制改革者形象扫地。1997年，激进党和国家团结阵线（温和中左翼政党联盟）联合一些中小政党成立"促

---

[1]　Fernandez Díaz, Jorge (1991): "Muy lejos del fin del peronismo", *El Cronista Comercial*, 17 de marzo, 1991.

进就业、正义和教育"联盟,抓住 1998 年第三季度阿根廷出现经济衰退的机会,成功阻止了梅内姆再次修宪连任的企图。1999 年大选中,"促进就业、正义和教育"联盟候选人、布宜诺斯艾利斯市市长德拉鲁阿以 48.5% 的得票率击败正义党候选人杜阿尔德(得票率 38.1%)当选总统,庇隆主义 1985 年后再次遭遇选举失利,但仍占据着参议院多数席位并控制了布宜诺斯艾利斯省等主要省份的领导权。

德拉鲁阿执政后,面对日益严峻的经济形势,不得不采取稳定化政策,但向中产阶层增税、改革劳动力市场等举措加剧了社会不满。特别是德拉鲁阿试图推动议会通过旨在削弱主要工会权力和降低劳动力成本的《劳动改革法》,引起正义党和工会的强烈反对。尽管德拉鲁阿很快向全国总工会做出妥协,但随后爆出政府为使法案在参议院通过向部分参议员行贿的丑闻,导致国家团结阵线领导人、副总统阿尔瓦雷斯辞职,部分中左翼议员也因对德拉鲁阿延续梅内姆时期政策不满而脱离联盟,严重的内部分裂使执政联盟仅有的众议院微弱多数也难以维持。

由于外债和财政赤字难以控制,德拉鲁阿不得不重新起用梅内姆时期的经济部长卡瓦略,开始实行以"0 赤字"为目标的激进紧缩政策,这招来正义党、劳工集团和中下层民众更强烈的抵制。异见派全国总工会①、全国总工会中反梅内姆主义者组成的阿根廷劳工大会等组织连续发起大规模罢工抗议活动,正义党利用德拉鲁阿的弱势地位不断巩固和扩大自身权力。在 2011 年 10 月的议会选举中,正义党大获全胜(得票率 40%,执政联盟仅得票 24%),掌握参、众两院多数,重新成为全国第一大政治力量,这为 2001 年危

---

① 2000 年,由于在如何对待德拉鲁阿政府的改革政策上出现分歧,阿根廷全国总工会发生分裂,运输业工人领袖莫亚诺领导的一派坚持与政府不合作的立场,被称为异见派全国总工会;食品加工业工人领袖达埃尔领导的一派主张就维护自身地位同政府进行谈判,被称为官方派全国总工会。

机后正义党能够再次引领国家走出困境打下了重要基础。

六 基什内尔的异军突起和庇隆主义向传统"回归"

2002 年 1 月，正义党资深参议员杜阿尔德在议会选举中获得绝大多数议员的支持，临危受命当选为新一任总统。上台后，杜阿尔德政治上通过"阿根廷对话"推动社会稳定，经济上放弃货币局制度并实行经济比索化。为巩固执政的社会基础，杜阿尔德采取对生活必需品限价、冻结工资但暂不批准解雇职工、将美元存款强行兑换为比索并逐步解冻银行存款等举措，试图以企业、劳工和民众都做出一定牺牲的方式共渡难关，并逐步将阿根廷经济发展的动力从金融业再次转回到农牧业出口上。在杜阿尔德和经济部长拉瓦尼亚的共同努力下，阿根廷经济逐步趋于稳定并从 2002 年下半年起出现复苏迹象。但在经济形势好转的同时却发生了"阿维亚纳的惨案"——2002 年 6 月，在布宜诺斯艾利斯省阿维亚纳市火车站附近，"封路者运动"① 成员同警察发生激烈冲突并造成重大伤亡。"阿维亚纳惨案"暴露出杜阿尔德未经民选上台、执政基础不牢的问题。面对劳工集团的抵制和舆论压力，杜阿尔德不得不宣布于 2003 年 4 月提前举行大选且自己不参加选举。

由于民众在 2001 年危机后对传统政党和政治人物普遍反感，正义党内不少新兴的地方领袖对参加此次大选热情不高。杜阿尔德曾希望布宜诺斯艾利斯省省长索拉参选，但遭到拒绝。圣达菲省省长莱伍德曼和科尔多瓦省省长德拉索塔也先后拒绝了杜阿尔德支持其参选的提议。无奈之下，杜阿尔德与知名度不高的南部小省圣克鲁斯省省长基什内尔谈判，并决定支持其参选。由于党内无法就候

---

① 20 世纪 90 年代中期起，受国企私有化和经济自由化冲击而失业的大批工人开始聚集起来，通过在交通要道设置路障的方式表达不满和抗议，要求各级政府为其提供就业机会和社会保障，因此被称为"封路者运动"。该运动与庇隆主义运动中的中左翼派别及阿根廷劳工大会等工会组织关系密切。

选人人选达成一致，为避免分裂，正义党大会最终决定取消党内初选，允许前总统梅内姆、萨阿（危机中被议会选为总统，仅任职7天就被迫辞职）和基什内尔同时作为正义党候选人参选。尽管在阿根廷政坛默默无闻，但基什内尔竞选策略得当，他承诺留用德拉鲁阿政府的经济班子以打消民众疑虑，并针对梅内姆的新自由主义政策提出"阿根廷第一"的口号，主张优先发展生产、保障就业、促进社会公平、消除贫困，这契合了民众对早日走出危机和革除新自由主义弊政的期望，基什内尔的支持率因此节节高升。最终，在2003年大选中，基什内尔获得22.24%的选票，仅以微弱劣势落后于梅内姆（得票率24.3%）屈居第二，两人进入大选第二轮。尽管梅内姆凭借"铁杆选票"赢得大选首轮，但阿根廷社会中不愿看到新自由主义回归的民意十分强大，梅内姆很难在大选第二轮中继续扩大社会支持基础。而基什内尔则巧妙地将自己知名度不高的劣势转化为与"失败一代政治家"毫无瓜葛的优势，成功地将"反梅内姆主义"的广泛力量为己所用。在选前的几次民意测试中，基什内尔的意向得票率均超过六成。最终，梅内姆在不利选情和巨大压力下宣布退选，基什内尔"不战而胜"直接当选为总统。

为巩固执政基础，基什内尔就职后就在总统府接见了"封路者运动"和人权保护组织领袖，宣布了建筑社会保障型住宅、提供食品补助、提高最低工资和退休工资等一系列强化社会保障的举措，更换了梅内姆时期饱受诟病的最高法院领导层。为对冲杜阿尔德和梅内姆在庇隆主义运动中的影响，基什内尔推动全国总工会实现统一并获得工会总书记莫亚诺的支持，积极争取中左翼社会力量特别是庇隆第二次执政时的"70年代"庇隆主义青年的支持，提出将修法继续追究军政府侵犯人权的罪行，通过重新阐释庇隆主义发展史提升左翼意识形态的历史合法性，同时借助坎波拉这一庇隆主义"左翼和青年力量的代表"，拉近同左翼青年和"70年代"庇隆主义青年的直接距离。此外，为争取更广泛的支持，基什内尔还表示，庇隆主义已不足以阐释当前国家的现实，其他社会力量也应参与到其复兴阿根廷的计划中。

为赢得 2005 年议会选举，基什内尔提出"开放的庇隆主义"口号，放弃正义党而改用"胜利阵线"参选，并自称是"并不纯粹的"庇隆主义者。这种打破政党和意识形态界限，"因地制宜"地同正义党内其他派别、激进党等反对党结成灵活选举联盟的做法，帮助基什内尔争取到更多支持，并取得了出人意料的成功。基什内尔在杜阿尔德的"大本营"布宜诺斯艾利斯省大获全胜，并在多数省长和工会领袖的支持下，摆脱杜阿尔德的掣肘，成为庇隆主义运动中无可争议的领袖。

随着执政地位的不断巩固，基什内尔支持堕胎合法化、重启对军政府时期侵犯人权军官的审判、管控农牧产品国内价格等更为激进的举措，引起教会、农牧业出口集团、媒体等"利益集团"越来越强烈的不满，对基什内尔复辟旧的庇隆主义统治、破坏民主制度并试图成为"考迪罗"的指责甚嚣尘上。但在政治社会形势稳定、经济持续增长的大环境中，基什内尔同这些集团的矛盾冲突并未动摇其执政基础。着眼于 2007 年大选，基什内尔倡议举行"多党派协商大会"，邀请正义党、激进党及平等者共和国选择党等政党领导人参加，试图再次组建广泛的选举联盟。由于在如何对待"基什内尔主义"上出现分歧，激进党再次分裂，其中科沃斯领导的一派决定与政府合作。2007 年 5 月，基什内尔主导的多党联盟正式成立，随即推举基什内尔的夫人、参议员费尔南德斯与激进党"合作派"领导人科沃斯作为"胜利阵线"的总统和副总统候选人参选。

基什内尔跨党派结盟并推举共同候选人的做法，进一步加剧了正义党内的分裂。2007 年 7 月，以前总统梅内姆、萨阿和普埃尔塔为首的"正统派"在圣路易斯省举行正义党大会，宣布成立庇隆主义"最高指挥部"，呼吁立即举行党内选举以确定正义党总统候选人，并宣布于 2008 年 3 月举行党内领导层选举。由于党内选举遇阻无法如期举行，"最高指挥部"指定萨阿作为正义党候选人参选。8月，"正统派"控制的正义党纪律委员会以"违反党的组织程序私自确定总统候选人"为由，宣布将基什内尔夫妇开除出党。在此形势下，基什内尔主动调整策略，一改此前对庇隆主义的模糊态度，公开宣称自己是"正义主义者"。

尽管在党内斗争中暂时处于守势，但成功带领阿根廷走出经济危机、实现经济持续增长和社会福利稳步提高的巨大政绩为基什内尔赢得了广泛的民意支持。费尔南德斯以延续并完善现行政策为竞选核心纲领，凭借其夫积累的巨大执政威望，以超过45%的得票率轻松赢得大选并拿下参、众议院多数席位。尽管萨阿以正义党候选人名义参选，但仅取得不到8%的选票。在选举惨败的严重打击下，"正统派"已无力同基什内尔抗衡。2008年，由于没有竞争对手，基什内尔在中央和地方政府以及工会力量支持下，被直接确立为正义党主席。

但好景不长，以2008年"农村危机"的爆发为标志，基什内尔夫妇同农牧业出口集团以及主流媒体关系急剧恶化，执政基础和威望大为受损。"危机"中，前总统萨阿领导的庇隆主义"异见派"联合反对党议员在参议院投票抵制征政府税法案，致使双方票数持平，激进党领袖副总统（兼任参议长）科沃斯投出关键反对票，导致法案遭到否决，并造成执政联盟的分裂。受此影响，2009年议会选举中，基什内尔领衔的"胜利阵线——正义党"尽管在全国范围内得票领先，但优势大幅缩小，在布宜诺斯艾利斯省更是败给共和国方案党和民主中心党联盟，基什内尔也因此宣布辞去正义党主席职务。不过，尽管遭遇选举挫折，但阿根廷经济在国际金融危机爆发后的逆境中仍保持平稳较快增长，并未出现外界担心的"2001年危机重演"，这为费尔南德斯挽回不少威望，而其夫基什内尔2010年的意外离世更使其获得了众多民众的同情和支持。2011年大选中，费尔南德斯以超过54%的庇隆主义历史第二高得票率（庇隆在 1973 年选举中曾获得 60% 多的选票）成功实现连选连任，反对派因四分五裂根本无法与其抗衡，特别是庇隆主义"异见派"代表、前总统杜阿尔德和萨阿分别仅获得 5.9% 和 8% 的选票，费尔南德斯由此奠定了其在庇隆主义运动中的领导地位。

2012 年起，国际金融危机深层次影响开始显现，阿根廷经济持续下滑并再次爆发债务违约事件，政府持续的逆周期扩张性政策，造成日益严重的通胀以及物资和外汇短缺等问题，引发了劳工、城市中产阶层和企业家的强烈不满。莫亚诺领导的全国总工会多次发起针对政府的罢工活动，中产阶层特有的"敲锅抗议"也不断出现，这造成费尔南德斯无法通过修宪再次连任。在此形势下，费尔南德斯政府前内阁部长马萨宣布退出执政党并组建"革新阵线"，这进一步分化了执政党的力量。2013 年议会选举中，"革新阵线"在布宜诺斯艾利斯省击败执政的"胜利阵线"拿下多数议员席位，马萨一举成为庇隆主义的"政治新星"。2015 年大选中，"胜利阵线"候选人、布宜诺斯艾利斯省省长肖利尽管首轮领先，但位居第三的马萨宣布在第二轮中支持中右翼政党联盟"我们改变"候选人、前布宜诺斯艾利斯市市长马克里，最终导致肖利以微弱劣势落败。庇隆主义 12 年执政周期再次结束。

第三节　庇隆主义的政治策略

一　庇隆首次执政期间的政治策略

庇隆领袖地位的构建是从其担任军政府的劳工和社会保障部长、战争部长和副总统时开始的。赢得大选后，庇隆巧妙地利用了当时阿根廷精英阶层对社会大革命的普遍恐惧，将自己打造成唯一能够抑制民众革命热情的人，成功地将劳工、教会、军队等主要阶层以及保守主义、激进主义和民族主义各种政治力量联合起来，特别是实现了军队和劳工这两大潜在对立集团的共存。与社会主义者和共产主义者不同，庇隆没有向劳工许诺遥不可及的"天堂"，而是以平实的语言和具体的政策给劳工带来了实实在在的好处，这使其在1946年大选中取得巨大成功。

作为多个社会阶层结成的联盟，庇隆主义运动自诞生之日起内部就存在诸多的矛盾和冲突，其中最基本的矛盾就在于如何对待劳工这一新兴社会力量上。为此，庇隆在大幅提高工会谈判能力的同时，构建了一套政治和法律框架，加强对劳工组织的控制，使其成为国家政策的"传送带"，而不是表达基层劳工诉求的"传声筒"。对庇隆来说，只有国家出面主持社会正义，才能有效避免共产主义的传播和阶级斗争的激化，确保社会秩序的稳定和各阶层之间的和平共处。在实践中，当庇隆有利于民众的再分配政策遭到精英阶层激烈反对时，他就不得不借助劳工集团的支持推进相关改革。但当1945年10月劳工通过大规模罢工和示威游行迫使政变军官释放庇隆时，这个新兴阶层展现出的强大政治动员力量，使主要利益集团包括庇隆本人都感到震惊和不安。为了避免阶层加速分化和阶级斗争尖锐化破坏以国家调解阶层矛盾为核心的庇隆主义政治构架，庇隆赢得大选后不久，就推动成立庇隆党并将工会领袖组成的劳工党强行并入其中。庇隆还更换了阿根廷全国总工会的领导层，并通过其夫人艾薇塔直接诉诸劳工大众，强化劳工对政府及庇隆个人的效忠，并不断宣扬反精英和反官僚主义的言论，削弱工会组织的影响力。

凭借强有力的民意支持，庇隆在组织内部加强对支持者的控制，通过建立垂直化的工会网络削弱工会自主权并将其置于国家管控之下，同时将最高法院和议会置于政府控制下。在政党层面，庇隆不顾工会的异议，将劳工党和激进公民联盟革新委员会强行合并为"革命统一党"，并利用其个人威望成为党内各派矛盾分歧的最后"仲裁者"和"调解人"。庇隆党的团结建立在庇隆的领导力基础上，而这种需要反过来又强化和延续了庇隆的领导地位。军人出身的庇隆认为，垂直领导体系和高度组织化是军队高效的根本原因，最高领袖是协调解决庇隆主义内部所有矛盾、避免发生分裂的最后保障。尽管其支持者以劳工集团为主体，但庇隆党自诞生之日起，就不是一个劳工党。

首先，庇隆党是由政府自上而下成立的，是以巩固现有政权而不是以夺取政权为主要目标的。庇隆党在资源上高度依赖国家，也没有发展出自己的组织。其次，庇隆党是一个高度"垂直化"和"个人化"的政党，庇隆在1954年被宣布为党的"最高领袖"，拥有修改和废除党内决议的权力，可以监管和撤换党内领导层的任何成员。党的全国领导层可以直接干预地方党组织运作，党内干部的升迁很大程度上取决于其与庇隆个人的关系。再次，1951年庇隆重组了庇隆党，在全国层面成立了政治、妇女和工会三大平行架构，但在实际运行中党的大政方针仍是由庇隆夫妇制定，党的地方领导层只是负责贯彻执行。最后，庇隆党没有明确界定其与工会的关系，只是将工会作为党的三大组成部分之一。在这个权力结构中，庇隆党服务于庇隆个人，庇隆个人服务于人民群众，庇隆的高度集权通过民众的选票支持获得合法性。因此，领袖通过赢得大选成为政府首脑和政党核心，随后在政权和政党内部将这种领导权高度个人化和集中化，并延伸至其他组织和机构中（如工会、军队、议会、最高法院和地方政府），这成为庇隆主义权力获取和行使的一种内在逻辑。

尽管加强对工会组织的控制缓和了劳工集团与精英集团的冲突，但庇隆主义在如何对待劳工运动上仍面临两难抉择，这一矛盾随着进口替代工业化模式的发展及其局限性显露，在庇隆第二任期开始后矛盾再次尖锐起来。庇隆试图通过引进外国投资、限制国内消费、提高工业生产率等方式，减轻工业化对农牧业大宗商品出口创汇的依赖，并为此联合民族资本家准备召开生产力大会。庇隆政府1952年出台的经济应急计划中，以专门章节阐述了如何尽可能保护私有产权，这与 1949 年庇隆主义宪法关于限制社会产权的表述存在矛盾之处。政府的第二个五年计划也反映出将有效率的企业家利益置于贫困阶层利益之上的倾向。这一时期，政府在价格管制、劳资纠纷中给予劳工的支持不断下降，对罢工行为的打击力度持续上升。对此，庇隆辩解称，劳工的权益已经得到职团结构下的工会的保护，国家的直接干预不再像以往那样那么必要。经济危机中，国家无力承担社会中下层的福利保障，也难以继续扩大社会再分配。背离执政纲领的同时，庇隆政权不可避免地失去了领导力和执政合法性的重要来源。在庇隆主义的"三面旗帜"中，经济独立与政治主权和社会正义发生分离，开始以提高生产率和获取更大利润为指导。尽管，国家调解劳资矛盾的天平向资本家一方倾斜，但是庇隆很难修正自己建立起来的新劳资关系，任何改变劳资协议和限制基层工会权力的企图都会遭到劳工集团的激烈抵制。在此背景下，寡头资本家、农牧业出口集团、教会、中产阶层和军队开始结成反庇隆主义联盟，并在 1955 年发动政变推翻了庇隆统治。

二 庇隆流亡和短暂"回归"期间的政治策略

政变后，精英阶层开始强行修正劳资关系，试图通过对劳工领袖和工会组织采取高压手段，控制工资上涨并恢复资本家的主导地位。但事与愿违，劳工集团乃至民众在高压下逐渐孕育形成了一种抗争文化，这种文化赋予暴力抗争合法性，各种袭击和破坏活动开始涌现。由于各个抵抗组织对传统的庇隆主义运动领导层怀有强烈的不信任，因此这股新兴的社会力量无法被正义党、工会以及各种新庇隆主义团体所吸纳。在参政渠道被剥夺、零星分散抵抗效果不佳的情况下，这股抵抗力量开始寻求组织化，逐渐形成了庇隆主义左派或庇隆主义革命派。

这一时期主导庇隆主义抗争运动的革命派主体是城市中产阶层青年，他们在古巴革命和拉美解放神学的影响下，认为庇隆主义应当放弃在资本主义制度下调解劳资矛盾的路线，领导工人阶级同整个资产阶级进行坚决斗争。革命派将庇隆主义视为在庇隆的战略领导下反抗帝国主义的民族解放运动，要求将运动中的"叛徒"（主要指工会和正义党高层）清除出队伍，以便同"领袖"建立直接联系。以1969年"科尔多瓦暴动"为标志，1955年政变后建立的统治秩序遭到动摇，拉努斯将军不得不通过举行大选为执政危机寻找出路。当正义党时隔18年后再次被允许参加大选的时候，庇隆主义运动仍以劳工为主体，但其斗争性更强，而革命派特别是游击队有了相当数量的支持者和同情者，社会主义者、传统左翼、激进的学生和农民、认同解放神学的教士、意识形态各异的武装反抗力量等在民族解放和反独裁的号召下纷纷加入到庇隆主义运动中，社会阶层的复杂化使运动内部的矛盾更加难以调和。

可以说是"科尔多瓦风暴"引发了统治秩序危机，国家因无力控制社会冲突而逐渐丧失合法性。在此背景下，庇隆的再次上台执政，可以看做是国家走出危机的一种尝试，即通过政治制度重建将社会矛盾纳入制度体系中。但矛盾的是，承载着重建政治体制重任的庇隆主义，同时也是民众特别是青年寄托变革希望的所在。这种民众的革命理想与庇隆主义现实政治目标的巨大落差，预示了这一时期庇隆主义运动内部更加激烈的矛盾与冲突。

1955年政变后，庇隆被迫长期流亡海外，失去了政权且无法对庇隆主义运动进行直接领导。但是，庇隆利用公开表态和接见不同的拜访者，保持着对运动内部各派系的"战略调控"，避免"一家独大"威胁到其绝对领袖地位。当潘多尔领导的工会力量与政府谈判并试图推行"没有庇隆的庇隆主义"时，庇隆就加大对庇隆主义革命运动等左翼激进力量的支持，并利用翁加洛领导的阿根廷人全国总工会对其进行牵制。当庇隆主义游击队出现并开始独立开展武装反抗军政府独裁统治的斗争时，庇隆转而同工会、政党势力以及政府谈判，对革命派的态度也由支持转为公开批评。通过这种"灵活摇摆"的立场，庇隆实现了对庇隆主义运动内各派别的"远程控制"，并通过与其他政治力量的结盟或对抗，引导军政府的政治过渡，从而重新确立自己在阿根廷政坛中的领袖地位。

1973 年结束流放并重掌政权后，庇隆开始重新强化工会的权威和垂直化权力体系，抑制日益高涨的社会运动。对于不愿被政治体制"收编"的庇隆主义左翼特别是游击队势力，庇隆开始对其加大分化和打压。庇隆主义的左翼和右翼支持者在迎接庇隆回国时爆发冲突并造成大量伤亡后，庇隆将此完全归咎于左翼，并借此迫使其前代表、同情左翼的坎波拉辞去总统职务。重新将运动领袖和政府首脑集于一身后，庇隆更是开始了净化意识形态、防止马克思主义渗透的运动。左翼面对形势突变，提出"包围理论"（即庇隆因被右翼包围无法了解真实情况才做出错误决断），并试图同庇隆本人直接谈判。但当越来越多的证据表明对左翼的攻击出自庇隆本人授意时，蒙特内罗游击队等左翼武装力量开始以暗杀右翼领导人的方式进行内部权力斗争，但这一极端做法更加剧了自身的政治孤立。不过，尽管庇隆在没有破坏庇隆主义运动统一的情况下实现了对左翼力量的压制，但是 30 多年的内向型发展主义政策已经深刻改变了阿根廷的社会结构。跨国资本在经济中占据了主导地位，民族资本家不得不依附外国资金和技术实现自身的生存和发展。产业的升级使得资本开始替代劳动力，工资被更多地视为生产成本而不是维持国内需求的重要支柱。社会阶层力量对比的变化使得庇隆试图恢复 20 世纪 40 年代的阶层联盟在客观上已不可行。

庇隆去世后，其夫人、副总统马丁内斯接任总统，庇隆主义右翼成为实际掌权者。除了借助军队和准军事组织对左翼游击队进行"围剿"外，马丁内斯政府彻底放弃了庇隆的国家调解劳资矛盾并主持社会公正的模式，开始转向有利于资本特别是跨国资本的自由主义模式，这在某种程度上为 20 世纪 90 年代梅内姆"新自由主义路线"的出现埋下了伏笔。为了维护自身权益，基层劳工开始在庇隆主义工会之外，按照地域分布，跨工厂、跨行业地自行组织起来，反抗激进的改革举措并表达对资本统治地位以及国家纵容态度的不满。这些自发的反抗运动最终迫使全国总工会历史上首次召集针对庇隆主义政府的全国大罢工。

罢工迫使政府作出了一些妥协，但劳工集团的不成熟和局限性也暴露无遗。一方面，劳工无法超越地域局限，在全国范围形成长期稳定的组织，发动全国大罢工的权力仍掌握在全国总工会领导层手中。更为重要的是，劳工阶层表达了对资本垄断和现行政治秩序的不满，但无法提出解决问题的方案，实现不了从"量"到"质"的飞跃。尽管如此，面对劳工阶层展现出的强大力量以及深入到社会方方面面的抗争意识，精英阶层和军队认为，只有在全社会范围内实行高压政策和彻底转变发展模式才能从根本上"驯服"劳工集团，为此他们在 1976 年发动了政变。

三 梅内姆崛起和执政期间的政治策略

庇隆的去世和随后军政府的大规模镇压并没有造成庇隆主义运动的分裂。1983 年自由民主制"回归"后，庇隆党历史上首次在公平的选举中落败，这次败选同样没有分裂庇隆主义运动，反而开启了其内部革新的进程，以省长为首的地方势力也开始取代工会成为运动的主导力量。庇隆去世前将权力移交给夫人的失败经历表明，庇隆主义的领袖很难通过继承或指定而产生，只能通过政治斗争来夺取。尽管革新派极力推动庇隆主义运动的机制化，但运动中对绝对真理和高效率的渴求，使得寻找一个新的魅力型领袖几乎不可避免。事实上，就连革新派自己也不得不常常借助庇隆生前的教义为其改革正名。

这一时期，由于阿方辛政府经济政策的失败，日常生活受到影响的民众对自由民主制度和所谓的"两党制"也经历了从希望到失望的巨大转变，要求牺牲部分形式民主以便领导人有足够权力带领国家走出危机的呼声日益高涨。梅内姆察觉到并把握住了民意中这种"反体制""反民主"的倾向，借助现代大众媒体的影响力和担任里奥哈省省长时积累的威望，以打破"既得利益格局"的改革者姿态赢得了广泛支持，在党内总统候选人选举中击败革新派领袖卡菲罗，并随即赢得大选。庇隆党内的争端再次服从于选票反映出人民的意志。

同庇隆一样，梅内姆将国家和政党的领导权集于一身，在巩固了党内梅内姆派的力量后，通过其新自由主义执政纲领，并借助货币局制度带来的初期经济繁荣，成功地将反庇隆主义的精英集团和市民阶层这两大潜在对立的集团联合起来。与庇隆相似，梅内姆也自诩为引导国家重建和实现民族团结的"导师"，政治"圈外人"的身份和务实的政策理念使得其相对容易地实现了稳定执政和权力向个人集中。梅内姆巧妙地将正义党内庇隆主义与自由主义的对立，转换为党内既得利益集团"抱残守缺"与政治领袖"锐意改革"的对立，并在大众传媒支持下直接诉诸普通民众，通过发动公民运动向党内高层施压。最终，以卡菲罗为首的正义党高层不得不转变立场，甚至以"普通民众"的身份参加政府召集的声援活动。最终，以卡菲罗修宪连任布宜诺斯艾利斯省省长失败并辞去正义党主席为契机，梅内姆兄弟当选为正义党的主席和第一副主席。

在确立了自己的领袖地位后，梅内姆开始扭转革新派主导的正义党机制化和民主化进程，并向庇隆主义以往的垂直化、不透明和直接诉诸民众的治理模式回归。一方面，梅内姆逐步将庇隆主义的政党领袖排挤出政治舞台，取而代之的是技术官僚以及与企业、新兴基金会、国际咨询和金融机构关系密切的年轻政治家。另一方面，梅内姆以"紧急状态"为由，频频诉诸紧急和特殊法令、中止立法活动等极端举措，使议会日益边缘化。但是，出于对通胀、腐败等痼疾的担忧，梅内姆并没有完全回归职团主义结构，而是实施了所谓的"梅内姆主义的庇隆化"，即保留现有政党和民主体制架构，但实际上取消其参与政策制定和实施的权力，仅将其作为选举时动员民众和联络其他政治力量的工具。

从社会结构角度来看，20 世纪 80 年代债务危机后，阿根廷的经济增长模式从发展主义逐渐转为自由主义和新自由主义，国际投融资和农牧业大宗商品出口开始代替内向型工业化成为资本积累的主要方式，民族资本与外国资本出现融合，这促成了农牧业出口集团、寡头资本家、跨国资本家和一部分民族资本家的利益联盟，劳工集团特别是工会组织在军政府镇压和民族工业衰败的双重打击下陷入低谷。梅内姆能够将新自由主义"植入"庇隆主义中，根本原因在于劳工的社会动员能力大幅降低，社会运动开始更多由没有政治身份认同的邻居、用户、储户甚至是穷人或大众发动和组织。梅内姆通过迎合这些新的"民众阶层"要求清廉、变革和改善民生的诉求，成功将其动员起来。可以说，高通胀、高失业和劳工集团的碎片化使得庇隆主义和新自由主义这一对矛盾体最终得以兼容。与传统的庇隆主义不同，"梅内姆主义"中缺乏民族主义和民众主义色彩，特别是没有了将各社会阶层诉求纳入政治体制的标志性做法。

另一方面，随着自由民主制的巩固，梅内姆的领导地位受到选举任期的限制。尽管通过修宪实现了一次连任，但当梅内姆试图通过对宪法解释寻求再次连任时，经济形势恶化、腐败丑闻频发再加上党内地方势力的抵制，梅内姆最终未能如愿。杜阿尔德借助庇隆主义省长会议迫使萨阿（Adolfo Rodríguez Saá）放弃正义党候选人资格，为自己参选扫清了障碍。但在随后的大选中，杜阿尔德败给激进党主导的政党联盟候选人德拉鲁阿，造成庇隆主义全国领袖的再次缺失。这一时期，庇隆主义依靠地方势力特别是各省省长协调内部矛盾并维持权力均衡。由于缺乏领袖，德拉鲁阿只得通过与地方势力和激进党议员达成妥协，实现在危机中上台执政，而庇隆党也不得不同时推举出三个候选人参加 2003 年大选。

经历了 2001 年危机引发的政治混乱后，庇隆主义新的权力格局依托"三大支柱"逐渐成形。首先是地方权力支柱。梅内姆下台后，正义党籍的各省省长开始加强联系，探讨如何应对德拉鲁阿执政时期愈演愈烈的经济危机，这一联系网在杜阿尔德执政时期得以保留和强化，以至于这一时期有望被推举为正义党总统候选人的几乎都是省长出身。其次是议会权力支柱。德拉鲁阿辞职后，议会成了政治重建和为危机寻找政治出路的关键，德拉鲁阿的继任者和杜阿尔德都是通过正义党主导的议会选举上台的。为了提升自身执政合法性并分担一部分改革风险，杜阿尔德上台后不断提升议会在政坛中的地位和作用。最后是两党协商的权力支柱。梅内姆执政时期同激进党建立的利益同盟及合作关系在危机后得以延续，特别是在杜阿尔德和阿方辛的引领下，两党密切配合，实现了危机后政局的迅速稳定和议会选举的顺利实施。

四　基什内尔夫妇执政期间的政治策略

基什内尔是在梅内姆弃选和杜阿尔德的支持下才得以当选的，因而其执政面临着民意和党内支持较低的先天不足，当时的社会舆论普遍将其视为杜阿尔德的政治"傀儡"并认为其以历史最低得票率当选难以完成总统任期。与庇隆和梅内姆相似，为了打造"基什内尔主义"的政治身份认同，基什内尔抓住 2001 年危机后民众对传统政党和政客普遍厌恶的心理和要求"所有政党都下台"的呼声，将自己塑造为带领国家走出新自由主义灾难的"改革者"，强调其执政团队是担负重要职责的"普通人"和人民"公仆"，以此同过去"腐败""与外国势力沆瀣一气"的政客划清界限。为消除杜阿尔德和梅内姆的强大影响，基什内尔将其执政描述为阿根廷发展模式的"转折点"和走出危机的"起始点"，将新自由主义斥为造成当前各种问题的"万恶之源"，将梅内姆派和国际货币基金组织指为产生各种问题的"罪魁祸首"。

为巩固执政基础并加强总统和中央政府的权威，首先，基什内尔抓住农牧业大宗商品出口的繁荣期，通过主导财政资源在不同地区间的分配，实现了对地方大员特别是各省省长的控制。其次，由于执政初期，杜阿尔德派在议会中仍占据重要地位，基什内尔主要利用执政党内部和反对党各派别间的矛盾分歧实现制衡。2005 年议会选举后，基什内尔派一举成为议会中席位最多的少数派，开始通过联合中左翼政治力量直接主导议会。最后，基什内尔所采取的多党联合和"开放的庇隆主义"等策略成效明显，中左翼力量的加入改变了基什内尔派与杜阿尔德派的力量对比，激进党的再次分裂更使其陷入历史低谷。

为了加强执政权威和基础，基什内尔上台后即开始削弱危机后形成的"三大权力支柱"，并借鉴了梅内姆从党外借力的做法，但与梅内姆不同，基什内尔借助的不是右翼保守力量，而是中左翼力量。基什内尔恢复了划分敌我和吸纳政治上被动员起来的各阶层诉求等庇隆主义传统做法，主动回应新自由主义改革特别是 2001 年危机中因利益受损而被动员起来的社会集团的诉求，并以呼唤 20 世纪 70 年代庇隆主义青年所秉持的"斗争的庇隆主义"传统为抓手，将中左翼意识形态融入庇隆主义运动中，争取到了社会中的反独裁力量（如"5 月广场母亲"组织①）、新自由主义改革中的失业者（如"封路者运动"）、中左翼学生（如"坎波拉"组织）、中左翼政治力量（如"国家团结阵线"衰落后的部分中左翼政党）以及在大宗商品国际价格繁荣期中获益的部分企业家等的支持，改变了同杜阿尔德派和梅内姆派的力量。此外，基什内尔通过主导大宗商品出口收入的分配实现对地方势力的控制，利用议会各党派间

---

① 20 世纪 70 年代，在阿根廷军政府统治下，许多反政府人士遭到迫害或暗杀，并被莫名其妙地宣布"失踪"。为了寻找自己"失踪"的孩子，阿根廷的母亲们组织起来，头戴白色头巾，每逢周四就在总统府门前的五月广场上围成一圈行走，以此引起民众和国际社会的关注，抗议独裁统治并推动民权运动。

的矛盾分歧实现制衡，通过拉拢激进党领袖参加大选导致其再次分裂并陷入低谷中。

为提升左翼意识形态在庇隆主义中的历史合法性，基什内尔夫妇对庇隆主义运动发展史作了重新阐释，将庇隆的历史功绩阐述为在劳工与雇主间以及劳动力和资本之间构建了一种协调与合作关系，保障了劳工权益并实现了社会公正。庇隆主义以往是"无衫汉"利益的政治代表，现在则代表了普通民众的利益。作为阿根廷历史和社会进程的反映，庇隆主义也是在矛盾中发展的，其中既有庇隆、艾薇塔等杰出人物，也有雷加、伊莎贝丽塔等平庸甚至是反动之辈。庇隆主义的核心是民族主义和民众主义，但在历史上也曾被用来掩盖一些反民众的政策，因此决定一个政府是否属于庇隆主义的关键不是旗帜、口号和政党组成，而是它对庇隆主义的解读、其所构建的利益网和积累财富的方式。庇隆主义不能按照"欧洲标准"简单归类，它不是传统意义上的左翼或右翼，其内部蕴含着变革和保守两种势力，通常处在右翼的对立面，推动民众的生活发生革命性变化。

基什内尔的夫人费尔南德斯还着重挖掘和重塑了庇隆夫人艾薇塔的形象，强调其为争取民众社会权益而同强权抗争的一面。庇隆的形象则相应地被限定在首次执政时期，且总是与艾薇塔同时出现，并被描述为"人民领袖""民族解放者""拉美最重要的政治运动领袖"。关于庇隆第二次执政，费尔南德斯一方面承认庇隆在继续深化"人民的事业"还是听从保守派的建议上有过犹豫，但仍然强调庇隆最终选择了忠于人民；另一方面着力挖掘坎波拉作为庇隆主义"左翼和青年代表"的形象，以此拉近同左翼青年和"70年代"庇隆主义青年的距离。

为了解释庇隆主义意识形态和政策取向上的矛盾之处，特别是"梅内姆主义"带来的背离，基什内尔夫妇提出，庇隆主义作为"运动"，历史上一直存在着两条路线的斗争，其中代表民族和民众利益、追求变革这条路线的代表是庇隆、艾薇塔、坎波拉等人，而保守主义或右翼路线的代表则是雷加和庇隆第三任夫人（伊莎贝丽塔）。20世纪90年代，在保守势力的策划和推动下，新自由主义披着庇隆主义的外衣，盗用了庇隆主义的旗帜，以保护人民利益的名义进行了一系列破坏国家和掏空社会的行动，背叛了庇隆主义的信仰，并使政治全盘服从于经济。

在以左翼为代表的新兴社会力量的支持下，基什内尔逐渐摆脱了杜阿尔德派和梅内姆派的掣肘，取得了庇隆主义运动的主导权，但是新的社会阶层的加入也带来了新的诉求，新阶层内部、新阶层与传统阶层之间都存在分歧，这进一步加剧了庇隆主义运动的内部矛盾和冲突。为此，基什内尔借鉴了庇隆执政时的一些手法：一是将庇隆主义的中心任务从协调劳资矛盾转变为捍卫国家主权，强调左翼和中下层民众在运动中的基础性地位，同时也给予那些愿意参与国家发展的资本以政策扶持。二是树立共同的"敌人"，这一时期的敌我双方主要是"人民"与企图复辟新自由主义的"经济精英"和"外国金融资本"。不过，基什内尔吸取了前几任政府的教训，主要采取"不镇压、不谈判"的策略，重在使其诉求得不到满足。三是一定程度上恢复职团主义结构（有学者称之为"新职团主义"），通过给予相关集团财政补贴、邀请其代表人物加入政府等方式，建立起一种新的"依附——庇护"关系，但这种关系的维持同样也依赖于大宗商品国际价格繁荣期带来的源源不断的收入。

2008年爆发的"农村危机"激化了同农牧业出口集团的矛盾，造成了执政党2009年议会选举遭遇挫折。为了重建共识并巩固执政基础，费尔南德斯延续并强化了庇隆主义满足不同社会阶层诉求的做法，通过打破媒体垄断和允许同性婚姻争取中产阶层的好感，通过扩大生育补贴、对养老金和阿根廷航空公司国有化争取社会底层民众和劳工集团的支持。费尔南德斯还恢复了庇隆时期"国家、工会、资本"三方协商的做法，就工资上涨、通胀目标和产业扶持政策等寻求共识。

尽管国家调解劳资矛盾的传统模式一定程度上得以恢复，但政府与劳工和资本家两大集团的关系已经发生了重要变化。一方面，随着城市中产阶层的壮大和地方庇护关系的强化，劳工集团在庇隆主义运动中的主体地位大大削弱，而基什内尔通过推动全国总工会的再次统一，重新建立起同工会的密切联系并实现了劳工运动的机制化，但其对主要工会组织已不再具有"自上而下"的控制力。1983年自由民主制"回归"和20世纪90年代经济社会剧变，使工会组织更为松散且开始不依附于政党实现自身利益诉求，以企业为单位、不受上级工会组织控制的"基层工会运动"成为劳资矛盾的主要表现形式。另一方面，资本家集团开始摆脱庇隆时期分散参加三方协商的做法，开始有组织地大规模参与进来。庇隆主义传统的职团制结构已无法恢复，政府需要像西欧政府那样，同劳工和资本两大集团进行"系统"谈判，共同应对阿根廷经济发展中所伴随的通胀这一痼疾。

需要指出的是，尽管基什内尔夫妇强烈抨击新自由主义，部分恢复了庇隆主义中具有民族主义、民众主义和发展主义色彩的主张以及职团主义结构，但"基什内尔主义"并不是对"梅内姆主义"的全盘否定和对庇隆主义传统的严格回归。基什内尔提出构建"严肃的资本主义"，对庇隆主义维护经济独立和实现社会正义的传统目标进行了调整，国家干预经济的主要目标变为维护宏观经济稳定和促进增长，社会福利政策也延续了新自由主义时期的潮流，更多针对贫困和失业等特定社会人群，并具有鲜明的个人化特点。在具体施政中，基什内尔夫妇也展现出诸多灵活务实之处，比如强调扩大内需的同时也要求实现贸易和财政"双盈余"，将发展重心从金融转回工业领域的同时也要求控制成本、提高竞争力和促进出口，鼓励集体协商的同时也谋求控制工资最高涨幅，而梅内姆时期开启的参与区域经济一体化和推动国内外资本融合等趋势也没有发生逆转。由于基什内尔主义与传统的庇隆主义和梅内姆主义既有相似之处，也有明显不同，因此部分学者将其称为"新发展主义"或"开放的经济民族主义"。

从社会结构角度看，与庇隆相比，基什内尔夫妇已无法将劳工和市民阶层广泛动员起来，捏合成为共同追求社会正义的"人民"。这一时期决定执政稳定性的关键已经从劳工集团转变为城市中产阶层和市民阶层。这些新兴阶层缺乏对庇隆主义的历史认同，政府需要通过满足其诉求换取政治支持。因此，当国际金融危机深层次影响持续发酵，费尔南德斯政府加大同农牧业出口集团和资本家集团争利的同时，无力继续满足中产阶层和市民阶层的诉求，外汇管制、通胀高企和物资短缺更是直接损害了其切身利益。最终在2015年大选中，这两个阶层转而支持中右翼候选人马克里，庇隆主义十余年的连续执政被终止。

五　庇隆主义政治策略的特点以及民主"回归"后的发展演变

总体来看，庇隆主义政治策略的主要特点可以归结如下：一是煽动和蛊惑民众的说辞。为获取民众信任，庇隆主义运动领袖的政治演说中往往充满了激情和民众喜欢的"顺耳"之言，特别是许诺将民众从危机中拯救出来以及给予因受排除或利益受损的阶层以补偿。二是将社会划分为"精英"和"民众"两个对立的阵营，民众是不分阶层的"同质化"群体，并由国家代表其共同利益。而庇隆主义在各个历史阶段要解决的核心问题也始终是如何将政治上动员起来的社会阶层纳入运动中，并将其诉求反映在国家的方针政策中。三是"依附——庇护"关系。庇隆主义政府往往营造出福利国家的假象，以实现社会正义或人道之名通过不附带任何条件的补贴福利换取民众支持，即便在梅内姆的新自由主义改革期间也出现了失业率攀升和贫困率下降的"反常"现象。四是职团主义结构。庇隆主义不承认阶级斗争，为便于协调和控制内部分歧和矛盾，往往倾向于推动构建垂直化的权力体系，并将自身打造为民族和民众运动，以吸纳更广泛的社会力量加入。在自由民主制"回归"后，这一特点已经有所减弱。五是意识形态的不确定性。庇隆主义政党具有"争取一切可以争取的力量"的特点，其领袖可以代表右翼（如梅内姆和杜阿尔德），也可以代表左翼（如基什内尔夫妇），政策纲领也会根据领袖和外部环境的不同而相应地做出调整。庇隆流亡期间为制衡工会势力可以与左翼青年结盟，重掌政权后也可以纵容右翼准军事组织对左翼革命力量镇压。梅内姆为制衡革新派势力可以通过私有化政策与精英集团结盟，基什内尔为制衡杜阿尔德派势力也可以通过在维护人权和社会保障等方面的努力争取左翼进步力量。六是个人集权以及民族主义和国家主义倾向。为了避免运动分裂，庇隆主义运动需要一个强有力的克里斯玛型领袖作为内部各阶层矛盾分歧的最后"协调人"和"仲裁人"，并常常借助制造外部敌人转移矛盾焦点。从庇隆到基什内尔夫妇，庇隆主义运动的领袖往往面临独裁专断以及压制舆论的指责，而除了梅内姆之外，庇隆和基什内尔夫妇也都有反美和反对外国利益的激进言论和行为。

1983 年自由民主制"回归"后，庇隆主义也顺应历史潮流，开始了从"领袖终身制"向"领袖任期制"的过渡。与此相对应，领袖的个人魅力也从庇隆的"绝对魅力"转变为"时势造就的魅力"，其中最重要的一点就是迎合选民的能力。梅内姆和基什内尔都是在危机中崛起的，通过指明摆脱危机的路径而赢得民众的追随和舆论的高度评价，但由于缺乏庇隆那样的"绝对魅力"，他们无法按自己的意愿改造庇隆主义运动的权力和组织结构，党内的潜在竞争者仍可以保有自己的权力空间，并在选民要求更换总统和"领袖"时浮出水面。

不过，在自由民主制度下，庇隆主义运动仍然保留了三个鲜明特点。首先，运动仍是一个"魅力型"组织，机制化程度较低和权力向领袖个人集中的趋势没有发生根本改变。其次，运动仍是一个跨阶层的群众性政治组织，意识形态色彩淡化、路线政策务实多变是其维护内部团结的关键。最后，庇隆主义的政党建设主要是从政府层面推动和实施的。由于权力结构高度集中于领袖，而领袖需要通过赢得大选确立领导地位，这导致庇隆主义的机制化建设只有在执政时期才有可能真正进行，但这一时期党内高层的兴趣往往已经转移到进入国家权力机构中任职，对做大做强政党普遍意愿不强，这也是庇隆主义机制化程度一直较低的重要原因。

"领袖任期制"带来的另一个直接影响就是庇隆主义需要在一定的选举周期内完成"领袖"的更替，但是相关制度却迟迟难以确定下来。1983 年民主"回归"后，工会势力凭借在庇隆主义运动中的主导地位，通过党代会指定卢德尔（Italo Argentino Lúder）为总统候选人。随后在革新派的推动下，1989 年正义党首次通过党内初选决定候选人，这直接造成了梅内姆的崛起。梅内姆之后，规则再次发生变化，杜阿尔德被指定为候选人。到 2003 年，正义党允许三个候选人同时参选，将大选与党内选举合二为一。这一时期，庇隆主义运动"领袖"的更替一直缺乏明文规定，因此梅内姆之后的"领袖"都需要通过在重要选举赢得足够的选票来确立和巩固自己的地位和威信。

同时，由于布宜诺斯艾利斯省是阿根廷政治和人口中心（占全国人口三分之一以上）和庇隆主义的传统票仓，因此"以选票确立领导地位"带来的另一个显著影响就是，1983 年以后正义党内多数"领袖"（除基什内尔夫妇外）都有在该省执政的经历。1983 年，正义党布宜诺斯艾利斯省主席是代表工会势力的伊格莱希亚斯，正是其竞选省长失败开启了庇隆主义革新派崛起的进程。革新派领导人卡菲罗在 1985 年议会和地方选举中竞选布宜诺斯艾利斯省长，尽管得票落后于激进党候选人屈居第二，但大幅领先伊格莱希亚斯，一举奠定了卡菲罗在党内的地位。1987 年，卡菲罗成为正义党主席并成功当选布宜诺斯艾利斯省省长。但革新派推动正义党民主化和机制化的努力最终不敌梅内姆代表的领袖个人集权传统，随后梅内姆赢得大选更巩固了其党内领袖的地位。卡菲罗试图通过修宪连任布宜诺斯艾利斯省长巩固其在党内的地位，但公投失利迫使其辞去正义党主席职务，梅内姆借此完成将国家元首和政党领袖集于一身的进程。

为了分化瓦解卡菲罗在布宜诺斯艾利斯省的势力，梅内姆将曾担任布宜诺斯艾利斯市长的杜阿尔德作为其副总统人选。杜阿尔德在梅内姆和革新派的权力斗争中"两边渔利"，并在 1991 年成功当选布宜诺斯艾利斯省省长，开始崛起成为庇隆主义运动中的潜在领袖和梅内姆的接班人。但当梅内姆 1994 年试图通过对宪法再解释谋求第二次连任时，杜阿尔德便从其接班人变为政治敌人，挫败了梅内姆这一企图并顺利成为正义党总统候选人。尽管杜阿尔德在 1999 年的大选中败给激进党和国家团结阵线联盟候选人德拉鲁阿，但 2001 年爆发的危机仍使其在 2002 年通过议会选举当选为总统。为避免梅内姆重新掌权，杜阿尔德推动正义党首次允许三个候选人同时参选，并利用其在布宜诺斯艾利斯省的巨大影响力支持基什内尔竞选，最终助其成功当选。

2007 年，基什内尔安排夫人费尔南德斯和副总统肖利分别参选总统和布宜诺斯艾利斯省长。为确保两人胜选，基什内尔吸纳激进主义者和社会主义者进入布宜诺斯艾利斯省"胜利阵线"高层，从而挤占了原本属于工会组织的岗位，这也是导致此后费尔南德斯与全国总工会总书记莫亚诺决裂的重要原因。基什内尔还允许庇隆主义运动基层组织在选择布宜诺斯艾利斯省各市市长人选时拥有一定自主权，以换取对省长和总统人选的支持。这些策略取得了积极成效，费尔南德斯和肖利成功当选。但在 2013 年议会选举中，费尔南德斯政府前内阁部长、长期担任布宜诺斯艾利斯省籍议员的马萨领导的"革新阵线"在布宜诺斯艾利斯省击败"胜利阵线"，拿下多数议员席位，马萨一举成为庇隆主义的"政治新星"。2015 年大选中，

"胜利阵线"候选人、布宜诺斯艾利斯省省长肖利尽管首轮领先，但位居第三的马萨宣布在第二轮中支持中右翼政党联盟"我们改变"候选人、前布宜诺斯艾利斯市市长马克里，最终导致肖利以微弱劣势落败。这场布宜诺斯艾利斯省长与布宜诺斯艾利斯前市长的对决，更凸显出了首都地区在庇隆主义运动乃至阿根廷政坛中的分量。

第六章

结论:对阿根廷国家衰落的反思与启示

第一节　对阿根廷钟摆式发展的反思

一　持续稳定的民主与强化市场型政府

本书主要从制度角度探索长期经济增长的基本机制,阿根廷作为一个"由盛转衰"的独特国家样本,其令人唏嘘的经历引人深思。建国后的近 200 年中,阿根廷经济一直在"危机—改革—危机"的循环之中踯躅前行。20 世纪初,得天独厚的自然资源助推阿根廷经济崛起,斩获世界"粮仓肉库"的美名并成为新兴市场国家发展的龙头。当时的阿根廷与美国并称为西半球的希望之国,两国是旗鼓相当的竞争对手并似乎处在同一个起跑线上。但在 20 世纪,一个成功了,另一个停滞了。到 21 世纪初,美国成了世界上最发达的国家,而阿根廷则因为宣布倒债而沦为破产的空壳,不同的制度抉择决定了两国走上不同的发展道路。从最初的寡头统治下的"自由民主制",历经庇隆的民众主义、反民主的官僚——威权主义(其间夹杂着庇隆主义的短暂回归),随后迎来了自由民主制的"回归"并在激进的新自由主义改革后陷入经济、社会、政治全面崩溃,而介于自由主义和民众主义之间的"基什内尔主义"一度被认为有望带领阿根廷走出钟摆式发展的怪圈,但 10 多年的实践仍未能使阿根廷摆脱当前经济停滞的困局,阿根廷似乎又开启了由民众主义向自由主义的钟摆。阿根廷几乎探索了发展中国家所有可能的制度选择，但无论是发展初期曾带来一时辉煌的精英主义自由民主制、诉诸平民大众的民众主义，还是具有一定发展主义色彩的官僚——威权主义，最终都没能实现带领阿根廷走出发展困境的目标。而阿根廷当前最重要、最困难、最迫切的任务与其说是探索一条新的制度变迁路径，不如说是尽快就基本的制度和游戏规则达成共识，以便使全民充满活力地加入到生产和互利的经济活动中来，而不是从掠夺中谋利。从新制度经济学的视角来看，实现一国市场经济的繁荣并不复杂，只要满足个人权利得到有效保护和清晰界定、没有任何形式的巧取豪夺这两个基本条件。但要实现这两个条件，需要政府既要有足够的权力确保产权不受侵害、契约得到执行，同时其权力还要受到约束，使其无法滥用这一强大的权力去剥夺或侵犯个人权利，这种政府也就是经济学家奥尔森所定义的"强化市场型政府"。

对于阿根廷来说，建立"强化市场型政府"的难点首先在于缺乏限制政府滥用权力剥夺公民权利的广泛的政治和社会基础。阿根廷历史上的多数政府，其实现利益最大化的掠夺行为不仅直接干扰和破坏了经济发展，掠夺带来的合法性基础削弱使其没有意愿和能力去保护产权和强制执行契约。从这个意义上说，阿根廷的危机是政府合法性的危机。一般认为，民主不是促进投资和实现长期增长的唯一路径，但持续稳定的民主制度却是保护财产和契约权利的必要条件，这对经济增长而言至关重要。民主制度本质上是以保护个人权利为起点的，这与对产权和契约的尊重和保护具有内在一致性。民主制的确立和选举的举行并不必然会带来稳定的契约和财产权利，特别是在一个不稳定的国家里，政治领袖仍会为自身利益而采取没收资本、货币贬值或者剥削少数人权利等手段，从而损害个人权利。但从另一个角度来说，持久的民主或代议制政府与财产和契约权的稳定之间确实存在着重要联系，这种稳定对经济增长而言是至关重要的。阿根廷独立后，农牧业出口精英集团通过经济收入上的寻租和政治权力的垄断，阻挡了一次分配过程中的改革，特别是土地这一最重要资源的不平等分配阻碍了财产和契约权的创造和保护，形成了贫富分化以及农牧业出口集团和劳工集团尖锐对立的断裂状社会。庇隆倡导的运动主义造成了传统政党的衰败和一种"零和博弈"的政治文化，特别是运动所追求的党国一体性，不容许任何反对派存在，更不要说保障它们的反对和否决等权力。这种强烈的敌我意识必然导致集团的对立和冲突，减少了政治的正常竞争和对游戏规则的尊重。因此，要应对民众主义可能带来的"多数人暴政"和运动主义造成的"赢者通吃"，实现真正的民主，关键在于如何保护少数人的权利。要建立一个持续的民主政体，需要独立的司法系统和对法律、个人权利的尊重，而这也是保障财产和契约权所需要的。只有当个人财产和契约权能够被一代代人充满信心的预期时，这个社会才是稳定的民主社会。

在奥尔森看来，民主的自发产生带有一些历史的"偶然意味"，需要满足三个必要条件：一是居于统治地位的一小撮领导人、团体或者家族之间形成权力平衡；二是权力和资源的分的必须足够分散和平衡，从而使地方的专利统治也变得不可行。三是民主形成时必须避免被周边政权征服。[①] 对比阿根廷的发展史，会遗憾地看到，殖民地时期阿根廷就形成了以大地产制为基础的地方庇护依附关系，建国后以各省省长为核心的"地方考迪罗"体系更加巩固，并逐渐演化为地方庇护主义渗透进入社会的方方面面，内化为政治游戏的一种"潜规则"。在庇隆和军政府执政时期，尽管地方庇护主义受到以职团主义结构为核心的"全国领袖庇护体系"和以军队组织纪律性为核心的"军事庇护体系"的抑制，但从未被彻底清除出政治领域。随着自由民主制"回归"和联邦制的确立，地方庇护主义更是卷土重来。另一方面，虽然 1912 年的选举改革将劳工和中

---

① ［美］曼瑟·奥尔森：《权力与繁荣》，苏长和，嵇飞译，上海人民出版社 2005 年版，第 26—27 页。

产阶层强行拉入政治领域，但人数占绝对优势的劳工集团在理论上可以"永远"主导选举，庇隆主义对劳工的政治动员更使得劳工垄断选举的威胁变得可信，这破坏了各集团间的权力平衡和对权力的分享，而精英阶层同时掌握着国家经济命脉更增加了博弈的复杂性。专制政权或"形式上民主"的政权因军事政变或经济治理不善等经常会被推翻，但这类政权通常总是被另一个"坐寇型"或"流寇型"政权取代，只有在强有力的外部因素施加在政府之上这类特殊情况下，一个专制政体才会被一个民主政体取代，比如民主国家在战争中击败专制国家就会产生强加民主的现象。从这个意义上看，阿根廷的民主转型始于军政府在马岛战争中的惨败似乎印证了这一判断。但是，阿根廷的民主转型中既没有出现德国、意大利等国"二战"战败后被迫转型的"外部担保人"，也缺乏各集团和政党以宪法为基础订立的政治契约并就游戏规则达成共识。这造成阿根廷的民主转型一经启动，各政党基于政治开放这一短期利益而结成的联盟即宣告解体，政党之间竞争激烈且对抗性较强，没有任何制度框架可以限制这一态势，这种政党间有竞争无合作的现象为政治纷争和发展路径继续钟摆式的变化埋下了隐患。

从历史经验看，无论是官僚——威权主义政府还是民众主义政府，政治家作为"理性人"，其执政目标往往不是国家的长期发展和社会福利的最大化，更多是出于维护本集团利益和谋求私利的目的。官僚——威权主义下的统治者可以直接运用其专制权力，在分配上向支持自己的集团倾斜，并付出高昂的公共福利代价；尽管民主普选产生的统治者为了再次当选有时候会抱有更多的为公众谋福利的动机，但也同样会利用再分配剥夺那些失败的少数派。阿根廷的社会结构决定了劳工集团相对于精英和国家具有较大自主性，威权体制下国家对社会和该集团的管控仍十分有限，需要通过维持福利和社会支出的方式避免其威胁政权稳定；而精英集团掌握国家经济命脉并具有强大的游说能力，民选政府为维护经济稳定和发展不得不通过维护现有产权结构安抚该集团。这两大利益集团的极端对立，导致各集团对政策的分歧很容易影响到对政体的共识，从而造成了普选、有限选举和政变等多样规则在历史上交替出现，改变了政治经济发展的路径和绩效。对游戏规则的共识是统治合法性的必要条件和起点。亨廷顿认为，一个社会中，大多数政治参与者对解决政治争端，即解决权力分配和政策制定的程序有一致的认同，那么至少国家的稳定不会受到威胁。[①] 因此，阿根廷最迫切的任务是培养社会各阶层对根本制度的广泛共识。

二　利益格局的调整与破解钟摆式发展难题

1983 年"民主回归"以来，阿根廷的民主政治制度日益巩固，社会对于普选似乎建立了基本共识。但是，民主的确立和推行本身并不会自动带来经济繁荣。在民主社会中，以跨国资本家和寡头资本家为代表的精英集团仍可以通过游说，以提高经济效率、扩大开放或经济民族化等多样口号推动政府出台符合其特殊利益的政策法规，并利用垄断地位通过共谋操纵价格或工资。学者阿斯匹亚苏（D. Azpiazu，2002）在分析阿根廷新自由主义改革期间的政府机构运行时指出，"在阿根廷这十多年的发展中，对国家的'俘获'已扩展到它所有的机构之中，面对私有化带来的收益，利益集团将国家和政治权力全部卷入其中"。[②] 庇隆主义兴起后，经济民族主义和社会再分配中的民众主义已经逐渐内化为各届政府维护统治的"潜规则"，工会的游说造成了劳动力市场僵化和不顾财政能力的社会福利计划，劳工和民族资本家的"共谋"导致贸易保护和工业扶持成为常态，这是阿根廷两次陷入危机以及当前面临经济困境的一个

---

① ［美］塞缪尔·亨廷顿：《变化社会中的政治秩序》，王冠华等译，上海人民出版社 2008 年版，第 191 页。

② D. Azpiazu："Privatizaciones en Argentina. La caputura institucional del Estado"，*Revista Realidad Económica*，*No. 189*，2002.

重要原因。分利集团利用政治家需要其选票资源或是经济支持这一弱点，积极影响政治决策并操纵再分配，实现本集团利益最大化，有时会付出高昂的社会成本。

从阿根廷的发展历程来看，其初始资源分配格局造成了以农牧业出口集团为代表的特殊利益集团的产生和壮大，庇隆主义、选票政治和进口替代工业化进程共同造就了规模庞大的城市劳工和底层民众这一政治利益集团。而民主制度促进发展时的表现有时不如专制制度这一现象，也反映出民主政治制度无法自行创造社会基础并战胜特殊利益集团。如果忽视政治制度背后的利益基础，即使引进好的制度，也难以取得预期效果，并会因"水土不服"出现异化。强大的利益集团在制度变迁过程中常常会发挥阻碍作用，即便制度形式发生改变，如果不触及制度背后的利益格局，这些集团仍可以在新制度下发挥其特殊影响确保既得利益。良好制度的建立需要获得强大利益集团的支持，但强大利益集团似乎天然存在着制度惰性，这使得基于内生的制度变迁似乎只是历史的"巧合"。而即便这种"巧合"出现，根据奥尔森的论断，一个长期稳定的社会仍会制造出大量分利集团，从而导致制度僵化和国家衰落，似乎只有"二战"后德国、日本经历的巨大社会动荡才能瓦解社会利益格局，恢复经济活力。但在和平发展已成为世界主流共识的情况下，这种瓦解利益格局的做法有违世界潮流和历史潮流，其可能带来的巨大副作用使得制造极度动荡打破路径依赖无异于"饮鸩止渴"。从阿根廷发展的历史进程看，极端的政治社会动荡是否能真正瓦解利益集团及其联盟也仍值得怀疑。"二战"后，阿根廷经历了数次政治社会动荡，危机中掌权的官僚——威权主义政权破坏了劳工集团及其联盟，但全面干预政治社会生活的做法，仍需要跨国资本家和工业寡头等利益集团的外部支持与合作，甚至需要由利益集团承担一系列公共管理和服务职能，这反而进一步提升了这些利益集团的影响力。

破除钟摆状发展的制度锁定，道路注定艰难且漫长。对任何国家来说，天下没有免费的午餐。对于阿根廷这个利益格局已经高度固化的国家而言，改革需要付出更大的成本。但在全球化的今天，民主的合法性在全球已被广泛承认，互联网特别是新媒体技术带来的信息流动使得普通民众的权利意识和法治意识都大大增强，这为阿根廷建设"强化市场型国家"提供了越来越有利的外部环境和社会基础。改变正式制度虽然不能直接破除既得利益格局，但能够改变政治实践，引发非正式制度的变迁。推动制度变革需要"摸着石头过河"的精神和"干中学"，不能站在泳池边学游泳，也不能等到一切条件都成熟才实施。阿根廷自由民主制的"回归"正逐渐在价值观、制度认同等方面带来一些有益的变化，新的制度在构建对普选制基本共识的同时，也培育了更为实用和宽容的政治文化。2008 年国际经济金融危机爆发后，阿根廷的民主制度表现出较强的政治和制度弹性，而在危机巨大压力之下的政治调整也使利益格局发生了一定变化。通胀升高、失业率上升、商品和能源短缺以及外汇管制等使费尔南德斯政府面临巨大的社会压力，并最终打破了经济繁荣时期其与市民和民族资本家结成的政治联盟。为了免受经济停滞和混乱之苦，不同的利益集团之间结成了有利于解决危机的新同盟，实现了利益的调整和平衡，为危机后的政策调整和经济发展奠定了基础。不属于庇隆党和激进党两大传统政党的马克里上台后，实施了一系列反民众主义的稳定化政策，并得到多数民众的理解和宽容，特别是恢复与"秃鹫"基金债务重组谈判以求重返国际融资市场等反经济民族主义举措也没有遭到庇隆主义政党预期中的激烈反对，阿根廷似乎再次迈出了走出钟摆式发展桎梏的步伐。

三 破除阿根廷利益集团阻碍的制度和政策设计

在制度和政策设计方面，奥尔森提出了一些建议，他认为开放和自由的竞争环境对经济的重要性是不可替代的。政府应尽力保证自由贸易和国内生产要素的自由流动，废除那些为特殊利益"量身定做"的法律法规，同时针对分利集团的共谋和垄断行为专门立法，制止这些集团制定高于竞争水平的价格与工资。尽管采取这种"纠正和补偿"措施不需要耗费大量资源，也无需在观念与政策上采取激烈手段推动变革，但在现实中，实施这样的改革仍需要兼具合法性和有效性的"强化市场型政府"和广泛的社会共识。斯蒂格利茨（Josep E. Stiglitz）就破除利益集团阻碍提出了五个命题，[①] 可以成为阿根廷政府推动改革和制定政策时的参考原则：

一是在利益集团具有很强影响力的领域，应限制政府干预。结合阿根廷的实际，政府对贸易和农牧业等传统支柱领域的干预多是通过限制竞争的方式实行，这会进一步加剧利益集团的垄断和寻租行为，并会以损害消费者利益为代价达成生产者的目标。二是应明确反对政府任何限制竞争的行为。政府在利益集团影响下最普遍的表现就是限制竞争，尽管这会降低社会总福利水平，这一点从阿根廷进口替代工业化发展以及劳动力市场的刚性中可见一斑。三是要求政府加强政务公开和决策透明度。提高决策公开程度能够有效减少利益集团的影响，改善政府绩效。扩大信息传播还能降低民众参与政府决策的成本，减少"理性无知"。四是应鼓励私人部门和非政府组织参与提供公共服务。这可以使政府在提供公共产品方面面临竞争，从而形成生产约束，并可以传递更多改进的呼声。具体到阿根廷，这一竞争也许还应该扩展至政治领域，推动形成更成熟的政党制度和政党竞争。政党作为国家和社会的中介，相比于利益集团更具有公共性和代表性，比"魅力型"领袖更具备应对民主治理复杂局面的能力。阿根廷传统政党的衰败及其带来的政治冷漠主义一度造成了国家的代表性危机，损害了民主政治的基础并加重了可治理性危机。只有当成熟的政党执掌政权并使其意志合法化时，阿

---

① ［美］约瑟夫·斯蒂格利茨：《斯蒂格利茨经济学文集第六卷》（下），纪沫等译，中国金融出版社 2007 年版，第 354—362 页。

根廷的国家政权才能具备更广泛和稳定的凝聚力，促进断裂状社会向横切状社会转变。五是需要在专家意见和民意之间找到平衡点。在社会分工日益细化、专业化程度不断提高的当今时代，民主政治及其选举制度可能造成"多数人无知"或"多数人无能"的问题日益凸显，如何提高决策的专业性是亟须破解的难题。但专家也会被利益集团"俘获"并可能自身就是利益相关者，过度依赖"专业知识"和精英治理会抑制公众表达其偏好，需要把握好平衡。

马克里上台后，已经开始着手纠正基什内尔主义国家过度干预经济和过高社会福利支出的弊端，但其目前所采取的政策多是为解决当前面临的具体问题而采取的现实主义政策。马克里作为阿根廷历史上首个非庇隆党和激进党的总统，能否抓住危机中呼唤变革的有利社会时机，加强民主法治建设，完善政府治理结构，确保公民权利免遭政府肆意侵犯，并最终通过向公民社会转移权力、提高公众对改革进程的参与，构建起有效率的经济制度和政治制度，这是阿根廷能否走出钟摆式发展困境，走上经济成功之路的关键。

第二节 对中国的启示

尽管阿根廷和中国相距遥远，国情差异较大，但对阿根廷发展悖论的观察和分析仍能够对我国的改革与发展进程提供一些可资借鉴的启示：

一是推进改革开放需要警惕和防范分利集团。根据新制度经济学的国家理论，正是权力的存在，使得国家既是经济繁荣的关键，又是经济衰退的根源。中国的改革开放之所以取得成功，从起点看，"文化大革命"制造的政治社会极度混乱、经济停滞破坏了既得利益格局，使得启动以市场为导向的改革既没有受到内部人干扰，而对改革将带来稳定和增长的预期又赢得了绝大多数民众的支持。相比之下，苏东制度变迁则面临着庞大的官僚集团和企业管理人员集团的阻碍，改革因内部人游说和派系斗争而难以推进。与苏东国家相比，中国市场化转型另一个显著不同的特征在于政治体制的连续性，特别是政治制度和意识形态没有发生变化。这种渐进式改革保证了经济社会转型的平稳有序，避免了激烈的震荡和冲击。但同时，原有权力在市场化转型中的作用不会立即消失，仍在经济活动和社会再分配中发挥着举足轻重的作用。这使得一些掌握公共权力和强大社会资本的群体有了通过公共权力谋私的机会，并逐渐转型为拥有特权的"分利阶层"。为了更有效克服集体行动的困境，这些分利阶层形成利益集团并在同一体制内结成联盟。分利集团通过"设租""寻租"等方式影响政府，成为改革开放以来历次政策调整的最大受益者，而缺乏社会资源的大量民众不得不承担改革和经济社会转型带来的巨大成本，这种改革不公的直接表现就是贫富差距的扩大和社会不稳定因素的增多。而人们从掠夺而不是生产性行动中获得更多收益，这种"选择性激励"也会阻碍经济的长期发展。

21 世纪以来，经济快速发展的同时，中国的基尼系数一直在国际警戒线以上徘徊，城乡收入差距居高不下，各类上访、维权案件逐年增加使得各级政府不得不将维稳置于极其重要的位置，经济增长对社会稳定的促进和破坏的"双重效应"开始显露出来。2013年以来，随着中国经济进入新常态，经济增长的放缓和产业结构的调整对政府权威性和社会稳定性带来更为严峻的挑战。分利集团的行动通常会导致管制的增加，而管制的增加需要资源，资源的获取又需要加税和加管制，这可能陷入一个"管制——获取——抵制——管制"的恶性循环。因此，当前需要解决的最迫切问题就是尽快形成一种限制政府剥夺公民权利特别是财产权利的社会共识和政治基础，而法治就是其中的关键。在缺乏相对完善法治的情况下，公有制下一些个体所掌握的国家权力就会蜕变为谋取私利的工具，在市场经济和再分配部门中就会出现一个以权钱交易为原则的政治资本与经济资本的交换。面对出现的问题，依法治国已被写入宪法，具有了最高法律效力，但法治成为国家和社会最高规范尚有一定距离，未来努力的重点应是减少国家对经济的干预和管制，激活个人和社会团体的积极性和创造力，建立和维护一个公正而有效率的产权制度并为其运行提供一个公正安全的制度环境。最后，建立公正而有效率的政治经济制度离不开公众对改革进程的广泛参与，也需要提高政府的政治问责性和政策制定的公开透明度，最终目标应是达到政府的政治利益与社会福利高度一致。

二是对社会二元结构可能为民众主义提供深厚土壤需要保持高度警惕。阿根廷的教训表明，以劳工为代表的底层民众与经济寡头尖锐对立的断裂状社会结构制约了国家制度生成和变迁的路径，政党制度和公民社会的缺失加剧了国家与社会的直接冲突，最终催生出民众主义和经济民族主义，这些貌似"公平正义"的理念和政策不仅没有弥合反而加深了社会的裂痕，最终导致了钟摆式发展和国家衰落。长期以来，受中央集权制传统影响，中国的国家与社会间力量对比也十分悬殊，中间协调结构十分薄弱，国家通过传统文化、意识形态和庞大的官僚机构直接对社会各阶层进行严密控制，公民阶层并不具备与国家独立谈判的能力，也缺乏相应的渠道。改革开放以来，社会逐步摆脱了国家的控制，获得了一定独立性，但由于路径依赖或历史惯性，国家权力并没有完成与社会经济权利的"分立"，"遗留"的权力仍以各种方式介入经济活动并对社会分配发挥重要影响。国家仍试图代替社会行使相关职能，造成社会转型落后于经济转型的不协调状况。

在多元化的"横切状"社会结构中，各种利益集团彼此交错制衡，不同力量和声音能够实现相互中和、消减和制衡。但在中央集权国家和碎片化市民阶层构成的二元社会中，大量原子化的民众缺乏公共身份认同，在价值观、信息获取和思维方式上具有相当程度的"同质化"，遇到外界刺激时反应方式大体相近，很容易形成集体无意识的浩荡群众运动大潮。当前，随着经济发展和市场化推进，中国社会两极分化的趋势日益明显，产生了强势群体和弱势群体的相对分离。在"强政府——弱社会"的制度环境中，社会发育不够成熟，公民社会和自治组织无力整合原子化的社会大众。随着改革的深化，多数民众脱离了计划经济时代以单位和各级组织为核心的社会网络结构，但现代市民社会和相应的民间组织因发育滞后而难以将其吸纳其中，这种游离的同质化个人在危机中极易被庇隆式的民众主义精英煽动起来，形成类似于庇隆主义运动的某种运动。从阿根廷的历史经验可以看出，这种民众主义倾向的社会运动通常会反对制度化的现行秩序，通过哗众取宠的意识形态口号和具有一定人格魅力的"领袖"将大众动员起来并直接聚拢在其周围。面对不同阶层、利益集团和个人被长期压抑的各种诉求形成的"井喷"，民众主义精英往往会实施条件不成熟的大幅度政治改革或超出财政承受能力的"福利赶超"，这种"饮鸩止渴"的做法会引发恶性循环和政府的衰弱，从而使国家陷入空前灾难。

从具体情形分析，在经济社会危机深化的情况下，极左派会试图利用平均主义和原教旨的极左思想煽动底层民众。当前部分中产阶层和一些浪漫主义的"新左翼"知识分子已在鼓吹"第二次文革"和"重回毛时代"，而在经济高速发展中失意的底层民众以及在改革中利益受损的阶层可能会在极左口号的号召下聚合起来，进而挑战现行秩序。另一方面，政府在危机中为挽回合法性和维护稳定，可能被迫启动条件尚不成熟的民主化改革，但当民主的意识形态在危机中主宰社会时，所有问题都可能被简单归结为民主化不彻底，此时无论政府采取何种制度变革都无法满足民众扩大政治参与的迫切要求，反而会进一步抬高民众的期望，这种失控的恶性循环往往会以"颜色革命"告终，并将造成无政府式的四分五裂。此外，根据阿根廷的历史经验，当左右两种激进力量出现拉锯战并造成社会持续动荡时，中产阶级出于维护自身利益，对稳定的诉求可能超过对民主的渴望，进而会要求军队这个唯一有能力恢复秩序的组织介入政治。而面对空前的国际压力，极端民族主义和国家主义可能成为压制社会冲突的意识形态聚合力。特别是近代中国有100多年的屈辱历史回忆并在近年迅速崛起成为世界性的新兴大国，一旦陷入政治、经济危机或者与其他大国、周边国家爆发难以调和的激烈冲突时，原子化大众很容易受到媒体舆论和国家主义意识形态的支配，特别是一些有倾向性的历史解读不断放大百年积累的怨气，会使得这些民众在刺激下产生"沙文主义"尚武扩张的强烈冲动。如果某些机会主义政客为转移国内矛盾趁机推波助澜，并与民众对外发泄经济社会挫折感的需要形成"共振"，民族沙文主义就会演变为压倒性的意识形态。

三是构建市民社会是破解社会二元结构困境的重要切入点。市民社会的构建本质上是国家向社会让渡部分权力、使社会有能力和组织与国家进行妥协和博弈的过程。从西方发达国家的发展史来看，这一过程是伴随近代资本主义的萌芽和发展逐步完成的。阿根廷通过职团主义结构整合社会最终失败的教训表明，社会作为国家的对应面分立出来是开启这一过程的关键，这需要市民社会的集体行动能够强大到监督、制约甚至抵抗国家对社会权利的侵犯。从中国当前的特定阶段来看，考虑到国家主导型模式由来已久且根深蒂固，政府需要在政治、经济、社会多领域放权并对培育市民社会予以积极扶持。具体来说，在经济领域，政府应只保留进行宏观调控和管理的必要权力，以满足克服外部性、市场失灵和提供公共服务等需要，相关干预应最大限度根据市场原则进行；在政治领域，国家应侧重于行使其公共管理和维持市场秩序、保护产权和契约履行等必要职能，其他尽量交由民间组织承担，并充分保障公民的民主参与权；在社会领域，应加强与公民社会对话，疏通利益集团表达诉求的渠道，通过制度设计保障机会公平和福利救济。

改革开放以来，经济持续发展和社会日益开放培育出了许多新兴的市场主体，社会阶层结构也呈现出加速分化重组的态势，多元化社会结构已有了一定雏形。特别是中等收入群体迅速壮大并逐渐摆脱对国家的依附，为构建市民社会提供了强大的内生动力。随着改革的深入，政府已经意识到，不能片面强调市民社会壮大及其表达利益诉求对执政党地位带来的挑战和可能构成的威胁，更应该看到市民社会在缓和社会矛盾和加强凝聚力等方面的积极作用，以及社会转型滞后于经济转型可能带来的巨大的社会成本和对稳定的更大威胁。为此，政府已经提出了构建和谐社会、简政放权、激发社会活力等一系列重要思想，并正通过立法加强对慈善团体等民间组织的扶持力度，这将为市民社会的建立和发展提供更大空间。此外，网络和新媒体技术的兴起和快速普及，使人们找到了表达利益诉求的新的平台，并在一定程度上起到激发民众社会归属感的积极作用，促进了"横切状"社会的形成，为市民社会的构建注入了新动力。需要指出的是，国家的简政放权不会一蹴而就，国家和社会之间的权力界定也不可能一次性完成，这就需要构建一个国家和市民社会不断进行制度化协商的机制。只有国家和社会相互博弈与妥协并逐步建立起现代制度结构，国家才能在追求租金最大化和保护有效产权与契约履行之间实现平衡，通过制度变迁实现持久经济繁荣才会成为可能。

囿于资料和数据的获取以及笔者有限的学识，本书尚存在一些不足之处，需要今后对相关问题做进一步研究和探讨。一是受时间、篇幅和资料渠道等因素所限，本书对阿根廷市民社会的发展现状以及阿根廷政府发展市民社会的具体举措、相关经验和教训没能进行归纳总结，这可能对相关研究和建议的针对性和可操作性产生一定影响，未来需要对此进行更有针对性的专题研究以弥补这一不足。二是由于文本所研究的发展问题较为宏大，需要运用经济学和社会学多种分析工具，如博弈分析、历史分析、案例比较分析等，但由于笔者能力所限，在相关理论把握和运用上仍不免有欠缺之处。三是由于本书仅对阿根廷的案例进行分析,相关理论假设的普适性还需要进一步验证,比如对能否解释委内瑞拉、墨西哥等拉美国家的类似情况还需要进一步探究,能否解释加拿大、澳大利亚等资源型国家的不同发展路径和绩效,甚至成为具有一定普适性的规律仍有待商榷。笔者希望在未来的研究中继续对此予以关注,并争取有新的成果问世。

参考文献

中文参考文献

董国辉：《阿根廷现代化道路研究——早期现代化的历史考察》，世界图书出版公司 2013 年版。

林毅夫：《关于制度变迁的经济学理论：诱致性变迁和强制性变迁》，上海人民出版社 1994 年版。

吕芳：《制度选择与国家的衰落》，中国政法大学出版社 2007 年版，第 67—68 页。

苏振兴、徐文渊主编：《拉丁美洲国家经济发展战略研究》，北京大学出版社 1987 年版。

苏振兴：《拉丁美洲的经济发展》，经济管理出版社 2007 年版。

肖楠等编：《当代拉丁美洲思潮》，东方出版社 1988 年版。

袁庆明：《新制度经济学教程》，中国发展出版社 2011 年版。

董国辉：《学术史视野中的"阿根廷之谜"》，《世界近代史研究（第七辑）》2010 年。

郭存海：《阿根廷的可治理性危机分析》，《拉丁美洲研究》2010 年第 2 期。

韩琦：《辩证评析拉美的百年经济发展》，《世界经济与政治》2005 年第 8 期。

贺楠：《阿根廷危机——发展中国家政府与市场角色的错位》，《国际经济评论》2004 年第 11—12 期。

林红：《论现代化进程中的拉美民粹主义》，《学术论坛》2007 年第
1 期。

吕芳：《"断裂状"社会的形成及其影响——对阿根廷 1930 至 1955
年间的政治分析》，《拉丁美洲研究》2003 年第 4 期。

沈安：《阿根廷模式与新发展主义的兴起》，《拉丁美洲研究》2009
年第 1 期。

谭杨：《国家变革中正式制度与非正式制度的相互作用》，《东北大
学学报》2014 年第 4 期。

吴国平：《阿根廷危机的挑战：金融安全与社会稳定》，《中国金
融》2002 年第 2 期。

夏立安：《评奥唐奈的官僚独裁主义理论》，《世界史研究动态》
1991 年第 5 期。

余振、吴莹：《阿根廷新自由主义改革失败的启示》，《拉丁美洲研
究》2003 年第 5 期。

［美］安格斯·麦迪森：《世界经济千年史》，北京大学出版社 2003
年版。

［美］道格拉斯·C. 诺斯（Douglass C. North）、罗伯特·托马斯著：
《西方世界的兴起》，厉以平、蔡磊译，华夏出版社 1999 年版。

［美］道格拉斯·C. 诺斯（Douglass C. North）：《经济史上的结构和
变革》，厉以平译，商务印书馆 1992 年版。

［美］道格拉斯·诺斯（Douglass C. North）：《理解经济变迁过程》，
钟正生、邢华等译，中国人民大学出版社 2013 年版。

［美］加布里埃尔·A. 阿尔蒙德，宾厄姆·鲍威尔著：《比较政治
学：体系、过程和政策》，上海译文出版社 1987 年版。

［美］罗伯特·普特南：《使民众运转起来》，王列等译，江西人民
出版社 2001 年版。

［美］曼瑟·奥尔森：《国家的兴衰：经济增长、滞涨和社会僵化》，

de Chile, enero, 2000.

Brenner, Robert: "Una crisis devastadora en ciernes", 1° de febrero de, http://www. iade. org. ar/modules/noticias/article. php? storyid = 2201, 2008.

Brenta, Noemi: "La convertibilidad argentina y el Plan Real de Brasil: Concepción, implementación y resultados en los años 90", *Revista Ciclos, IIHES-UBA*, Buenos Aires, 12 (23), 2001.

Bresser-Pereira, Luiz, Carlos: "Estado y mercadoen el nuevo desarrollismo", *Revista Nueva Sociedad*, *julio-agosto*, 2007.

Burky, Shaid J. y Guillermo, Perry: "Más allá del Consenso de Washington: La hora de la reforma institucional", Washington: Banco Interamericano de Reconstrucción y Fomento / Banco Mundial, 1998.

C. F. Díaz Alejandro. : "Ensayos sobre historia economica argentina", Amorrortu, Buenos Aires, 1975.

Campero, Guillermo: "La relación entre el Gobierno y los grupos de presión: El proceso de la acción de bloques a la acción segmentada", *Revista de Ciencia Política*, *Instituto de Ciencia Política de la Pontificia Universidad Católica de Chile*, 23 (2), 2003.

Cardoso, Fernando H. y Enzo, Faletto: "Estado y proceso político en América Latina", *Revista Mexicana de Sociología*, *34* (2), Abril-Junio de 1977.

Carolina Díaz, Bonilla Eugenio Díaz, Bonilla Valeria Piñeiro, Sherman Robinson: "El Plan de Convertibilidad, Apertura de la Economía y Empleo en Argentina: Una Simulación Macro-Micro de Pobreza y Desigualdad", http://www. undp. org/rblac/finald rafts/sp/Capitulo4. pd f # search = % 22efectos% 20 de% l 20p lan% 20de% 20convert ib ilidad% 20d e% 20Argen tina% 22.

Carolina, Crisorio: "Balance de la política commercial Argentina", *Re-*

vista Comercio Exterior, vol. 52, No. 11, noviembre, 2002.

Castellani, Ana G. y Mariano Szkolnik: "Devaluacionistas y dolarizadores. La construcción social de las alternativas propuestas por los sectores dominantes ante la crisis de la Convertibilidad. Argentina 1999 – 2000", http: //www. argiropolis. com. ar/images/stories/ponencia% 20castellani. pdf, 2005.

Catalina, Smulovitz: "El sistema de partidos en la Argentina: Modelo para armar", Revista Desarrollo Economico, Vol. 26, No. 101, Apr-Jun de 1986.

CEF (Centro para la Estabilidad Financiera): "El gobierno corporativo en Argemtina", Nota de Política No. 5, Julio de 2005.

Cenda: "Notas de la economía argentina", Centro de Estudios para el Desarrollo Argentino, http: //www. cenda. org. arf. , 2007.

CEPAL: "Panorama Fiscal de América Latina y el Caribe: Reformas Tributariasy Renovación del Pacto Fiscal", Santiago de Chile, 2013.

Cortázar, René: "Chile: Resultados Distributivos 1973 – 82", Desarrollo Económico, vol. 23, No. 91, Octubre-Diciembre, 1983.

Da Silva, Sidney y Simone, Diniz: "Reforma previsional, sindicalismo y proceso de toma de decisiones en Argentina y en Brasil", Documentos y Aportes en Administración Pública y Gestión Estatal, No. 12, Junio de 2009.

Daniel, Azpiazu y Martín, Shorr: " La difícil reversión de los legados del neoliberalismo: la recuperación industrial en Argentina en la posconvertibilidad", Nueva Sociedad (225), enero-febrero de 2010.

Edgard, Moncayo, Jimenez: "Globalización: nuevos enfoques teóricos sobre el desarrollo regional (subnacional) en el contexto de la integración económica y la globalización", Integracion del Comercio, enero-junio, 2002.

Ernesto, Gantman: "Un modelo fallido de desarrollo: la experiencia argentina (1989 – 2001)", *Revista Cuadernos de relaciones laborales*, *Vol. 30*, *No. 2*, 2012.

Esahg, E. Y Thorp, R. : "Las políticas económicas ortodoxas de Perón a Guido (1953 – 1963). Consecuencias económicas y sociales", Paidós, Buenos Aires, 1969.

Escudé, Guillermo: "Lecciones de la Crisis Argentina", *Revista de Economía-Segunda Epoca Vol. IX N°2*, Banco Central del Uruguay, noviembre, 2002.

Fabián, Repetto: "Estado y democracia ante los desafíos de la integración social: Las políticas frente a la pobreza en Argentina y Chile durante los noventa", Scripta Nova, *Revista Electrónica de Geografía y Ciencias Sociales*, *Universidad de Barcelona*, *N°69 (80)*, agosto de 2000.

Faletto, Enzo: "La especificidad del Estado en América Latina", *Revista de la CEPAL*, *No. 38.* 1989.

Fanelli, José, María: "Crecimiento, Inestabilidad y Crisis de la Convertibilidad en Argentina", *Revista de la CEPAL*, *No. 77*, agosto, 2002.

Fernández Bugna, Cecilia y Porta, Fernando: "El crecimiento reciente de la industria argentina. Nuevo régimen sin cambio estructural", *Revista Realidad Económica (Buenos Aires)*, Ene-Feb de 2008.

Fernández-Arias, Eduardo: "Lecciones de la Crisis Argentina", *Revista de Economía-Segunda Epoca Vol. IX N°2*, Banco Central del Uruguay, noviembre, 2002.

Filgueira, Carlos y Carlo, Geneletti: "Estratificación ymovilidad ocupacional en América Latina", *Cuadernos de la CEPAL*, *No. 39*, 1989.

Fontaine, J. , A. : "Transición económica y política en Chile: 1970 – 1990", *Revista Estudios Públicos*, *No. 50*, 1993.

French-Davis, Ricardo: "Desarrollo económico y equidad en Chile: herencias y desafíos en el retorno a la democracia", *Revista Colección de estudios CIEPLAN*, Mar (31), 1991.

Frenkel, Roberto: "Globalización y Crisis Financieras en América Latina", *Revista de la CEPAL*, No. 80, agosto, 2003.

Fukuyama, F.: "¿El fin de la historia?", *Revista Estudios Públicos*, No. 37 1990.

Gadano, Nicolás: "Rompiendo las reglas: Argentina y la Ley de Responsabilidad Fiscal", *Desarrollo Económico*, 43 (*170*), Julio-Septiembre de 2003.

García Delgado, Daniel y Chojo Ortíz, Ignacio: "hacia un nuevo modelo de desarrollo. transformaciÓn y reproducciÓn en el posneoliberalismo", *Documentos y Aportes en Administración Pública y Gestión Estatal*, *vol. 6*, *No. 7*, 2006.

Gastón, Ángel, Varesi: "La Argentina posconvertibilidad: Modelode acumulación", Prob. Des, vol. 41, No. 161, México abr. /jun. 2010.

Giancarlo, Marchesi: "La Evolución de la Política Económica y Social en Argentina", CLASPO de The University of Texas at Austin, http://lanic. utexas. edu/project/laoap/claspo/dt/0010. pdf, 2004.

Gilberto, Dupas: "El discurso hegemónico del libre mercado y la vulnerabilidad de los grandes paises de la periferia", *Revista Latinoamericana de Economía*, *vol. 32*, *No. 128*, 1991.

Guillermo, Larraín: "Chile 2011: Desafíos para el modelo de desarrollo", *Revista Comercio Nacional*, Jun de 2011.

Iannuzzi Patricia, Lewinger Arturo S. , Straffela Miguel G. : "Comercio Exterior y Desarrollo ¿Límite u oportunidad?", *La revista del CCC, Mayo / Agosto 2011*, n° *12*, http://www. centrocultural. coop/revista /articulo / 244/. ISSN 1851 – 3263.

Ídem: "La democratización incompleta y los desafíos del futuro", *Revista Vanguardia Dossier*, No. 4, 2003.

Ignacion de Angelis, Mariana Calvento y Mariano Roark: "¿Hacia un nuevo modelo? Desde la teoría de la regulación. Argentina 2003 – 3010", *Problemas del desarrollo*, Vol. 44, Apr-Jun de 2013.

JB. , Ruíz y RAD, Flores: "Modelos de desarrollo y estrategias de integración en América Latina", *Cuadernos sobre Relaciones Internacionales Regionalismo y Desarrollo*, 2006 (1).

JM, Sanjueza: "Estado y modelo de desarrollo en America Latina: el caso de las reformas previsionales de Chile y Argentina", *Némesis Revista de Estudiantes de Sociología de la Universidad de Chile*, 2012.

JOSÉ MIGUEL SANHUEZA DE LA CRUZ: "Estadoy modelo de desarrollo en Brasil, Chile y Argentina-Conformación de alianzas sociales y el carácter de la acción estatal", *Memoria para optar al título profesional de Sociólogo*, Universidad de Chile, 2012.

Joseph, Ramos: "El modelo de desarrollo: ¿tiene algo que decir el ideario progresista?", *Némesis: Revista de estudiantes de sociología de la Universidad de Chile*, No. 4, 2004.

Kosacoff, Bernardo: "El modelo productivo es el mismo de la década 90", *Semanario El Economista*, *viernes 14 de enero de 2011*, Buenos Aires, 2011.

Le Fort V. , Guillermo y Sergio, Lehmann: "El Encaje y la Entrada Neta de Capitales: Chile en el Decenio de 1990", *Revista de la CEPAL No. 81*, diciembre, 2003.

Leila, Mucarsel, "Hacia un nuevo modelo de planificación del desarrollo en América del Sur: Estudio comparado de los principales instrumentos de planificación del desarrollo en la Argentina y el Brasil, 2003 – 2013", *Documentos de Proyectos No. 573 de Cepal*, Mar de 2014, http: //repositorio. cepal. org/handle/11362/36659.

Lozano, Claudio: "El cambio de fase en la etapa económica. De la desaceleración al estancamiento", 2009, http: //www. cta. org. ar/ base/IMG/doc/El_cambio_en_la_fase_economica_de_la_desaceleracion_al_estancamiento. doc.

Lozano, Lucrecia: "La iniciativapara las Américas. El comercio hecho estrategia", *Nueva Sociedad*, *125*, Mayo-Junio, 1993.

Macedo Cintra, Marcos A. y Maryse Farhi: "Contradicciones y límites del Plan de Convertibilidad", *Nueva Sociedad*, *No. 179*, Mayo-Junio de 2002.

Marini, Ruy Mauro: "Las razones del neodesarrollismo (respuesta a F. H. Cardoso y J. Serra)", *Revista Mexicana de Sociología*, *Facultad de Ciencias Políticas y Sociales*, *UNAM*, *México*, *número especial*, 1978.

Marshall, Enrique: "Implementación de Políticas Macroprudenciales en Chile", *Documentos de Política Económica*, *N. ° 44*, Banco Central de Chile, mayo, 2012.

Marshall, Jorge y Mario Waissbluth: "Reforma del Estado en Chile: Una oportunidad", *Serie En Foco*, *No. 122*, Noviembre de 2007.

Mauro, Crsteche: "Estado Desesperado. El gasto público social en Argentina, 1980 – 2008", *Revista Razón y Revolución*, *No. 20*, 2010.

Miguel, Agustín, TORRES: "La dimensión externa de los modelos de desarrollo en Argentina. Algunas consideraciones sobre el período 1989 – 2009", *Revista Capa*, *Vol. 2*, *No. 16*, 2012.

Moisés, Ikonicoff: "La Industrialización y el modelo de desarrollo de la Argentina", *El Trimestre Económico*, *Vol. 47*, *No. 185* (*1*), Ene-Mar de 1980.

O'Donnell, Guillermo: "¿Democracia delegativa?", *Papel de Trabajo N°*

172, Kellog Institute, 1992.

Orlansky, Dora: "Política y Burocracia. Argentina 1989 - 1999", *Documentos de Trabajo N° 26*, Instituto de Investigaciones Gino Germani, Noviembre de 2001.

Ortiz, Ricardo y Martín Schorr: "Crisis internacional y alternativas de reindustrialización en la Argentina", *Ponencia presentada en el XXVII Congreso alas*, Buenos Aires, 2009.

Oscar, Oszlak: "El Mito del Estado Mínimo: una Decada de Reforma Estatal en la Argentina", *Desarrollo Económico*, *No. 168*, 2003.

Osvaldo, Sunkel: "Integración transnacional y desintegración nacional", *Estudios Internacionales*, Santiago de Chile, enero-marzo 1971.

Osvaldo, Sunkel: "la consolidaciÓn de la democracia y del desarrollo en chile: desaflos y tareas", *Discurso de incorporación como Miembro de Número de la Academia de Ciencias Sociales del Instituto de Chile, pronunciado el 6 de abril de 1992 en el Salón de Honor de la Universidad de Chile*, *Revista El Trimestre Económico*, *Vol. 59*, Oct-Dic de 1992

Oszlak, Óscar: "El mito del Estado mínimo: una década de reforma estatal en Argentina", *Documento presentado en el V Congreso Internacional del CLAD sobre la Reforma del Estado y la Administración Pública*, *Santo Domingo*, 24 a 27 de Octubre de 2000.

Oszlak, Oscar: "La Reforma del Estado enArgentina", *Documento CEDES/36*, Buenos Aires, 1990.

Pablo, Bustelo: "El enfoque de la regulación en Economía: una propuesta renovadora", *Cuadernos de Relaciones Laborales* (*4*), Universidad Complutense de Madrid, 1994.

Palomino, Héctor: "Los sindicatos en la Argentina contemporánea", *Nueva Sociedad*, *169*, Septiembre-Octubre de 2000.

Pierre, Salama: "Nuevas paradojas de la liberalización en América Latina?" *Comercio Exterior*, vol. 52, No. 9, septiembre, 2002.

Piñeiro, Armando, Alonso: "Historia del Presente. La restauración de la economía Argentina. Entrevista al ministro de Economía de la Argentina Domingo Cavallo", Buenos Aires: Colección Documentos de Historia, Vol. 6, 1994.

Portes, Alejandro, "El neoliberalismo y la sociología del desarrollo: Tendencias emergentes y efectos inesperados", *Perfiles Latinoamericanos*, 7 (*13*), Diciembre de 1998.

Pucciarelli, Alfredo: "Los dilemas irresueltos en la historia reciente de la Argentina", *El Taller* (4), Buenos Aires, 1997.

Ricardo Bielschowsky: "Sesenta Años de la CEPAL: Estructuralismo y Neoestructuralismo", Revista de la CEPAL 97, abril de 2009.

Riesco, M. : "El modelo social chileno comienza a cambiar", *Revista Internacional del Trabajo*, No. 128 (*3*), 2009.

Rodríguez Grossi, J. y Saavedra, E. : "Certeza jurídica e incentivos a la inversión: Política y práctica de una relación causal", *Revista Persona y Sociedad*, No. 19 (2), 2005.

Rofman, Alejandro, "¿Reforma o nuevo rol para el Estado?", *Aportes para el Estado y la Administración Gubernamental*, (*11*), Año 5, Buenos Aires, 1998.

Roig, Alexandre: "El desarrollo como conflicto institucionalizado", *Revista Realidad Económica* (*Buenos Aires*), jul-Ago de 2008.

Rosemary, Thorp, " Progreso, pobreza y exclusión: Una historia económica de America Latina enel Siglo XX", Banco Interamricano de Desarrollo, Union Europa, 1998.

Saavedra, Eduardo: "El Modelo Económico-Político de Chile: Desarrollo Institucional en la Encrucijada", *Revista Economía y Política*, No. 1 (*1*), 2014.

Sáinz, Pedro y Alfredo, Calcagno: "La economía brasileña ante el Plan Real y su crisis", *CEPAL*, *Serie Temas de coyuntura*, Santiago de Chile, 1999.

Schorr, Martín y Andrés Wainer: "Argentina: ¿muerte y resurrección? Notas sobre la relación entre economía y política en la transición del 'modelo de los noventa'al del 'dólar alto'", *Realidad económica*, No. 211, Buenos Aires, 1993.

Schvarzer, J. : "El proceso de privatizaciones en la Argentina. Implicaciones preliminares sobre sus efectos en la gobernabilidad del sistema", *Revista Realidad Económica (Buenos Aires)*, Nov-Dic de 1993.

Schvarzer, J. : "Un modelo sin retorno. Dificultades y perpectivas de la economía argentina", *Revista Desarrollo Economico*, *Vol. 30*, *No. 118*, Jul-Sep de 1990.

Thwaites, Rey, Mabel: "Ajuste estructural y reforma del Estado en la Argentina de los 90", *Revista Realidad Económica (Buenos Aires)*, 1998 – 1999.

Vergara, Rodrigo: "Privatización de la banca: "La experiencia chilena", *Estudios Públicos*, *63*, Invierno de 1996.

Victor, Ramiro, Fernandez: "Transformación del Estado y procesos de descentralización (la propuesta del Banco Mundial y las lógicas-intereses en el capitalismo global)", *Revista Latinoamericana de Economía*, *vol. 33*, *No. 128*, 1999.

Villanueva J. : "El origen de la industrialización argentina", *Desarrollo Económico*, *No. 47*, *Buenos Aires*, *IDES*, 1972.

A. Horowicz: "Los cuatro peronismos. Historia de una metamorfosis trágica", Editorial Planeta, Buenos Aires, 1990.

J. Sábato: "La clase dominante en la Argentina moderna. Fotmación y características", Editorial Planeta, Buenos Aires, 1982.

M. Peña: "La evolución industrial y la clase empresaria argentina", *Revista Desarrollo Económico*, *Número Especial*, Buenos Aires, verano de 1996.

M. Abeles, K. Forcinito y M. Schorr: "Conformación y consolidación del oligopolio de las telecomunicaciones en la Argentina", *Revista Realidad Económica*, *No. 155*, Buenos Aires, 1998.

C. Levit y R. Ortiz: "La Hiperinflación argentina: prehistoria de los años noventa", *Revista Epoca*, *No. 1*, Buenos Aires, diciembre de 1999.

E. Feldman y J. Sommer: "Crisis financiera y endeudamiento externo en la Argentina", *Buenos Aires*, *CEAL-CET*, 1986.

D. Azpiazu y B. Kosacoff: "Las empresas transnacionales en la Argentina", *Buenos Aires*, *CEPAL*, *Documento de Trabajo*, *No. 16*, 1985.

G. O'Donnell: "Estado y alianzas en la Argentina, 1956 – 1976", *Revista Desarrollo Económico*, *No. 64*, *Buenos Aires*, *IDES*, 1977.

Claudio Belini: "Inflación, recesión y desequilibrio externo. La crisis de 1952, el plan de estabilización de Gómez Morales y los dilemas de la economía peronista", *Boletin del Inst. Hist. Argent. Am. Dr. Emilio Ravignani*, *No. 40*, Buenos Aires, jun de 2014.

Manuel J. Francioni y Emilio Llorens: "Ritmo de la Economía Argentina en los últimos 30 años", CACIP, Buenos Aires, 1941.

Oscar Brauny Leonard Joy: "Un modelo de estancamiento económico-Estudio de caso sobre la economía argentina", *Revista Desarrollo Económico*, *Vol. 20*, *No. 80*, Jan. – Mar, 1981.

Fernando Rocchi: "El péndulo de la riqueza: la economía argentina en el período 1880 – 1916", Nueva Historia Argentina, Editorial Sudamerica, Buenos Aires, 2000.

Raimundo Frei y Rovira Kaltwasser: "El Populismo como Experimento

Político: Historia y Teoría de una Ambivalencia", *Revista de Sociología*, *Facultad de Ciencias Sociales de Universidad de Chile*, *No. 22*, 2008.

英文参考文献

A. W. Lewis: "Economic Development with Unlimited Supplies of Labor", *The Manchester School of Economic and Social Studies*, 22, (2), 1954.

Abraham F. Lowenthal: "Armies and Politics in Latin America", Holmes and Meier Publishers, 1976.

Alan M. Taylor: "Argentine Economic Growth in Comparative Perspective", *The Journal of Economic History*, *Vol. 54*, *No. 2*, June1994.

Alesina A and Angeletos G. M. : "Fairness and Redistribution [J]", *The American Review*, 95 (4), 2005.

Bourguignon, F. and C. Morrisson: "Inequality and Development", Document, Delta, Paris, 1995.

Carlos H. Waisman: "Reserval of Development in Argentina: Postwar Counterrevolutionary Politics and Their Structural Consequences", Princeton: University Press, 1987.

Claude Pomerleau: "The argentine puzzles", *The Review of Politics*, *Vol. 37*, *Vol. 2*, April 1975.

Cristobal Kay: "Latin American Theories of Development and Underdevelopment", London and New York: Routledge, 1989.

Dani, Rodrik: "Second-Best Institutions", *NBER Working Paper No. 14050*, *June* 2008.

Daniel Kaufmann, Aart Kraay, Massimo Mastruzzi: "Governance Matters III: Governance Indicators for 1996 – 2002", *World Bank Policy Research Working Paper 3106*, *Revised Version: April 5*, 2004.

David Rock: " The Politics in Argentina 1890 – 1930: The Rise and

Fall of Radicalism", The Cambridge University Press, 1975.

Davide, G. Erro: "Resolving the Argentine Paradox-Politics and Development 1966 – 1992", Lynne Rienner Publishers, London, 1993.

De Ferranti et al. : "Recent Trends in Income Inequality in Latin America [J]", *Economia*, *10 (2)*, 2011.

Douglass, C. , North and Robert, Paul, Thomas: "The Rise and Fall of the Manoral System: A Theoretical Model", *The Journal of Economic History*, *Vol. 31*, *No. 4*, *Dec.* , 1971.

Edgardo Cattergberg: "Argentina Confronts Politics", Lynne Rienner Publishers, Boulder and London, 1991.

Ernesto Tornquist: "The Economic Development of the Argentina Republic in the last Fifty Years", Buenas Aices, 1979.

Felix J. Weil: "The Argentine Riddle", New York: The John Day Company, 1944.

Galor O. : "Inequality and Economic Development: An Overview. In: Galor Oded (ed), Inequality and Economic Development: The Modern Perspective [M]", Elgar Publishing, 2009.

Gérard, Roland: "Understanding Institutional Change: Fast-moving and Slow-moving Institutions", *Studies in Comparative International Development*, *Vol. 38*, *No. 4*, 2004.

Guillermo, Campero: "Macroeconomic Reforms, Labour Markets and Labour Policies: Chile, 1973 – 2000", *Employment Strategy Papers*, ILO, 2004.

James W. McGuire: "Peronism without Peron", Stanford, California, 1997.

Jorge Schvarzer: "The argentine Riddle in historical perspective", *Latin American Research Review*, *Vol. 27*, *No. 1*, 1992.

Larry Dianmond, Juan J. Linz, Seymour Martin Lispet: "Democracy in

Developing Countries-Latin America", Adamantine Press Limites: London, English, 1989.

Leaman David: "Changing Faces of Populism in Latin America: Masks, Makeovers and Enduring Features", *Latin American Reserch Review*, *Vol. 39*, *No. 3*, 2004.

Lee Siglman and Syng Nam Yough: "Left-Right Polirization in National Party System: A Cross-National Analysis", *Comparative Political Studies*, *Vol. 11*, *No. 3*, *Octuber*, 1978.

Migdal, J. , S. : "Strong Societies and Weak States", Oxford: Princeton University Press, 1988.

Miron Burgin: "Post-Mortemon Argentina's Pinedo Plan", *Inter American Quarterly*, *Vol. 3*, *No. 4*, 1941.

Nauro, F. , Campos and Fabrizio Coricelli: "Growth in Transition: What We Know, What We Don't, and What We Should", *William Davidson Working Paper Number 470*, *February*, 2002.

Neal P. Richardson: "Export-Oriented Populism, Commodities and Coalitions in Argentina", *Studies in Comparative International Development*, *No. 44*, 2009.

Paul H. Lewis: "The Crisis of Argentine Capitalism", Chapel Hill: University of North Carolina Press, 1990.

Perotti, R. : "Income Distribution, Democracy and Growth", *Journal of Economic Growth*, *1* (*2*), 1996.

Persson T and Tabellini G. : "Is Inequality Harmful for Growth? [J]", *The American Economic Review*, *84* (*3*), 1994.

Peter Evans, Dietrich Rueschemeyer, and Theda Skocpol, eds. : "Bring the State Back In", Cambridge: Cambridge University Press, 1985.

Peter, G. Snow and Luigi, Manzetti: "Political Forces in Argentina", Westport. Connecticut, London, 1990.

Peter, Hakim: "Is Latin American Doomed to Failure?" *Foreign Policy*, *No. 117*, *Winter* 1999 – 2000.

Rudiger Dornbusch and Sebastian Edwards: "The Macroeconomics of Populism in Latin America", University of Chicago Press, January 1991.

Sachs Jeffrey. D: "Social Conflict and Populist Policies in Latin America", *NBER Working Paper No. 2897*, 1989.

Vito Tanzi: Argentina: "An Economic Chronicle: How one of the Richest Countries in the World Lost its Wealth", New York: Jorge Pinto Books. Inc. , 2007.

Weingast, B. : "The Economic Role Political Institutions: Market-Preserving Federalism and Economic Development," *Journal of Law*, *Economics and Organization 11*, 1995.

Wynia, Gary: "Argentina: Illusions and Realities", Holmes and Meier, New York, 1992.

D. C. M. Platt and Guido Di Tella: "Argentina, Australia, and Canada: Studies in Comparative Development, 1870 – 1965", New York: St. Martin Press, 1985.

Bruce W. Farcau: "The Coup-Tactics in the Seizure of Power", Westport Connecticut London, 1994.

Greif A. , "Historieal and Comparative Institutional Analysis", *American Economic Review*, *88 (2)*, 1998.

Daron Acemoglu, Simon Johnson, James A. Robinson: "The Rise of Europe", *American Economic Review*, *June* 2005.

Richard R. Nelson: "Recent Evolutionary Theorizing Economic Change", *Journal of Economic Literaature*, *Vol. 33*, 1995.

后　记

　　在论文即将付梓之际，回顾近五年的博士生活，感慨良多。五年前，我怀着对拉美研究的好奇步入中国社会科学院，幸运地成为研究生院拉美系的一份子。五年来，我要完成繁重的学习任务，还要回到原单位从事正常工作，期间还经历了两年的驻外生活，每日匆匆忙忙。有过焦虑苦恼，有过萎缩逃避，但最终我坚持了下来，学会了以坦然的心态迎难而上。

　　这五年，有很多收获，也留下了很多遗憾。收获的是学业的精进和内心的成熟，遗憾的是没有更好地把握这段珍贵的时光，多读一些书，多研究一些问题，感到有愧于导师的辛勤培养和自己曾经的学术热情。无论如何，纵然时时会觉得力有不逮，我还是竭尽全能地完成了自己的论文，未敢有丝毫懈怠。这个过程中，我收获了知识，磨练了意志，也丰富了心境。如今，翻阅着手边厚厚的论文，我的心中涌动着无限感恩。

　　首先，我要特别感谢我的博士生导师吴国平教授。吴老师为学视野开阔，思想深邃；为人率真威严，充满魅力。作为拉美经济研究领域的权威，吴老师耕耘专业几十载，始终如一，勤勉繁忙，但依然对我倾注了大量的心血。无论是生活、工作还是学业上，我都得到了吴老师无微不至的关怀和帮助。每次问学，他总能三言两语直抵问题本质，让我生茅塞顿开之感。论文更是从构思、选题开始，到写作、修改，直至定稿完成，每个阶段都离不开先生的悉心指导和认真审阅。吴老师的恩情与教诲，我将铭记于心，终生难忘，博士论文是一个新的起点，今后的工作中，我会继续做好拉美研究，不辜负先生的期望。

我还要衷心中国社会科学院拉美研究所其他老师给予我的指导和帮助。感谢吴白乙所长为我们提供了良好的学习和研究环境，感谢柴瑜老师、岳云霞老师、房连泉老师、齐传君老师在论文开题时对我的点拨，感谢刘维广老师、杨志敏老师在我学习过程中给予的无私帮助，感谢系秘书刘亚楠老师所做的细致工作，感谢所有给我传授过知识的研究生院和拉美所的老师们！

感恩父母。读书求学二十余载，父母在物质和精神上给予我强有力的支持。他们养育了我，将诚实勤劳的品格传给了我，我才能一直不畏人生，知难而进。为了成就我的学业和事业，他们任劳任怨，付出了太多。

感谢我的爱人刘春艳。长久以来，她克服两地分居的困难，包容我的种种不足，不吝于给我最多的理解和鼓励。她的支持和爱，让我前行的路充满了希望和力量。

博士生涯开始时，我的儿子麦获尚在母亲腹中孕育；要毕业了，他已经是一个天真活泼的四岁的孩子。我很清楚，对学业的追求使我缺失了对他的陪伴，错过很多他成长的重要瞬间。他似乎一直在提醒我，人生追求背后的付出和终极意义。

博士生活的结束意味着新生活的开始，我将一如既往，认真学习，努力工作，怀着对生活的热爱去迎接新的挑战，创造更美好的生活，以不至于愧对家人、师友的付出和期盼。

2016 年 4 月 1 日

于北京市朝阳区家中